AF473941

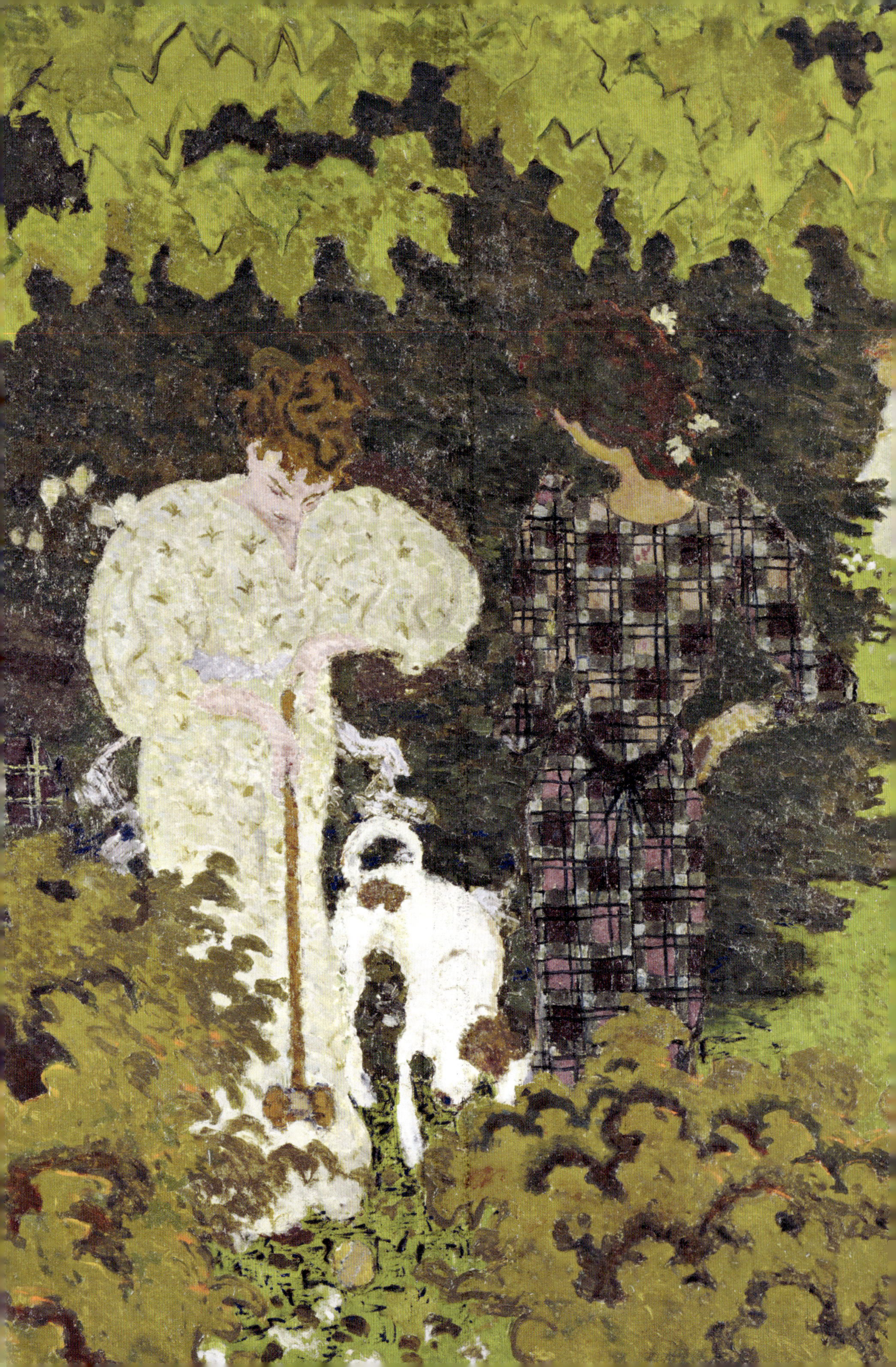

BONNARD
HOMMAGE & CHEFS-D'ŒUVRE
A TRIBUTE TO BONNARD HIS MASTERPIECES

sous la direction de
Véronique Serrano

avec les contributions de
Isabelle Cahn et Guy Cogeval

SilvanaEditoriale

Le musée Bonnard

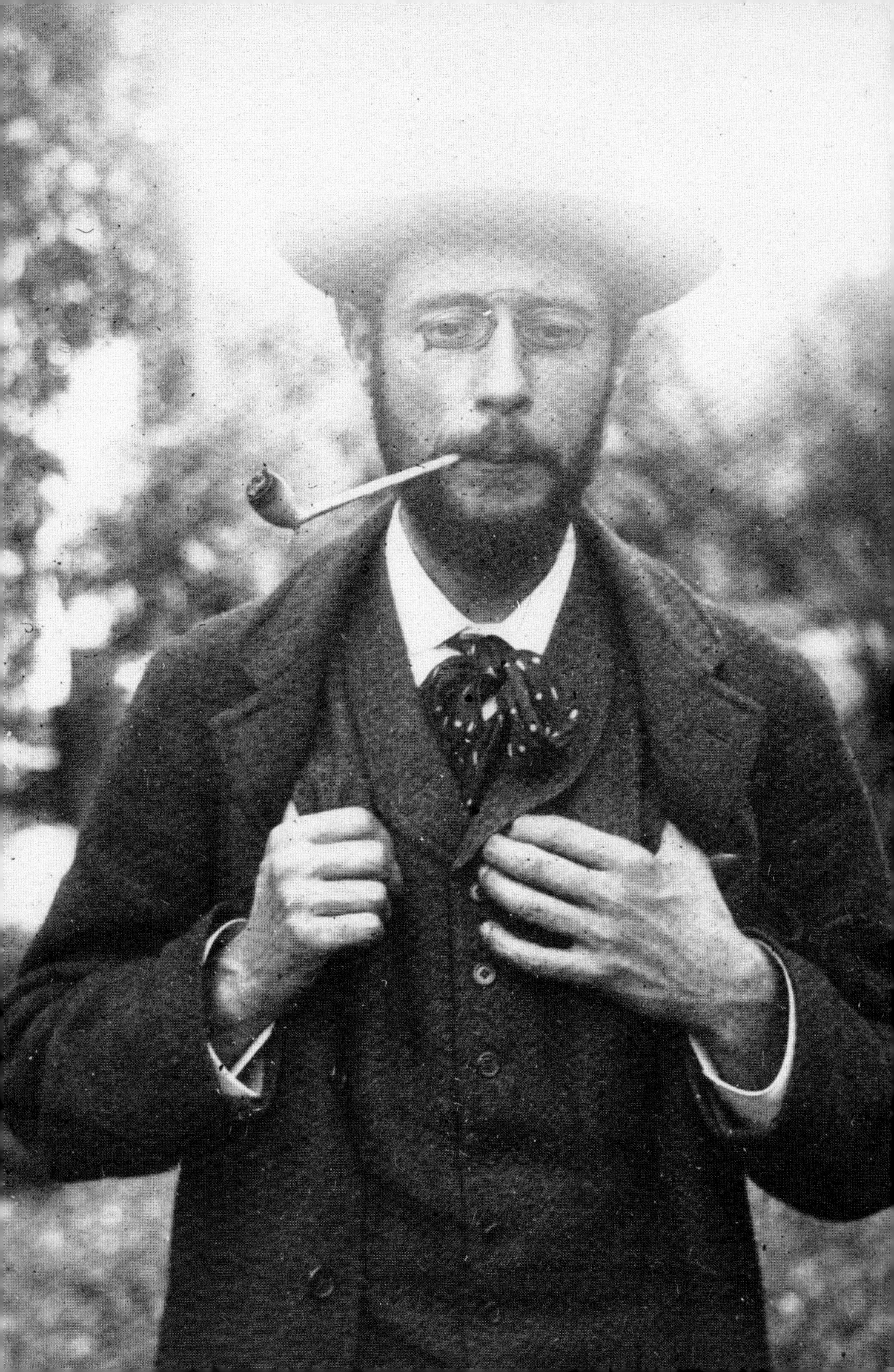

Le 150e anniversaire de la naissance de Pierre Bonnard revêt une importance telle pour le patrimoine culturel de notre pays qu'il a été inscrit parmi les commémorations nationales officielles pour 2017.
Dès lors, le musée Bonnard, seul musée au monde consacré à cet immense artiste, se devait de proposer une programmation exceptionnelle tout au long de cette année.
Ce fut le cas au printemps et durant tout l'été avec la présentation au public de l'impressionnante donation Marcie-Rivière prêtée par le musée d'Orsay dans le cadre du partenariat qui nous unit à cette grande institution.
Le public a ainsi eu la chance d'admirer des œuvres magistrales rarement exposées de Bonnard et de son grand ami Vuillard.
En cette année symbolique, nous tenions à proposer un deuxième événement d'ampleur avec cette grande exposition Bonnard. Hommage & chefs-d'œuvre.
Cet accrochage inédit présente des tableaux prêtés par de grands musées et collections françaises, mais aussi les œuvres de la collection municipale qui ne cesse de s'enrichir grâce aux partenariats institutionnels, au mécénat ainsi désormais qu'au financement participatif qui a permis l'acquisition de l'œuvre Les Grands Boulevards *exposée pour la première fois sur les cimaises de notre musée.*
Le musée Bonnard fait ainsi une nouvelle fois l'événement en marquant par des œuvres majeures chaque étape de l'œuvre de Pierre Bonnard qui, de l'avis des plus grands experts, atteindra son apogée lorsque, tombé amoureux des paysages et de la lumière de la Côte d'Azur, il fera le choix de s'installer définitivement au Cannet.
Nous ne pouvions imaginer plus bel hommage à celui dont le souvenir illumine notre patrimoine et apporte tant à la renommée et au dynamisme de notre Ville.

Yves Pigrenet
Maire du Cannet

Michèle Tabarot
Député
Conseiller municipal du Cannet

Sommaire

Bonnard forever

VÉRONIQUE SERRANO

« Celui même qui veut écrire son rêve
se doit d'être infiniment éveillé. »
Paul Valéry

Très jeune, Bonnard a un rêve. Celui d'être un homme libre et indépendant, qui « cherche uniquement à faire quelque chose de personnel[1] ». Il a conscience que pour y parvenir, la seule voie possible pour lui est de se lancer dans la vie d'artiste. Celle-ci commence en 1888 avec les Nabis, Bonnard a 21 ans.

Sa quête passionnée ne cessera d'enrichir le regard qu'il porte sur son environnement en homme émerveillé, totalement au service des « exigences de l'émotion[2] » : « L'émotion surgit à un moment. Le choc est instantané, souvent imprévu » déclare-t-il[3]. L'artiste cherche à découvrir à chaque instant les sortilèges de la lumière et de la couleur en s'attachant à l'art et non à la réalité, construisant l'une des œuvres les plus poétiques de son temps, l'une aussi des plus mélancoliques.

Aussi, à l'occasion du 150e anniversaire de la naissance de Pierre Bonnard, le musée Bonnard lui rend hommage en réunissant autour des pièces majeures de ses collections propres, un ensemble de chefs-d'œuvre prêté par d'importantes collections publiques et privées françaises parmi lesquelles le musée d'Orsay et le musée national d'Art moderne à Paris, que nous remercions ici pour leur soutien fidèle, ainsi que l'ensemble des prêteurs de cette exposition.

Il s'agit pour nous, à travers cette sélection, de mettre en évidence la démarche originale du peintre contraire à l'image qu'on a longtemps perçue de lui, sa capacité à suivre la ligne qu'il s'est tracée depuis 1888 au moment où il décide d'entrer en peinture comme on entre en religion, sans jamais dévier malgré les critiques et les doutes qui le rendent si combattif. Ne serait-il pas l'un des derniers à avoir cette « passion périmée de la peinture[4] » comme il le déclare avec une pointe d'humour et de détachement qui lui est si personnelle ?

Il traverse tous les courants de peinture de la fin du XIXe siècle à la première moitié du XXe siècle - postimpressionnisme, fauvisme, cubisme, abstraction, surréalisme - participant au passage à l'un d'eux à travers le groupe des Nabis ; si son œuvre nous émeut aujourd'hui encore plus qu'hier, c'est qu'au désenchantement de la modernité répond l'espérance de sa peinture. Nous découvrons un Bonnard bien plus complexe

« J'aime l'homme,
j'admire le peintre. »

Auguste Renoir

« J'aime l'homme,
j'admire le peintre. »

Auguste Renoir

qu'il n'y paraît, préoccupé par la profondeur alors que l'avant-garde est sur un autre terrain. En 1984, Jean Clair, en précurseur, avait d'ailleurs mis le doigt sur le « secret » de Bonnard en présentant « les aventures du nerf optique » comme axe principal de sa relecture. Si la vision de Bonnard est radicale, elle puise dans le sujet l'essence même de son existence. L'absence de sujet serait un leurre et sa présence apparaît comme un stratagème efficace pour nous égarer dans les replis de sa vie quotidienne. Bonnard n'apparaît plus seulement comme le peintre de sentiment que ses détracteurs ont vu. Sa peinture est magicienne, son œuvre ne cesse d'enchanter par ses compositions novatrices, par l'extraordinaire richesse de sa palette, comme par la simplicité de ses sujets. Le rapport au paysage comme le magnétisme de la figure seront ses obsessions, acharné à reconstruire l'unité perdue entre l'homme et la nature.

L'entretien que nous ont accordé Guy Cogeval et Isabelle Cahn - auteurs de la magnifique rétrospective consacrée au peintre au musée d'Orsay[5] - permet de percevoir la place tenue par cet « oiseau rare » qu'était Bonnard[6] sur l'échiquier mouvant de l'art moderne. Homme d'entre-deux siècles, son œuvre s'inscrit pleinement dans le XXe siècle dont elle est l'un des amers nécessaires, elle y est arrivée en silence et « sans craquelures », avec la légèreté et la finesse des ailes d'un papillon.

Quelle meilleure conclusion que cette déclaration d'Antoine Terrasse qui consacra sa vie à l'étude de l'œuvre de son grand-oncle ? : « Toujours au courant de tout. Toujours à contre-courant. Pour demeurer lui-même[7]. »

[1] Propos de Pierre Bonnard en 1891 rapportés par Antoine Terrasse, *Bonnard*, Skira, Genève, 1964, p. 98.

[2] « Quand on couvre une surface avec des couleurs, il faut pouvoir renouveler indéfiniment son jeu, trouver sans cesse de nouvelles combinaisons de formes et de couleurs qui répondent aux exigences de l'émotion », Agenda, 1945, cité in *Pierre Bonnard, Observations sur la peinture* d'Alain Lévêque, Ed. L'Atelier contemporain, p. 52.

[3] Propos de Pierre Bonnard rapportés in Terrasse, *Bonnard*, *op.cit.*, p. 14.

[4] Lettre à Charles Terrasse, février 1933.
« Je travaille beaucoup, de plus en plus enfoncé dans cette pasion périmée de la peinture. Peut-être en suis-je, avec quelques-uns, un des derniers survivants. Le principal est que je ne m'ennuie pas ».

[5] *Bonnard. Peindre L'Arcadie*, musée d'Orsay, Paris 2015. L'exposition circulera ensuite à la Fondation Mapfre de Madrid et au Legion of Honor Museum de San Francisco.

[6] « Le peintre de sentiment produit un monde clos, le tableau, qui est un peu comme un livre, et transporte son intérêt partout où il est placé. Cet artiste, on l'imagine, passant beaucoup de temps à ne rien faire qu'à regarder autour de lui et en lui. C'est un oiseau rare. » Pierre Bonnard, cité par Jean Leymarie, in cat. exp. *Bonnard dans sa lumière*, Saint-Paul de Vence, 1975, p. 11

[7] Antoine Terrasse, *Bonnard*, Flammarion, Paris, [1967] 1988, p. 92.

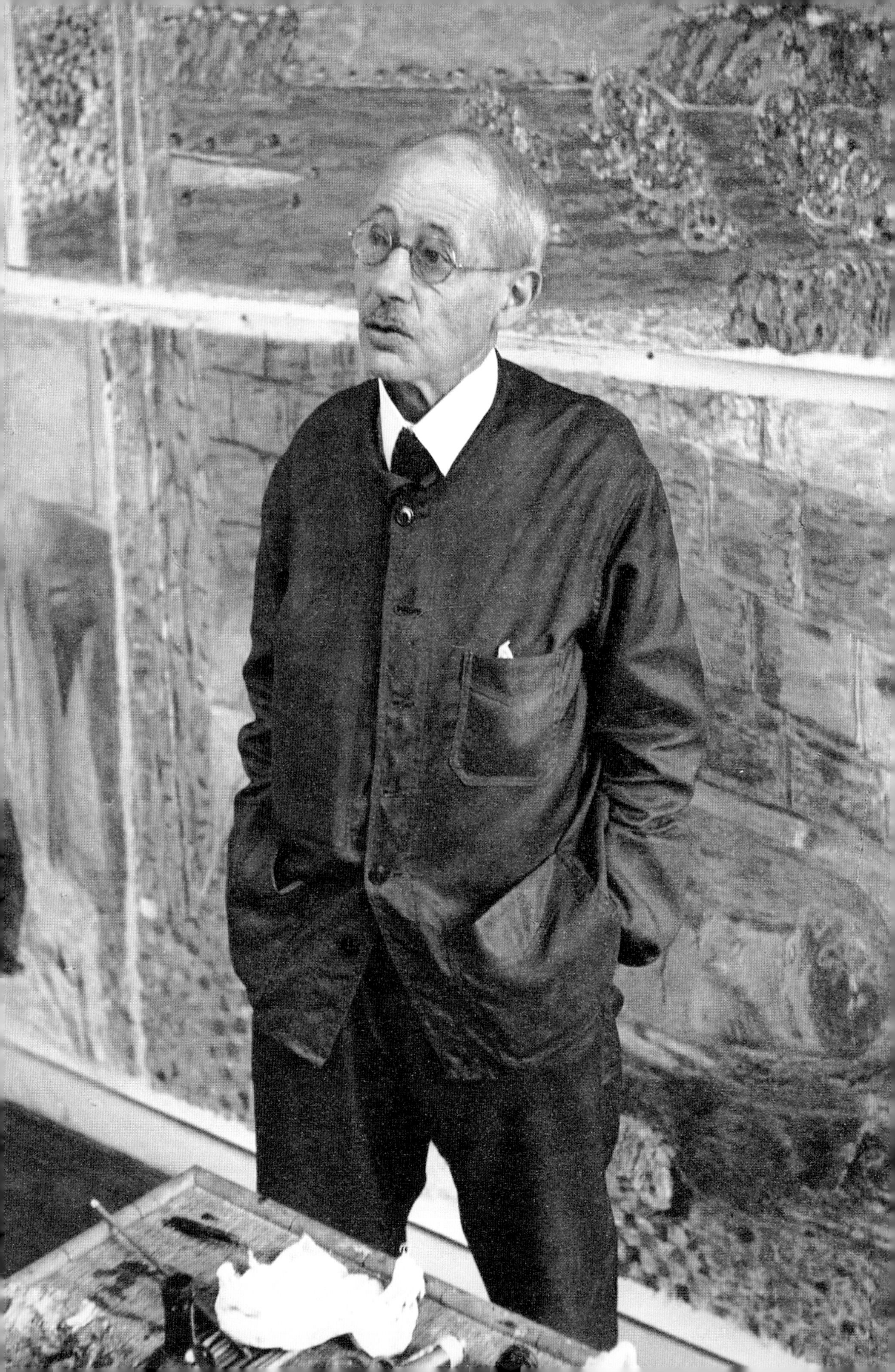

Bonnard, cet « oiseau rare »

Entretien avec Guy Cogeval, conservateur général honoraire du musée d'Orsay, et Isabelle Cahn, conservateur en chef au musée d'Orsay

par VÉRONIQUE SERRANO, conservateur en chef du musée Bonnard

Véronique Serrano - Vous êtes les auteurs de la dernière grande rétrospective consacrée à Bonnard au musée d'Orsay en 2015. Vous êtes aussi l'un et l'autre de grands spécialistes des Nabis. Nous fêtons cette année le 150ᵉ anniversaire de la naissance de Bonnard, alors que le regard porté sur son œuvre a changé. C'est inévitablement un peu l'heure des bilans. Comment à votre avis l'œuvre de Bonnard se situe-t-elle dans le XXᵉ siècle et plus largement dans son rapport à la création contemporaine ?

Guy Cogeval - J'ai moins le penchant de dire que Bonnard est un hédoniste, je pense que son œuvre est beaucoup plus travaillée, beaucoup plus fouillée et ça se voit. Ce n'est pas simplement un peintre de plage, un peintre du dimanche qui part avec sa toile et peint sur le motif. C'est vraiment quelqu'un qui reconstruit le monde dans son atelier.

V.S. - Il est certain que c'est un de ses grands apports à la modernité, mais pas seulement. On abordera tout à l'heure sa conception de l'espace et de la couleur si déterminante. Pour toi Isabelle aussi, quelle est la place de Bonnard aujourd'hui dans la peinture ? Même si aujourd'hui l'art contemporain ou un certain art contemporain ne semble pas accorder à la peinture la place dominante qu'elle avait.

Isabelle Cahn - Il y a en effet une réévaluation permanente de Bonnard. Au départ, la plupart des critiques le considéraient comme le dernier des classiques, mais il existe aujourd'hui un désir de confronter sa peinture avec la modernité comme par exemple dans l'exposition *Bonnard/Matisse*[1] qui a lieu à Francfort. On réalise ce rapprochement à travers ses amitiés, ou ses marchands comme Josse et Gaston Bernheim-Jeune qui exposèrent Bonnard, Matisse et les Fauves. Beaucoup de peintres d'aujourd'hui aiment Bonnard en raison de son travail extraordinaire sur la couleur. Comme le montrait l'exposition du musée d'Orsay en 2015, Bonnard n'est pas un peintre de l'immédiateté, contrairement à Matisse. La couleur qui nous réjouit dans sa peinture est en fait le résultat d'une grande complexité dans la construction de ses tableaux que les artistes ne finissent pas de regarder.

Ill. 1 André Ostier, *Bonnard dans son atelier au Cannet*, 1941
épreuve gélatino-argentique, 28 x 22 cm
musée Bonnard, Le Cannet, inv. 2009.0.31

V.S. - Chez Matisse en effet, il y avait cette apparente facilité sur laquelle il s'est exprimé à bien des reprises mais qui n'en est pas une, évidemment ; chez Bonnard c'est tout aussi évident. On a beaucoup écrit sur la question à cause de la simplification des figures qui font signes ; l'effacement demande une certaine maîtrise. À mon sens chez Bonnard, il y a de cela aussi, selon le même principe, il travaille tout en tension, sur la lenteur. La question du temps est essentielle chez lui.
Pour revenir à la question de la postérité de Bonnard qui me semble fondamentale et qui participe à la situation de l'art contemporain, je souhaiterais que l'on aborde la problématique de la position de Picasso par rapport à Bonnard. Que pensez-vous de la posture de Picasso, rappelons-le, qui a tenu des propos violents à l'encontre de Bonnard ? Est-elle à mettre sur le compte d'une quelconque incompréhension de l'œuvre de Bonnard ou parce que Bonnard représentait, avec Derain par exemple, l'idée d'une certaine peinture française ? C'est assez complexe, je suis fascinée par cette attitude de Picasso qui est assez mystérieuse et je crois que c'est Yve-Alain Bois qui a tenté une première explication[2].

G.C. - C'est vrai que Picasso était un peintre solaire mais c'est quelqu'un qui était hanté par la mort. Aussi, je pense que c'est pour ça que Bonnard a été considéré comme moins sérieux, parce que face au roc que représente Picasso, il a des ailes de papillon comme il le dit lui-même. Alors que cette obsession de la mort n'existe ni chez les français, ni dans la peinture de Bonnard. C'est ça la grande différence avec Picasso.

V.S. - Mais pourtant Picasso avait des propos assez violents envers sa peinture quand il dit qu'elle était un « pot-pourri d'indécision », il n'a pas jugé aussi violemment Derain, et encore moins Matisse bien évidemment, alors que quelque part c'était lui le minotaure, comme tu dis, c'était lui qui pouvait être la « tête de pont » de cette peinture qui se réalisait en France et non pas seulement une peinture française.

I.C. - Il y a peut-être une forme de jalousie aussi, parce que Picasso était parfois envieux des autres artistes envers lesquels il était critique. Et en même temps, Bonnard, à un moment donné, a dit lui-même qu'il avait besoin de se ressaisir car la couleur l'entraînait trop loin dans la dissolution des formes. Cette grande bataille entre la forme et la couleur est aussi reprise en écho par les critiques de l'époque. Ceux qui défendent le cubisme et Picasso ne vont pas s'intéresser à Bonnard. Ce sont eux qui attribuent des étiquettes mais qui sont, néanmoins, susceptibles de changer.

V.S. - Néanmoins, si sa peinture était aussi peu importante, comment se fait-il que Zervos, qui était le fidèle ami de Picasso, au lendemain de sa mort, s'est posé la question « Bonnard était-il un grand peintre ? » Vous le savez, l'une des rares personnes qui s'est immédiatement engagée pour défendre Bonnard était Matisse. « Oui, je certifie que sa peinture est importante pour aujourd'hui et pour demain ». Cet engagement n'est pas celui d'un peintre en faveur d'un ami mais d'un artiste qui le mettait au-dessus de tous au xxe siècle. « Bonnard est le meilleur d'entre nous » avait-il déjà confessé à Duncan Philips.

G.C. - C'est vrai que Matisse est aussi un peintre de la joie alors que Picasso ne l'est pas vraiment.

V.S. - Ils étaient tous dans le Midi de la France. Picasso à cette époque-là était à Mougins,

Juan-les-Pins. Picasso n'allait pas voir Bonnard qui était au Cannet tout à côté, ni même je crois Matisse qui était à Nice.

G.C. – Par contre, Picasso aimait beaucoup Vuillard. D'ailleurs, il en avait beaucoup dans sa collection, et des très beaux.

V.S. – Comment expliques-tu cette attirance pour un artiste qui avait les mêmes aspirations que Bonnard ?

G.C. – Je ne l'explique pas.

I.C. – Il y a aussi une forme d'hermétisme chez les marchands. Ceux qui s'intéressent à Picasso ne vont pas aimer Bonnard. Bernheim qui défend Bonnard aime aussi Matisse et les Fauves. La filiation est ici évidente. Les circuits commerciaux sont importants pour la reconnaissance et le passage à la postérité des artistes.

V.S. – Nous sommes d'ailleurs toujours étonnés de la clairvoyance des propos de Bonnard que tu évoquais tout à l'heure à propos de l'image du papillon : « J'espère que ma peinture tiendra, sans craquelures. Je voudrais arriver devant les jeunes peintres de l'an 2000 avec des ailes de papillon. »
Quand il fait cette déclaration, en 1946, alors qu'il s'est toujours montré discret, ces propos nous apparaissent aujourd'hui lumineux. N'avait-il pas conscience à votre avis qu'il arrivait un peu tôt dans son époque ?

G.C. – Je trouve que c'est une image très Art déco, les ailes de papillon. Et Art nouveau d'ailleurs ! Donc ce serait un retour à l'époque Art nouveau dont il était quand-même l'un des représentants les plus manifestes et les plus convaincus à cette période.

V.S. – Penser aux jeunes peintres de l'an 2000 en 1946 est pour moi un marqueur de sa vision à long terme. Je pense qu'il avait cette conscience d'avoir été assez loin dans l'exploration des champs visuels et de l'espace par la couleur. Pour ceux qui pensaient que Bonnard n'était pas moderne, cette phrase est un témoignage du contraire.

G.C. – C'est vrai.

V.S. – Comment expliquez-vous que l'œuvre de Bonnard, en dehors de ces problématiques, ait mis autant de temps à émerger ? Il a fallu attendre le milieu des années 80, puis l'exposition de Suzanne Pagé en 2006 et plus récemment la vôtre, ainsi que la création du musée éponyme, pour qu'il y ait un regain d'intérêt sur son œuvre et surtout une étude en profondeur.

G.C. – Je m'en réjouis, c'était très bien ! Je suis allé au musée des Beaux-arts de Montréal pour faire une exposition Bonnard. En fait, elle a été annulée parce qu'il y avait l'exposition de la Tate de Londres organisée par Sarah Whitfield en 1998, qui nous a complètement interdit de faire toute exposition complémentaire. J'ai attendu. J'ai eu raison d'attendre puisque le temps vient toujours dans mon sens.

I.C. – Ces dernières années, le public a ressenti une envie de Bonnard et l'exposition de 2015 a très bien marché. Cette exposition était l'occasion d'une relecture de la peinture de Bonnard à travers un parcours qui n'était pas strictement chronologique.
Le musée Bonnard participe également à une relecture de l'œuvre du peintre à travers ses amitiés et ses filiations esthétiques.

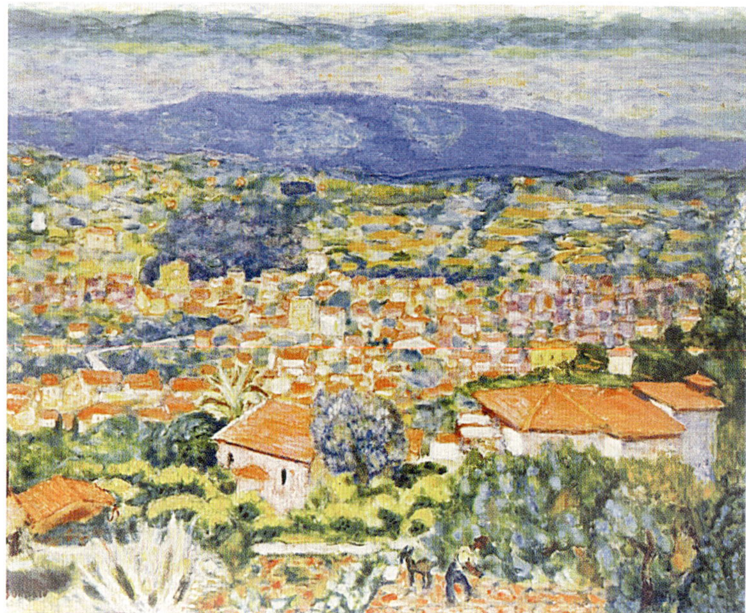

Ill. 2 Pierre Bonnard,
Vue panoramique du Cannet, 1941
huile sur toile, 80 x 104 cm
collection particulière (D. 1606)

V.S. - Bonnard sortirait-il désormais de ce long purgatoire ? L'artiste a subi à la fois celui imposé de son époque, celui de l'après 1947, de cette campagne de destruction orchestrée par Zervos, et après enfin, le long procès de sa succession qui a non seulement divisé ses héritiers mais aussi occulté une grande partie de son œuvre pendant 20 ans, dont il subsiste encore des traces aujourd'hui.
Aussi, le travail sur les archives est-il essentiel. Il y a encore beaucoup de choses à faire sur Bonnard puisque les archives privées sont peu exploitées ou peu accessibles.

I.C. - Il y a aussi une partie de l'œuvre qui reste à découvrir.

G.C. - On a eu cet éblouissement dans une galerie américaine bien connue de voir la *Vue panoramique du Cannet* (ill. 2).

I.C. - Oui au moment de la préparation de notre exposition nous avons pu voir plusieurs chefs-d'œuvre inaccessibles car encore en mains privées.

V.S - Des tableaux que l'on n'a pas vus en France depuis le milieu des années 80.
Le travail même sur le catalogue raisonné de l'œuvre de Bonnard est à remettre à plat ; il faut revoir certaines datations notamment ; retravailler sur l'identité des figures à la lumière des soixante-dix ans qui viennent de s'écouler depuis sa mort, à partir de toutes les études réalisées depuis. Nous nous sommes fixés au musée Bonnard - parce que c'est l'une de missions du centre de documentation que je mets progressivement en place - la tâche ardue de créer une base de données la plus complète possible avec des images ; désormais avec l'œuvre qui tombe bientôt dans le domaine public, l'accessibilité en sera facilitée. Le catalogue raisonné édité par la galerie Bernheim restera certes la base incontournable mais c'est aussi l'une des missions du musée de travailler sur le fonds, sur l'œuvre de Bonnard évidemment, avec un ensemble d'archives transversales à celles de Bonnard aussi (comme celles de Vollard, Signac, Vuillard, etc).

I.C. - C'est une équipe à monter comme l'a fait Guy pour le catalogue raisonné de Vuillard avec un travail d'analyse et pas seulement de catalogage des œuvres car l'un ne va pas sans l'autre.

V.S. - À quand remonte votre rencontre et votre passion commune pour l'œuvre de Bonnard ?

G.C. - Je pense que la vraie rencontre c'est 1984 à l'exposition de Jean Clair au Centre Pompidou.

I.C. - Moi aussi.

V.S. - Cette exposition a été un choc pour beaucoup d'entre nous. Elle marque le vrai départ de la reconnaissance de son œuvre ancrée dans le xxe siècle, allant bien au-delà de l'artiste nabi.

I.C. - Cette exposition nous a permis d'avoir une vision d'ensemble de Bonnard. Ses œuvres de l'époque des Nabis étaient conservées au Palais de Tokyo mais leur présentation n'avait pas la même force. Tout à coup cela a été une révélation complète de sa peinture y compris les grands formats décoratifs et les nus dans les salles de bains.

G.C. - Jean Clair avait une énorme ignorance de la période nabie, ça ne l'intéressait pas. Il avait par contre développé une vision plus intellectuelle de la peinture de Bonnard et notamment celle de la maturité en étudiant ses compositions de manière nouvelle.

V.S. - Tout le monde a en tête cette exposition de 1984. Le travail de relecture de Jean Clair a été essentiel ; depuis 1967 année du centenaire, rien de notable. Il est vrai qu'il y avait très peu de choses de l'époque nabie dans son exposition. Jean Clair alias Gérard Régnier était alors professeur à l'École du Louvre et il insistait davantage sur l'espace et la couleur chez Bonnard que sur sa période nabie.
Le Bonnard nabi est-il à vos yeux un artiste qui se cherche ou est-il déjà maître de son destin ?

G.C. - Je pense que Bonnard est l'un des grands artistes qui fait de ses doutes un chemin. C'est quelqu'un qui à longueur de temps doute du bon chemin mais va de l'avant avec détermination. Ça, je trouve que c'est extraordinaire.

I.C. - Oui, c'est exactement ça. En même temps il est lui-même dès le début et il doute. Il existe une grande différence entre ses tableaux du début et ceux qui ont suivi. Au départ, Bonnard est sous l'influence du Japon avec un dessin en arabesque et une perspective aplatie puis il construit ses tableaux par la couleur avec une énergie joyeuse. L'impression de bonheur qui s'en dégage est une construction mentale.

V.S. - Dès ses 25 ans, quand il peint *Crépuscule* ou *La Partie de croquet* (cat. 4) c'est déjà un très grand artiste. C'est encore plus évident avec le recul. La construction de son œuvre est déjà assez intéressante. Très vite, le mouvement nabi s'effrite comme vous le savez, mais reste l'amitié entre les artistes ; Bonnard qui n'a de cesse de retrouver son indépendance, reste très lié à Vuillard avec lequel il entretient une amitié fraternelle telle qu'on peut la ressentir dans leurs échanges épistolaires. Toutefois, du point de vue pictural l'écart se creuse.

G.C. - Il y a eu une déclivité mais il n'y a pas un arrêt complet chez Vuillard. C'est la période durant laquelle il peint le *Paravent de la place de Vintimille* le paravent, qui est l'un des plus splendides paravents ; c'est l'une des choses les plus chantantes, les plus joyeuses que Vuillard ait jamais faites - on le voit trop rarement parce qu'il est à Washington. Il peint aussi *La Bibliothèque* qui est l'une de ses œuvres les plus haptiques et virtuoses puisqu'elle est intellectuelle et très belle. Il est complètement amoureux de l'Américaine qui est en plein centre de la composition. Vuillard était un éternel amoureux.

V.S. - C'est ça qui est assez étonnant, c'est ce fourmillement qu'il y a eu, c'est cette similitude avec Bonnard. On le voit bien dans la magnifique et impressionnante collection Marcie-Rivière : il y a des tableaux qui sont très proches les uns des autres, il y règne la même atmosphère ; il faut être expert pour distinguer un Bonnard d'un Vuillard à cette époque.
Pour les deux artistes, et pour l'ensemble même des artistes nabis de cette époque, se pose la question des formats. Il semble que Bonnard ait eu très tôt envie de travailler sur des supports de nature et de dimensions multiples. D'après vos recherches, avez-vous réussi à percevoir à partir de quel moment Bonnard travaille vraiment sur la toile libre sans châssis ? C'est une approche de l'espace de la toile qui est vraiment très importante chez lui. Quand on regarde ses photographies d'atelier, on voit des toiles qui sont sur châssis, mais il n'y a pas de chevalet. Y a-t-il d'autres artistes, à votre connaissance, qui ont travaillé comme Bonnard, de cette manière-là ?

G.C. - Non. Je pense que c'est un des rares peintres qui a une vision centrale qui ne bouge pas mais dont la vision périphérique peut changer *ad libitum*.

I.C. - En effet sa vision d'un espace continu et discontinu à la fois est caractéristique d'une volonté d'échapper à une vision naturaliste. Malgré ses doutes, Bonnard possède une grande décision artistique et va toujours dans le même sens dans ses compositions. C'est un sens assez mystérieux qu'il traduit par une succession d'espaces compartimentés avec, parfois, la présence de miroirs, d'écrans de couleurs, de fenêtres ouvertes... Bonnard est l'un des peintres les plus fascinants de son temps comme Vuillard qui attire par la mise en scène de sujets psychologiques et sentimentaux. Les aspects fictifs existent aussi chez Bonnard mais ses compositions se définissent surtout en termes plastiques.

V.S. - Un autre point qui peut-être pourrait paraître anecdotique, mais qui reste néanmoins important dans la vie et l'œuvre de Bonnard. Pourriez-vous me dire, l'un et l'autre, votre perception du couple Pierre et Marthe ? Est-ce que, selon vous, la personnalité de Marthe a pesé de manière déterminante dans l'évolution de son œuvre ? Dès leur rencontre n'y a-t-il pas l'émergence de quelque chose d'autre ?

G.C. - Je pense qu'il vaut mieux demander à Isabelle parce qu'elle a plus de complaisance que moi par rapport à Marthe.

I.C. - Finalement, je crois que je vais te donner raison parce que nous savons peu de choses sur le sujet à part des témoignages de proches comme Matisse qui, après le décès de Marthe, a dit « Bonnard est complètement différent, il est enfin libéré de sa femme. » Bonnard craignait toujours qu'il se passe quelque chose de gênant avec Marthe qui n'avait pas eu la même éducation que lui. Puis il s'est trouvé prisonnier de sa maladie qui l'isolait. En même temps, cette situation l'arrangeait

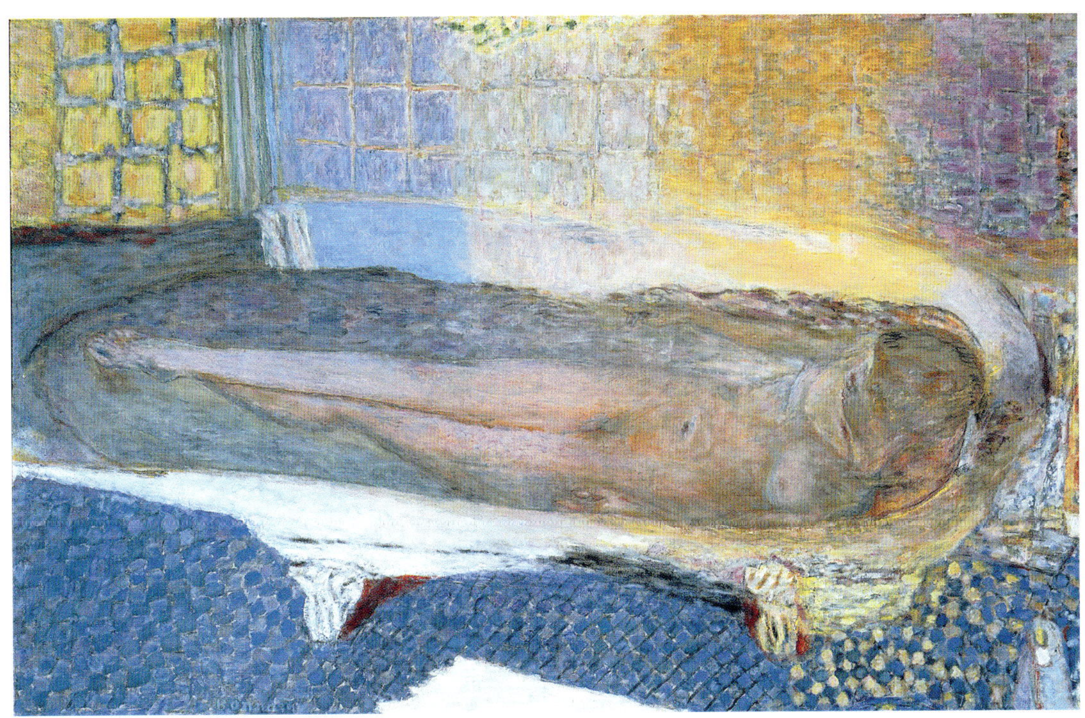

Ill. 3 Pierre Bonnard, *Nu dans le bain* ou *Nu à la baignoire*, 1937, huile sur toile, 93 x 147 cm
Paris, musée d'Art moderne de la ville de Paris (D. 1558)

probablement car elle lui permettait de travailler dans son atelier.

V.S. - Je suis de ton avis. La présence de Marthe, consciemment ou non avec cette façon qu'elle a de l'isoler, lui a servi à se concentrer sur son œuvre intérieure ; Bonnard semble s'être moins dispersé et plus recentré sur son travail plutôt que de participer, en restant à Paris, à des discussions d'atelier ou d'aller voir le travail des autres. C'est en cela que je pense que cette femme, et la femme d'un peintre en général, peut avoir un impact très notable sur une œuvre. C'est vrai qu'il s'est libéré après mais elle était toujours présente. Regardez les *Nus aux bains*, même si c'est une image transposée, puisque tous les nus ne sont pas des nus de Marthe, comme vous le savez, elle est toujours *là*.

I.C. - Tout n'était peut-être pas très joyeux avec Marthe mais elle était une compagne fidèle et présente. C'était une *présence*. Je me demande aussi dans quelles mesures la folie de Marthe n'était pas nécessaire à Bonnard pour créer et se créer un monde imaginaire. Cependant, il ne lui a pas toujours été fidèle.

V.S. - Bonnard s'est marié avec elle en 1925, plus de 30 ans après leur rencontre. Ce mariage reste une énigme alors qu'il avait à ses pieds la jeune et jolie Renée Montchaty. C'est peut-être en effet du chantage, on connaît d'ailleurs la suite tragique. Il y avait Lucienne Dupuy de Frenelle aussi.

G.C. - Antoine Salomon n'arrêtait pas de répéter qu'il y avait un garçon qu'il connaissait qui était fils de Bonnard et de Lucienne Dupuy de Frenelle. D'après lui il était la copie crachée de Bonnard.

I.C. - Sa fille, qui a pris contact avec nous et le musée Bonnard, ne prétend rien de particulier mais elle aimerait comprendre car son père serait le fils naturel de Bonnard et de Lucienne sa grand-mère !

V.S. - Antoine Terrasse aussi avait rencontré cette personne à qui il avait donné une copie de la seule photographie de Lucienne qu'il avait avec Bonnard. Elle m'a d'ailleurs appris que Lucienne avait été hospitalisée à Cannes et qu'elle y est morte en 1927, l'année de l'installation de Bonnard au *Bosquet*. La vie et l'œuvre de Bonnard sont parsemés d'événements assez étonnants. Un vrai sujet de roman ou de film où la peinture, l'amour et la tragédie se confondent.

I.C. - Ce qui m'a frappée c'est que ses aventures amoureuses se passent simultanément : une photographie avec Renée Montchaty, Lucienne et Marthe a été publiée pour la première fois par Antoine Terrasse dans le catalogue de l'exposition de 2015.

V.S. - Le musée d'Orsay est aujourd'hui la collection qui réunit le plus d'œuvres de Bonnard au monde et des Nabis aussi ; le musée possède des œuvres de presque toutes les périodes de l'artiste, avec une concentration particulière sur celle nabie, un de ses plus beaux autoportraits, etc. Rêveriez-vous malgré tout de voir entrer dans les collections une œuvre qui à votre sens manque ? Sans compter sur l'entrée de la collection Hays ? Est-ce qu'il y a un tableau qui vous semblerait vraiment devoir parfaire cette collection qui est déjà magnifique et idéale ?

G.C. - Je pense qu'il y a une œuvre qui me « mesmérise » littéralement, c'est le portrait d'Andrée Bonnard avec les cyclamens et le beau piano (ill. 4) ; ça c'est magnifique. Cette œuvre est spectaculaire.

I.C. - Il manque peut-être un grand nu dans une baignoire même si ces peintures sont trop tardives pour la période chronologique du musée d'Orsay.

V.S. - L'œuvre de Bonnard n'a pas fini de nous étonner ; les « Bonnardiens » que nous sommes savons que, malgré le travail important déjà réalisé par le musée d'Orsay et notre jeune musée Bonnard, beaucoup reste à faire et à découvrir. C'est ce qui est merveilleux avec une œuvre d'une telle épaisseur.

I.C. - Le public est maintenant familiarisé avec Bonnard et connaît l'existence du musée Bonnard au Cannet. C'est un lieu exceptionnel qui permet de voir tout autour les paysages et la lumière des tableaux de Bonnard. C'est un lieu ancré dans l'œuvre de Bonnard. Il y a effectivement beaucoup de découvertes à faire, tant au niveau des œuvres à retrouver que des études à réaliser.

V.S. - À l'occasion de *Peindre l'Arcadie*, les éditions Hazan ont réédité ta monographie, Guy, sur Bonnard écrite en 1993. Ton texte n'a pas pris une ride, car tu avais déjà un regard neuf sur Bonnard. Tu as fait une petite actualisation, une introduction à la nouvelle édition mais finalement rien n'a changé. Ta vision a sans doute progressé mais le fond n'a pas changé.

G.C. - De la même manière, je suis étonné de voir qu'on va republier en italien mon livre d'il y a 30 ans sur le postimpressionnisme. En fait,

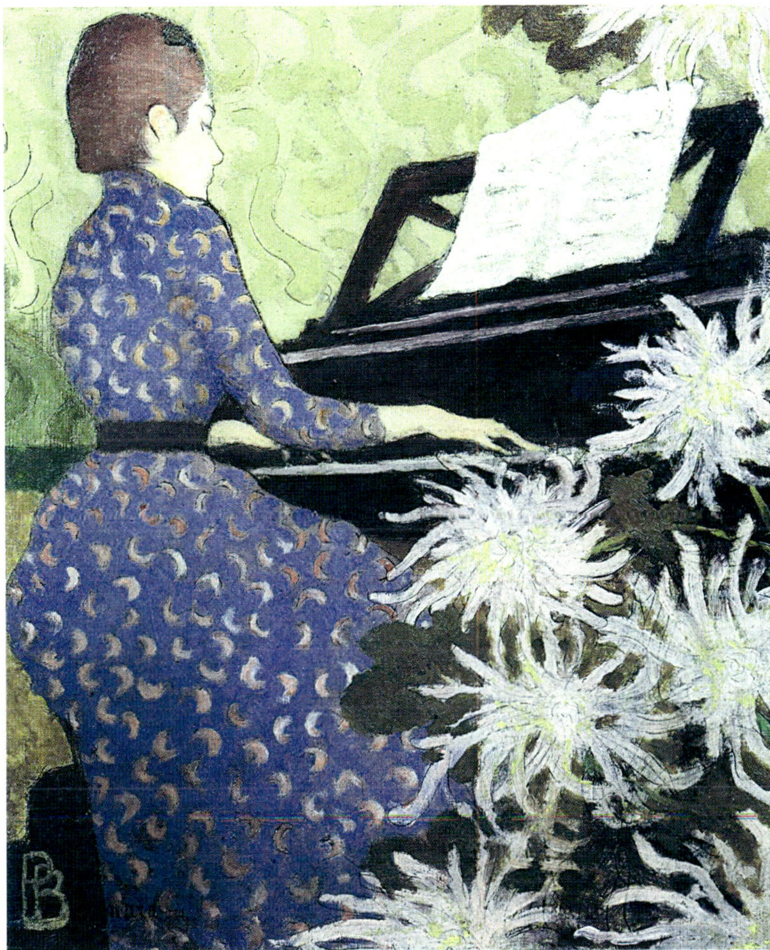

Ill. 4 Pierre Bonnard,
Jeune femme au piano (Andrée Bonnard),
vers 1891,
huile sur toile, 37 x 32 cm
collection particulière (D. 21A)

toutes les œuvres que j'y avais incluses ont été rachetées par Orsay, comme *La Sorcière au chat*, comme de l'anticipation...

I.C. - Tu as projeté une vision de l'art qui a marqué notre génération. Aujourd'hui les Nabis sont connus dans le monde entier et dernièrement, à l'occasion d'une exposition organisée à Tokyo au Mitsubishi Museum of Art à partir des collections du musée d'Orsay, nous avons pu constater l'enthousiasme des Japonais pour ces peintres dont ils n'avaient jamais entendu parler il y a seulement 20 ans.

V.S. - En effet, il est moins indispensable d'expliquer - peut-être encore au grand public - qui étaient les Nabis. Ce groupe n'a pas encore la notoriété des fauves, des cubistes et encore moins celle des impressionnistes, mais on sait qu'il existe. C'est la somme de votre travail qui a permis cet éclairage. On peut dire que Bonnard est en majesté, à Paris, au musée d'Orsay, et au Cannet au musée Bonnard où un musée lui est consacré.

Paris, juin 2017

[1] Exposition *Bonnard/Matisse Vive la peinture !* Städelmuseum, Francfort 13 septembre 2017 - 14 janvier 2018.
[2] En 2006, dans le catalogue *Bonnard. Un arrêt du temps*, musée d'Art moderne de la Ville de Paris, p. 51-63.
[3] Renée s'est suicidée en septembre 1925 quelques semaines après leur mariage.

ŒUVRES

Notices par
Véronique Serrano

Abréviation
D.= Jean et Henry Dauberville,
Catalogue raisonné de l'œuvre peint,
Paris, Bernheim-Jeune, 1968-1992

Cat. 1-3
PREMIÈRES LITHOGRAPHIES

L'année 1891 est marquée par une intense période de travail pour le jeune artiste qui participe pour la première fois au Salon des Indépendants, où il expose pas moins de 5 peintures et les 4 panneaux des *Femmes au jardin*. Bonnard a alors 24 ans et son enthousiasme est visible dans l'effervescence de sa créativité. Cette même année il réalise une affiche pour vanter une marque populaire de champagne - France-Champagne (cat. 1) - commandée deux ans plus tôt par E. Debray, propriétaire viticole de Tinqueux-lez-Reims. Cette affiche est aussi un premier travail d'estampe pour l'artiste qui a dû réaliser plusieurs dessins préparatoires dont certains nous sont connus (ill. 1 et 2). Sa parution est suivie de celle d'un livret musical, dont la couverture est également dessinée par Bonnard (ill. 3) reprenant le même parti décoratif et synthétique pour la même maison[1].

La correspondance de Bonnard avec sa mère nous permet de dater la réalisation de cette affiche vers la fin mars ou avril 1891 : « Je vais cet après-midi chez l'imprimeur pour l'affiche. J'en ai vu une épreuve en noir, il n'y a plus qu'à tirer les couleurs. Elle sera peut-être prête pour mon départ » lui écrit-il le 13 mars[2]. Il lui précise d'ailleurs quelques jours plus tard : « Je ne verrai pas mon affiche placardée sur les murs. Elle ne sera prête qu'à la fin du mois[3]. »

Cette affiche à la tonalité et à la composition novatrices remporte un rapide succès ; le célèbre acteur Coquelin Cadet, ami d'Aurélien Lugné-Poe, désire en avoir une[4], alors que le critique Félix Fénéon s'exclame dans la revue *Le Chat Noir* : « Une affiche supérieure aux produits d'Appel et de Lévy, sans pour cela - enfin ! - être de Chéret ou de Grasset. Ruches et rocailles naissent

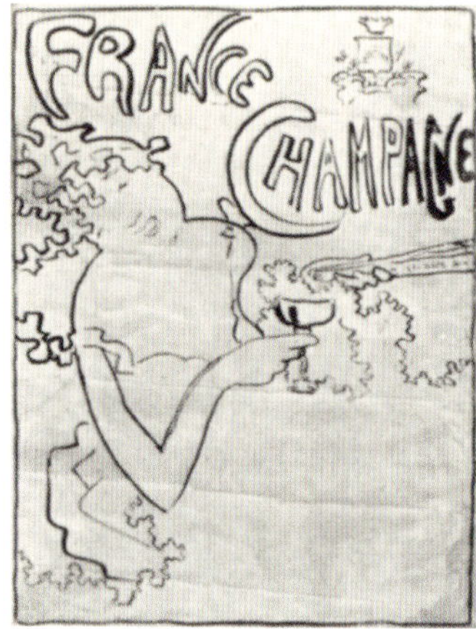

Ill. 1 Pierre Bonnard, Étude pour *France-Champagne*, 1890-1891, encre sur papier, musée des Beaux-arts de Reims

intarissablement de la coupe que tend une rotonde serveuse, chevelure elle aussi spumante, yeux clignés d'un rire. » Quelques années plus tard, en 1908, son ami Octave Mirbeau souligne son rôle déterminant : « la première estampe affiche qui ait joyeusement éclatée sur les murs de Paris depuis Daumier, si différente des délicieuses enluminures de Chéret, cette *France-Champagne* aujourd'hui introuvable est l'œuvre de Bonnard... Elle inaugure un renouveau de l'art lithographique, de cet art que Toulouse-Lautrec devait pousser au degré que l'on sait de raffinement et de maîtrise[5]. »

Bonnard a choisi de représenter sa séduisante et pétillante cousine Berthe Schaedlin[6] une coupe de champagne à la main dans une audacieuse composition. La mousse déborde et coule à flot au point de couvrir le tiers de l'affiche qui va lui permettre de poser son texte sur la surface blanche. Ce qui est nouveau ici est le parti pris pour des couleurs simplifiées, sans modelé, la sinuosité de l'écriture-titre comme celle de la figure féminine,

Cat. 1

France-Champagne, 1891

Affiche - lithographie en 3 couleurs
79 × 59,5 cm
Musée Bonnard, Le Cannet
Inv. 2009.0.36

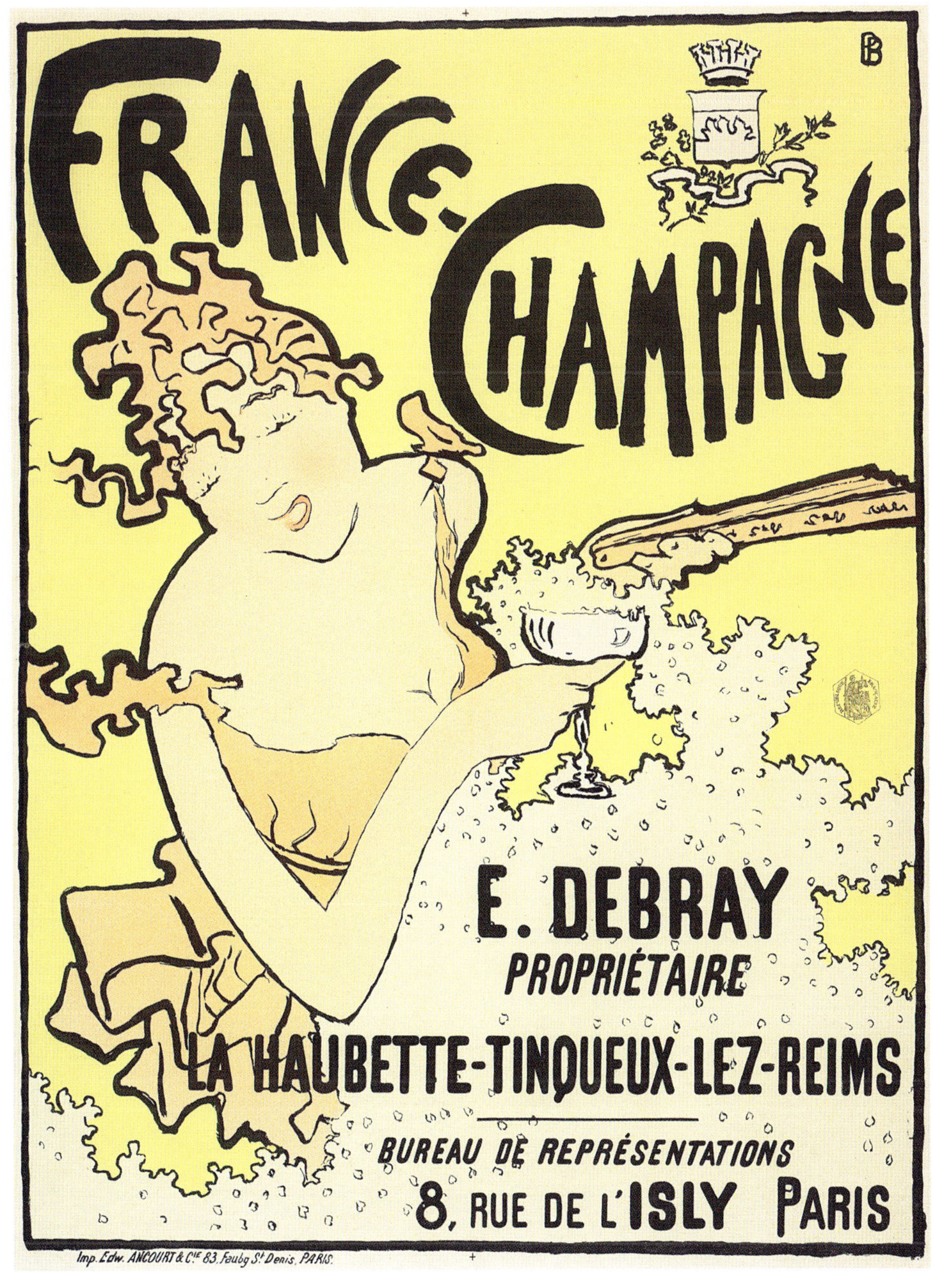

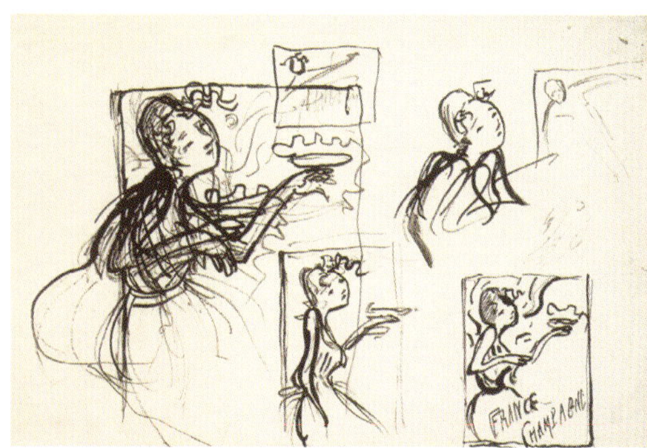

Ill. 2 Pierre Bonnard, Études pour *France-Champagne*, vers 1889, page de carnet recto-verso, encre sur papier, 30,9 x 19,9 cm, National Gallery, Washington D.C., don de Virginia et Ira Jackson Family, 2001

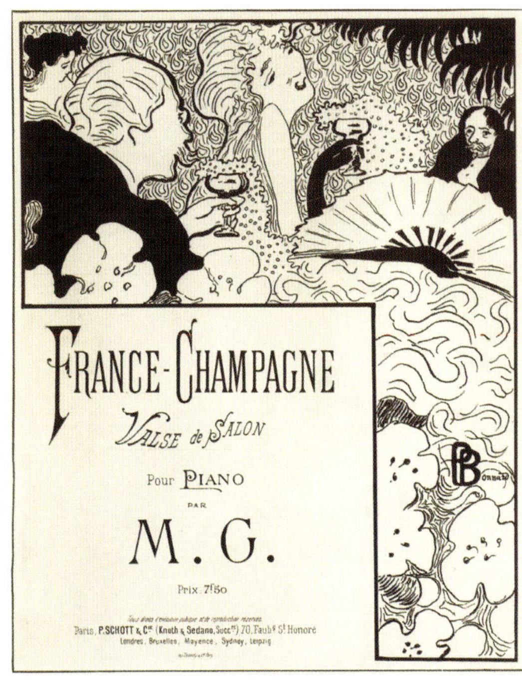

Ill. 3 Pierre Bonnard, *France-Champagne, Valse de salon*, couverture d'un programme musical, 1891, encre sur papier, 34,3 x 26 cm, collection particulière

marquant déjà son vif intérêt pour les estampes japonaises alors en vogue. À cela s'ajoute le large cerne noir qui cloisonne chaque élément dans un jeu d'arabesques auquel le peintre restera sensible durant toute sa période nabie[7].

Le comble de ce succès, en dehors de son attrait financier qui lui permet de gagner sa liberté[8], est son impact moins connu sur Toulouse-Lautrec. Plusieurs témoignages dont celui de Bonnard lui-même, de Thadée Natanson ou d'Annette Vaillant[9], relatent le choc reçu par Toulouse-Lautrec à la vue de *France-Champagne*. Bonnard lui présente son imprimeur Edward Ancourt ; Lautrec sera convaincu par les possibilités créatives de l'affiche et se tournera avec le succès qu'on lui connaît vers ce domaine[10]. Si Bonnard composera une dizaine d'affiches essentiellement durant la période nabie, il reconnaît la supériorité de son ami dans ce domaine lequel en illustrera trois fois plus.

Durant cette époque florissante pour l'estampe, Bonnard multiplie les livraisons de dessins et d'illustrations notamment pour *La Revue blanche* de Thadée Natanson et pour Ambroise Vollard. Le marchand parisien est en effet passionné par l'estampe et le livre d'artiste aux tirages réduits et aux papiers précieux ; il compte tenir un rôle majeur dans la production d'estampes en France. Depuis longtemps négligée, la lithographie en couleurs se hisse à un haut niveau de technicité grâce aux prouesses des graveurs Edward Ancourt et Augustin Clot.

Ainsi, l'affiche que Bonnard réalise à l'automne 1894 (cat. 2) annonce la publication mensuelle de *La Revue blanche* dans sa nouvelle présentation inaugurée en 1893[11]. Cette affiche est exposée du 10 mai au 10 juin 1895 à la galerie de la revue, 20 rue Laffitte, où elle y est vendue 5 francs. D'un grand modernisme, l'écriture y joue - comme dans celle de *France-Champagne* - un rôle prépondérant. Les lettres, de tailles différentes, peintes en blanc, se détachent nettement des silhouettes noires du premier plan. Les avis sont partagés sur l'identité de cette femme mystérieuse au regard pénétrant. Certains pensent y voir Misia, l'égérie des Nabis, au charme ravageur qui capte tous les regards, mais surtout ici l'épouse de Thadée, l'un des trois dirigeants de la revue[12]. Pour d'autres, c'est Marthe que Bonnard a choisi de représenter. Il vient tout juste de la rencontrer et son attitude lui apparaît comme l'incarnation de la femme nouvelle, idéale, au charme énigmatique. Les deux options sont en effet possibles.

« Il charme,
il déconcerte,
il scandalise.
Tantôt sa peinture
se livre
sans réticence
à notre plaisir,
tantôt elle
se ferme, résiste
à l'exégèse. »

Maurice Denis, 1943

« Il charme,
il déconcerte,
il scandalise.
Tantôt sa peinture
se livre
sans réticence
à notre plaisir,
tantôt elle
se ferme, résiste
à l'exégèse. »

Maurice Denis, 1943

Cat. 2

Affiche pour *La Revue blanche*, 1894

Lithographie en 4 couleurs
80 × 62 cm
Musée Bonnard, Le Cannet
Inv. 2009.0.37

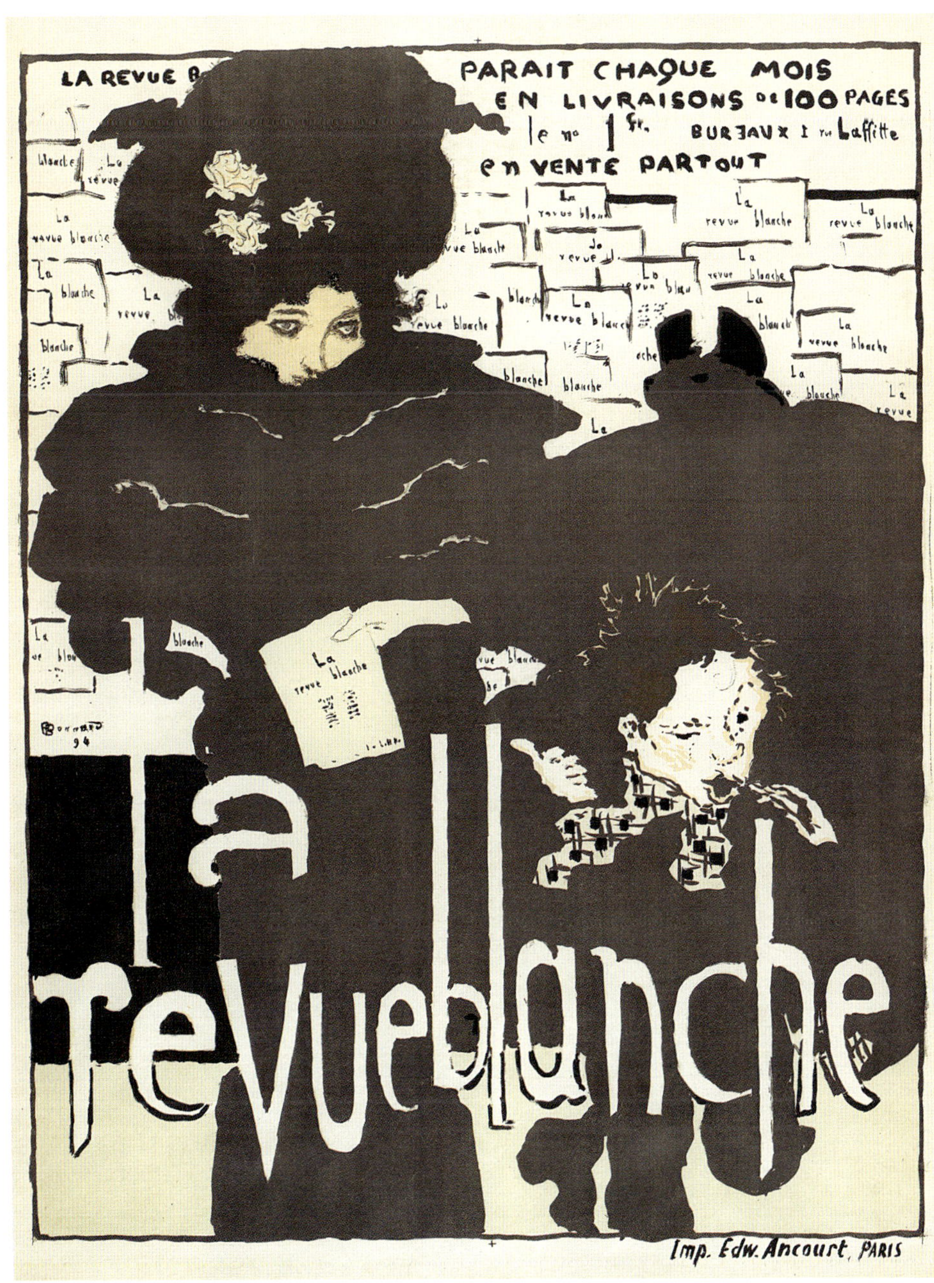

Quoiqu'il en soit, l'artiste représente ici l'image de la parisienne élégante, emmitouflée dans ses vêtements et jetant un regard hautain et mystérieux. L'esprit de la revue que cette femme « moderne » incarne se veut novateur ; novateur par sa mise en page et son contenu ouvert aux artistes comme aux écrivains symbolistes et nabis que l'on a volontiers appelés les peintres de *La Revue blanche* tant ils étaient unis : Bonnard, Vuillard, Vallotton, Denis, etc. ou les écrivains Mirbeau, André Gide, Mallarmé, et enfin les musiciens Gabriel Fauré et Claude Debussy.

On lui connaît plusieurs dessins et une toute petite esquisse à l'aquarelle et à l'encre de Chine (ill. 4) sur laquelle l'essentiel de la composition est en germe ; la posture du modèle féminin mais surtout la forme intrigante à l'arrière-plan dont Bonnard livre la signification à sa mère dans une lettre : « la chauve-souris est le chapeau à haute forme d'un gros monsieur vu de dos[13]. » Le gavroche n'anime pas encore le titre de la revue dont l'importance sera renforcée par la direction de son pouce sur la lithographie définitive. Un grand dessin - à la dimension de l'affiche - est très certainement l'avant-dernier projet avant la réalisation des plaques lithographiques, tout y est jusqu'au détail de la répétition du titre de la revue. Thadée Natanson satisfait du résultat écrira : « la diversité des personnages n'est pas, dans ce rectangle étroit, moins surprenante, du dos de l'amateur de livres et de la silhouette du petit guette-les-cognes, avec sa paume en conque, jusqu'au visage étonné, mais sûr de plaire, du personnage féminin dans sa toilette de saison[14]. » De toutes ses affiches, elle est sans doute la plus connue et considérée à juste titre comme l'un des chefs-d'œuvre lithographiques de l'artiste. Toulouse-Lautrec, après lui, donnera une image différente de la revue tout en conservant le modèle de l'élégante qui incarne le mieux cette revue : Misia.

De son côté, Ambroise Vollard, connu pour son soutien de l'œuvre des impressionnistes, de Cézanne et Renoir en particulier, souhaite éditer des lithographies. Il commande successivement en 1896, 1897 et 1898 des estampes originales à divers artistes dont Bonnard pour constituer des *Albums*. Dans ses souvenirs, le marchand

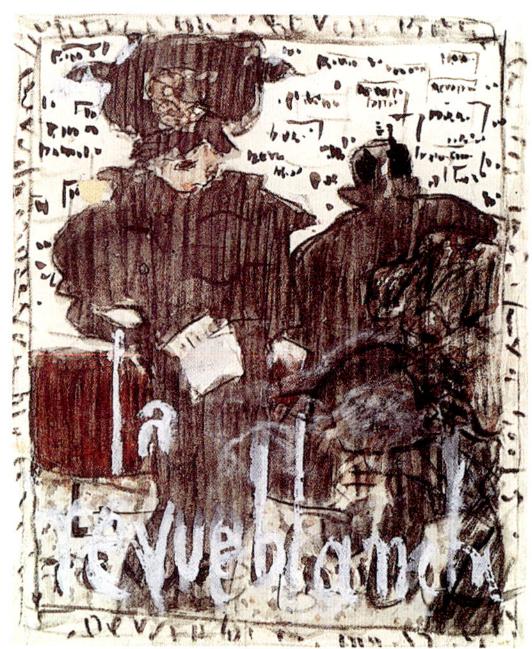

Ill. 4 Pierre Bonnard, Projet pour *La Revue blanche*, 1894, aquarelle, encre de Chine et crayon sur papier, 11,2 x 9 cm, collection particulière

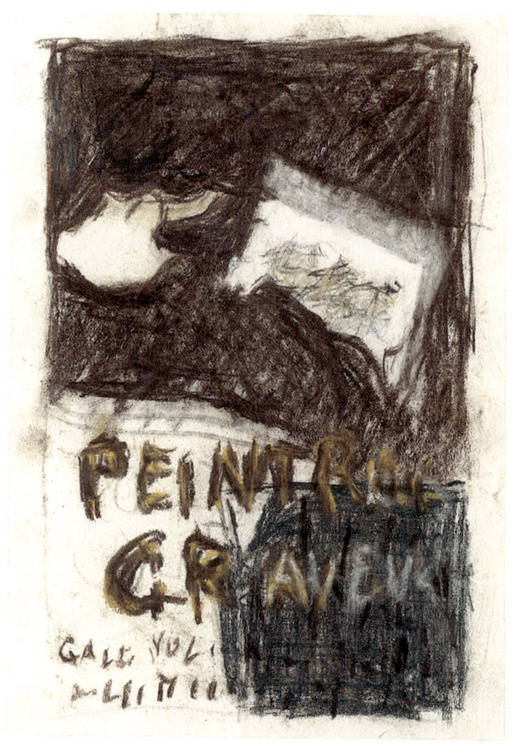

Ill. 5 Pierre Bonnard, Projet pour *Les Peintres graveurs*, 1896, pastel sur papier, 17,5 x 12,5 cm, collection particulière

Cat. 3

Affiche *Les Peintres graveurs*, 1896

Lithographie en 4 couleurs
80 × 62 cm
Musée Bonnard, Le Cannet,
Dépôt d'une collection particulière
D. 2010.1.36

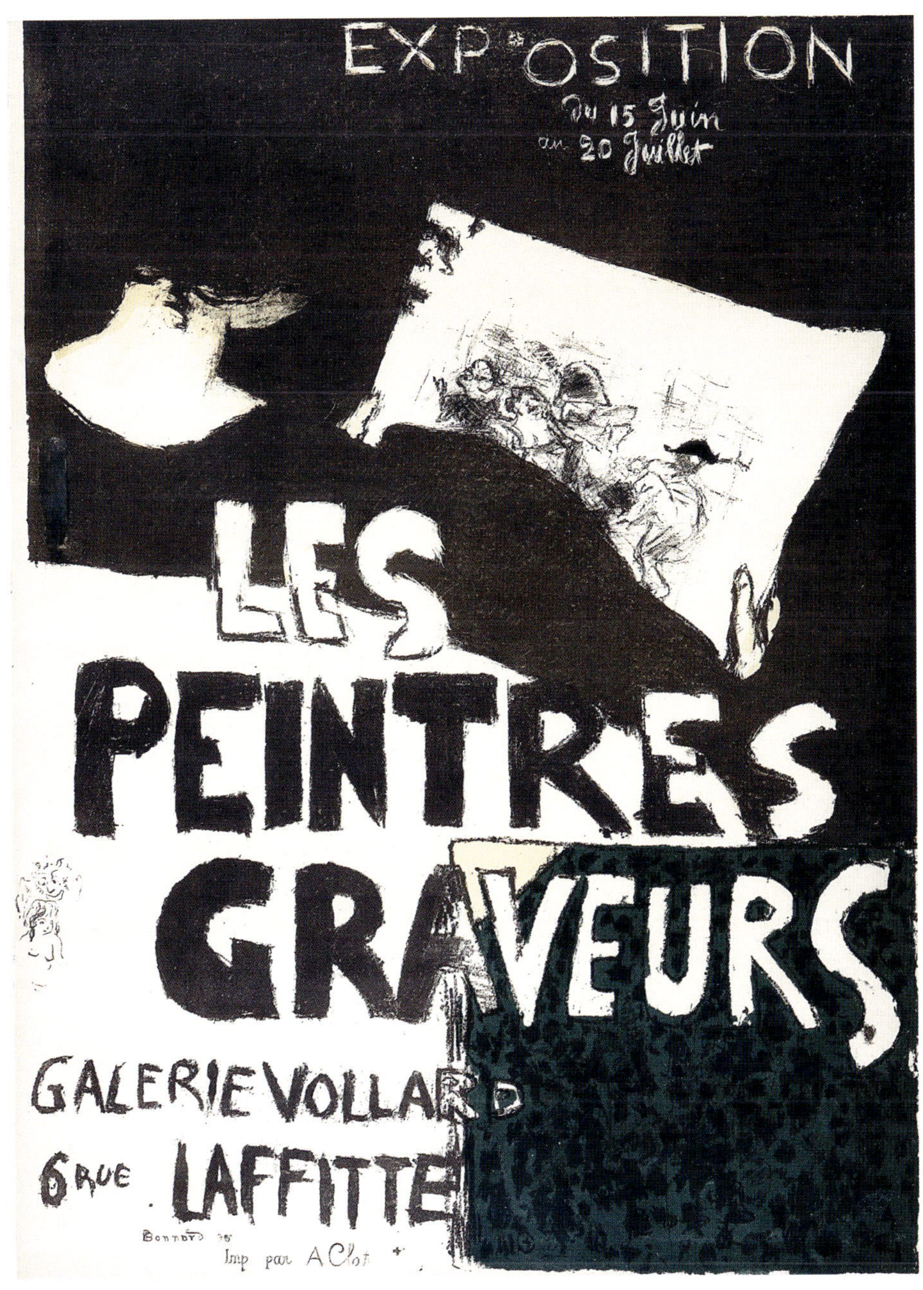

écrit : « De tout temps, j'ai aimé les estampes. [...] Mon idée, à moi, était de demander des gravures à des artistes qui n'étaient pas des graveurs de profession. Ce qui pouvait être pris pour une gageure fut une grande réussite d'art[15]. »
Avant de dessiner la couverture du second *Album d'estampes originales*, Bonnard réalise *La Petite blanchisseuse*, lithographie commandée par Vollard pour le 1er *Album des peintres graveurs* en 1896. La parution de ce premier album des *Peintres graveurs* coïncide avec l'inauguration des nouveaux locaux de la galerie Vollard, dont Bonnard conçoit l'affiche (cat. 3, ill. 5). Une femme vue de dos contemple une gravure qu'elle tient entre ses mains. L'univers de l'estampe est ici symbolisé par le carton à dessin bien connu des amateurs et sur lequel vient s'inscrire en partie le texte peint. Le cadrage en plan serré du personnage, ainsi que la large utilisation du brun et du noir, renforce l'attention sur la gravure aux marges blanches. Ce procédé met en valeur de manière subliminale le message publicitaire souhaité par Vollard pour vanter son commerce d'estampes. Cette composition est proche des préoccupations plastiques de Bonnard et de ses amis nabis, nourris par la mise en page novatrice des estampes japonaises alors en vogue. Le peintre sera toute sa vie fidèle à la technique de la lithographie qui reste pour lui un enseignement précieux pour la peinture[16].

[1] Bonnard reçoit 100 francs pour l'affiche et 40 francs pour cette seconde commande. À cette nouvelle, son père selon une lettre que lui adresse sa mère, « a dansé dans le jardin » ; à la suite de quoi, son père l'autorise à se consacrer pleinement à sa passion. Archives Terrasse, 1890.

[2] Bonnard devait en effet rejoindre sa sœur Andrée à Arcachon où elle venait de s'installer avec le compositeur Claude Terrasse qu'elle avait épousé quelques mois plus tôt (le 25 septembre 1890 au Grand Lemps). Archives Terrasse.

[3] Lettre du 19 mars, 1891, Archives Terrasse.

[4] Lettre de Bonnard à sa mère, 21 mai 1891, Archives Terrasse.

[5] Cité in cat. *Les Peintres graveurs*, galerie Bérès, Paris, 2002 n.p.

[6] Les carnets de Bonnard de cette époque fourmillent de croquis au crayon ou à l'encre de Berthe sa cousine aimée, au tempérament rieur et mutin. Elle est à cette époque, avec sa sœur Andrée, le sujet féminin de prédilection du peintre avant sa rencontre avec Marthe en 1893.

[7] À noter également la présence du timbre officiel qui est obligatoire depuis la loi du 29 juillet 1881 sur la liberté de la presse. Cette loi « en libérant l'affichage de toute contrainte publique, à l'exception du timbre fiscal, en la mettant à l'abri du contrôle tatillon de certains maires, rend possible cet essor », écrit Marc Martin, *Trois siècles de publicité en France*, éd. Odile Jacob, Paris, 1992.

[8] Voir note 1

[9] Bonnard, Lettre à Claude Roger-Marx, 7 janvier 1923, citée in Claude Roger-Marx, *Bonnard lithographe*, éd André Suaret, Monte Carlo, 1952, p. 11 ; Thadée Natanson, *Le Bonnard que je propose*, éd. Pierre Cailler, Genève, 1952, p. 19 ; Annette Vaillant, *Bonnard ou le bonheur de voir*, Ides et calendes, Neuchâtel, 1965, p. 166.

[10] En juin 1891, Bonnard travaille à une autre affiche pour Le Moulin rouge, établissement bien connu de Toulouse-Lautrec qui remporte alors la commande. Voir aussi lettre de Mme Eugène Bonnard à sa fille Andrée, 25 juin 1891, Archives Terrasse.

[11] *La Revue blanche*, d'abord bimensuelle, éditée alors en Belgique, paraît pour la première fois le 1er décembre 1889. Mensuelle en 1890 (à partir du 5e numéro), son siège est transféré à Paris en 1891. Elle est alors dirigée par les frères Natanson, Alexandre, Thadée et Alfred. De 1891 à 1903, elle publie 237 numéros ainsi que 3 sorties du supplément *Nib*.

[12] Voir cat. exp. *Misia reine de Paris*, musée d'Orsay, Paris et musée Bonnard, Le Cannet, Gallimard, Paris, 2012.

[13] Lettre de Bonnard à sa mère, citée et repr. par Antoine Terrasse, in cat. *Au temps des Nabis*, galerie Huguette Bérès, Paris, 1990, p. 23.

[14] Cité par Terrasse, dans *Au temps des Nabis*, *op. cit*, p. 22.

[15] Ambroise Vollard, *Souvenirs d'un marchand de tableaux*, Albin Michel, Paris [1937] 2007, p. 277.

[16] « J'ai beaucoup appris au point de vue peinture en faisant de la lithographie en couleurs. Quand on doit étudier les rapports de tons en jouant de quatre ou cinq couleurs seulement qu'on superpose ou qu'on rapproche, on découvre beaucoup de choses », Pierre Bonnard à André Suaret, cité par Antoine Terrasse, *Bonnard*, Gallimard, Paris, 1988, p. 48.

Cat. 4

Longtemps resté dans la famille du peintre[1], ce tableau ambitieux au charme mystérieux est, avec les *Femmes au jardin*, la figure de proue de la production nabie de Bonnard. En 1892, Bonnard n'a que 25 ans et déjà une belle expérience, partageant ainsi avec ses amis nabis une nouvelle conception d'un art qui dépasse le champ de la seule peinture de chevalet : il a en effet déjà réalisé ses premières affiches (cat. 1-3), des décors de théâtre pour Lugné-Poe, des projets de meubles, des illustrations (*Le Petit solfège illustré*), affichant une ambition décorative assumée, combinant l'influence de Gauguin et du japonisme.

Le Salon des Indépendants de cette année-là lui permet, après celui de 1891 où il avait exposé les *Femmes au jardin*, de faire un nouveau coup d'éclat avec la présentation de sept peintures dont *Crépuscule* (cat. 4) qui ne s'appelle pas encore *La Partie de croquet*. La modernité de ce tableau y est remarquée par des critiques aussi perspicaces que Gustave Geffroy : « M. Bonnard cherche à conduire sa peinture, également souple et ornementale, dans des voies modernes, et il expose un *Crépuscule* où des femmes ondulent en une danse délicieuse, sur une pelouse, au fond d'un paysage de lumière presque éteinte[2]. »

De toute évidence impressionné par la composition, son ami Maurice Denis ne s'y trompe pas non plus lorsqu'il écrit dans *La Revue blanche* : « M. Pierre Bonnard japonise de façon très personnelle[3]. » De son côté, Thadée Natanson est au contraire déconcerté par l'originalité de la composition qu'il considère « encore tout raidi [*sic*] de théorie[4]. »

Si le sujet est certes impressionniste - une scène de loisir à la campagne - (ill. 1) Bonnard s'en éloigne radicalement, faisant prévaloir une grande liberté de composition par rapport à la perspective traditionnelle, mettant en avant une réelle volonté décorative mise en œuvre par l'effet des plans superposés, le format encore inhabituel,

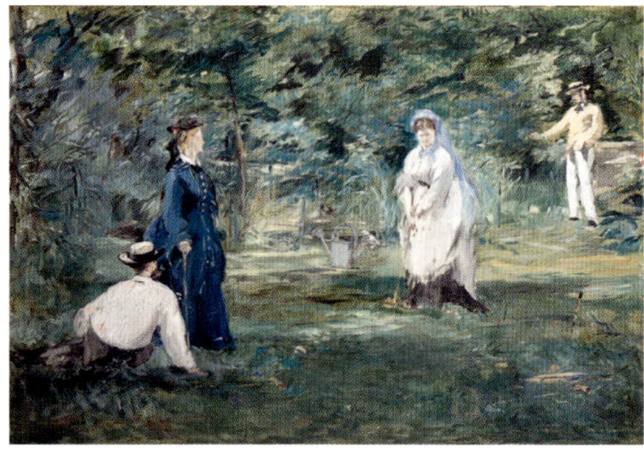

Ill. 1 Édouard Manet, *La Partie de croquet*, 1873, huile sur toile, 72,5 x 106 cm, Städelmuseum, Francfort

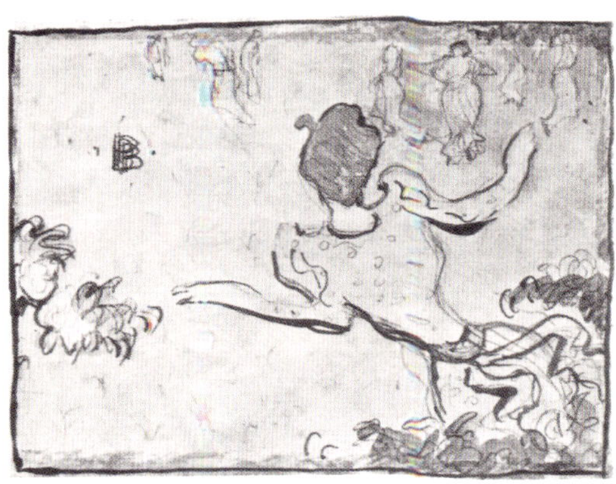

Ill. 2 Pierre Bonnard, Étude pour *La Partie de croquet*, vers 1892, crayon, encre et aquarelle sur papier, 19 x 26 cm, collection particulière

Cat. 4

Crépuscule, dit aussi *La Partie de croquet*, 1892

Huile sur toile
130 × 162,5 cm
Musée d'Orsay, Paris
Don de Daniel Wildenstein par l'intermédiaire
de la Société des Amis du musée d'Orsay, 1985
Inv. RF 1985-8
D. 38

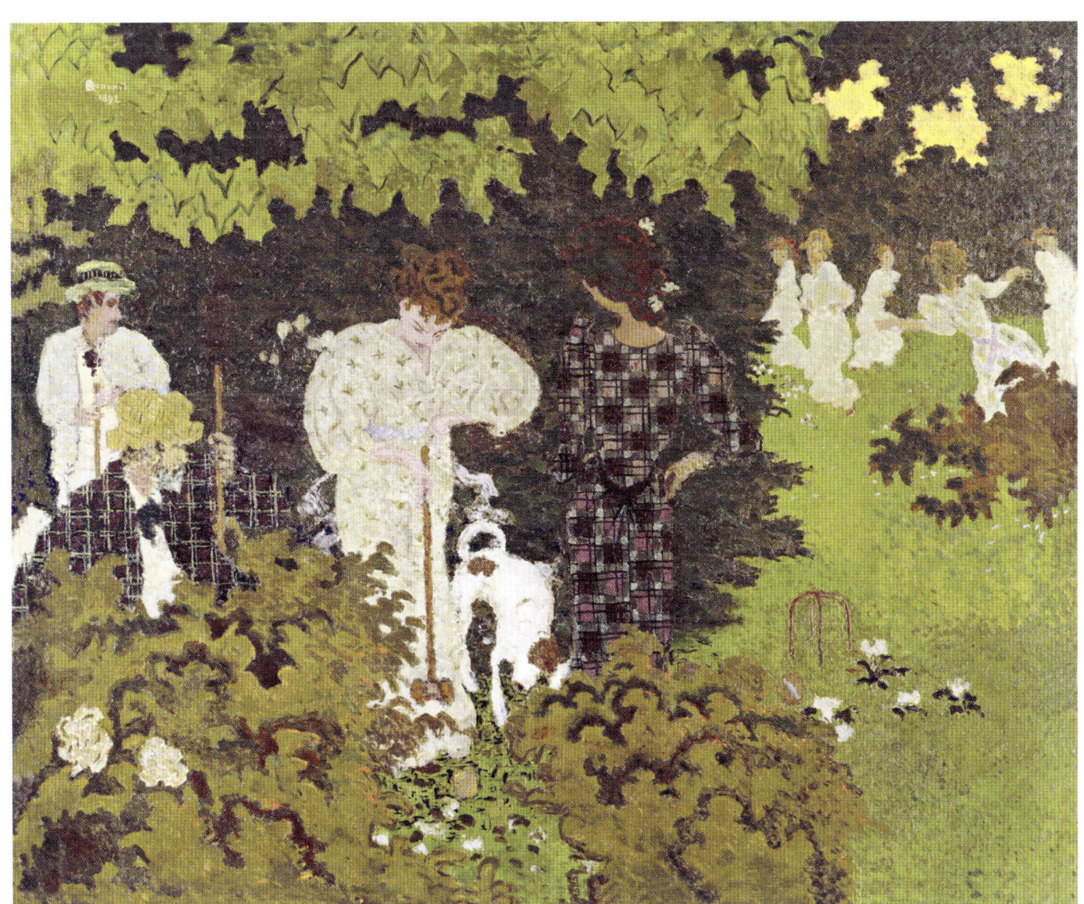

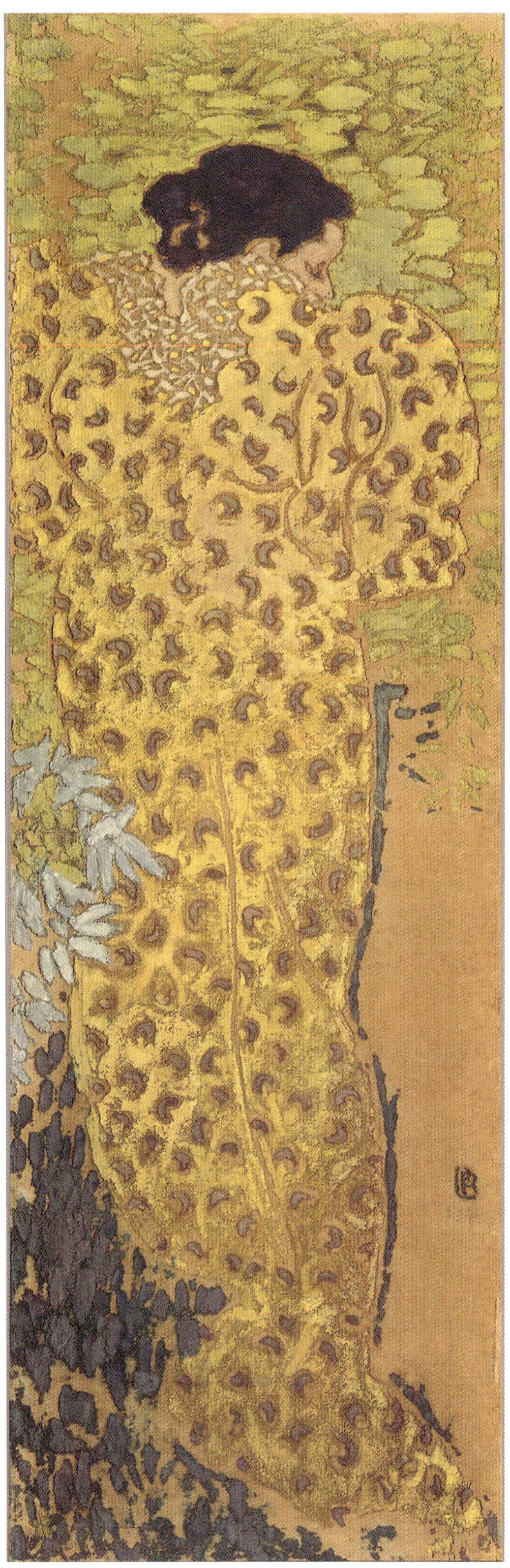

Ill. 3 Pierre Bonnard, *Le Peignoir. Femme vue de dos*, vers 1892, détrempe sur molleton, 154 x 54 cm, musée d'Orsay, Paris (D. 14)

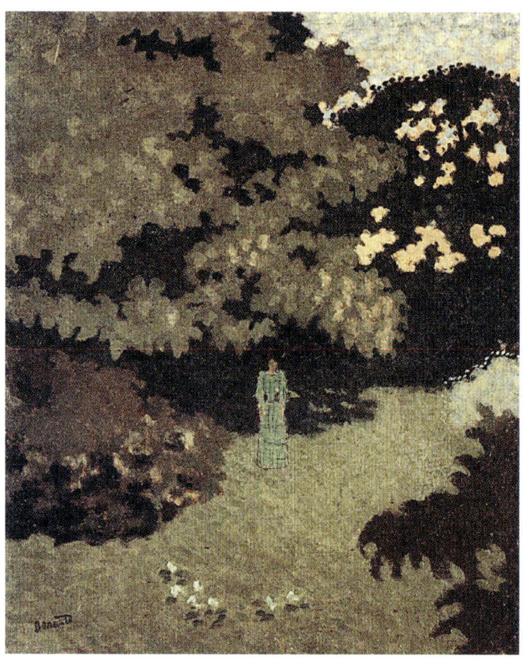

Ill. 4 Pierre Bonnard, *Femme en robe verte dans un jardin (Mme Claude Terrasse dans le jardin du Clos, au Grand-Lemps)*, vers 1892, huile sur bois, 45,8 x 37,8 cm, collection particulière (D. 37)

la stylisation des formes ou encore le jeu fluide des arabesques.

Il ne s'agit pas d'une simple scène d'extérieur ; l'atmosphère particulière tient à sa tonalité, à la richesse des nuances de sa palette et des verts infinis en particulier, à l'heure où la lumière est incertaine[5]. Si le crépuscule est bien le passage du jour à la nuit, on peut considérer par extension qu'il est aussi en quelque sorte celui entre la réalité (le premier plan) et le monde imaginaire (la ronde de 5 jeunes filles qui ressemble à un rêve). Cette « tonalité élégiaque » dont a parlé Guy Cogeval[6] est bien au cœur du dispositif mental du premier Bonnard, pénétré de poésie symboliste. Cette scène étrange à l'atmosphère étouffante bien que l'on soit à l'extérieur, prime autant que la fluidité des attitudes et des formes. À ce propos, Guy Cogeval y perçoit à un degré moindre le dispositif scénique étouffant, voire inquiétant du théâtre symboliste de Maeterlinck[7].

Pourtant, le peintre qui nous a habitué à ces scènes bucoliques dans la propriété familiale du Grand-Lemps, en Isère, où il aime partager des moments harmonieux en famille, joue avec la réalité ; on reconnaît aisément son père Eugène Bonnard assis au premier plan à gauche, son beau-frère Claude Terrasse, debout derrière lui, sa sœur Andrée, de face, en blanc, point axial du premier plan. Le second personnage féminin vu de dos est probablement sa cousine Berthe, toujours présente à cette époque.

Le tableau est divisé en deux plans, voire en deux mondes ; le premier, qui occupe les deux tiers de la composition, contraste fortement avec celui de l'arrière-plan où domine une lumière surnaturelle qui donne à cette ronde à priori ordinaire, un accent particulier. C'est d'ailleurs bien cette scène qui a préoccupé le peintre et pour laquelle on connaît une aquarelle (ill. 2) qui met l'accent sur la danseuse de dos qui semble comme suspendue dans l'air. Dans cette première pensée pour *Crépuscule*, on note l'attention portée à la ligne sinueuse des contours, à cette écriture du trait qu'il emprunte aux estampes japonaises. L'aspect japonisant de l'ensemble est encore plus flagrant au premier plan notamment sur le traitement décoratif des vêtements ; Bonnard joue entre les motifs de damiers et le mouchetis des étoffes. Andrée porte une robe aux manches bouffantes qui semble être empruntée à celle de la figure de dos du fameux *Peignoir* (ill. 3), peint la même année[8].

Les personnages sont comme découpés en silhouettes plaquées sur un fond de verdure où surabonde la richesse des détails graphiques donnant à l'ensemble un rayonnement incomparable.

Pour toutes ces raisons, ce tableau au charme intact apparaît incontestablement comme une démonstration faite par le très jeune peintre que Bonnard est alors, affirmant son apport essentiel à l'esthétique nabie.

[1] Ce tableau figure encore en 1947 dans la succession de l'artiste. Cf. cat. *Bonnard*, Paris 1947. L'œuvre est marquée par une sortie du territoire national en 1963 pour disparaître peu après pendant près de 20 ans jusqu'à ressurgir dans des expositions internationales en 1983 et 1984 ; après quoi elle est offerte au musée d'Orsay en 1985 par Daniel Wildenstein (lequel avait fait une promesse orale en 1964), par l'intermédiaire de la Société des Amis du musée (Archives documentation du musée d'Orsay).

[2] Gustave Geffroy, « Les Indépendants 29 mars 1892 », *La Vie artistique*, 2e série, XX, Paris, 1893, p. 372-373.

[3] Pierre Louis [Maurice Denis], « Les Indépendants », *La Revue blanche*, 1892, p. 233-234.

[4] Thadée Natanson, *Le Bonnard que je propose*, Pierre Cailler éditeur, Genève, 1952, p. 216.

[5] On peut rapprocher cette atmosphère à un autre tableau, tout petit, peint la même année (ill. 4).

[6] Guy Cogeval, *Romantisme, de Delacroix à Jannot*, Lyon, 17 mars-16 juin 1994, p. 136.

[7] Guy Cogeval, *Bonnard*, Hazan, Paris, 1993, p. 20 ; nouvelle éd. Paris, 2015.

[8] Ursula Perucchi-Petri développe également cette idée in « Pierre Bonnard, le Nabi très japonard », *Bonnard. Peindre l'Arcadie*, musée d'Orsay/Hazan, Paris, 2015, p. 65.

Cat. 5

À partir de 1850, la mode des paravents réapparaît en France, poursuivant une solide tradition décorative du XVIIIe siècle. Le japonisme contribuera à renforcer cet engouement auprès des peintres nabis. Aussi en 1892, Bonnard, le premier réalise-t-il plusieurs projets de paravents dans lesquels l'influence japonisante est évidente, ne serait-ce que par le format des kakémonos japonais tels les *Femmes au jardin*, *Le Peignoir* (ill. 3, p. 32) ou encore *L'Enfant au pâté de sable*, éléments de paravents reconfigurés ou démembrés (tous conservés au musée d'Orsay).

Dès 1894, Bonnard a l'idée de ce paravent dont il réalise une détrempe sur toile accrochée lors de sa

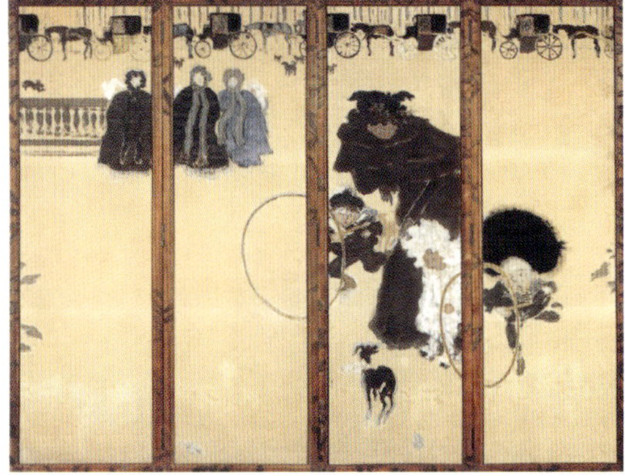

Ill. 1 Pierre Bonnard, *Promenade des nourrices, frises de fiacre*, 1894, lithographie sur toile, 137,2 x 47,6 cm, Museum of Modern Art, New York, dépôt d'une collection privée

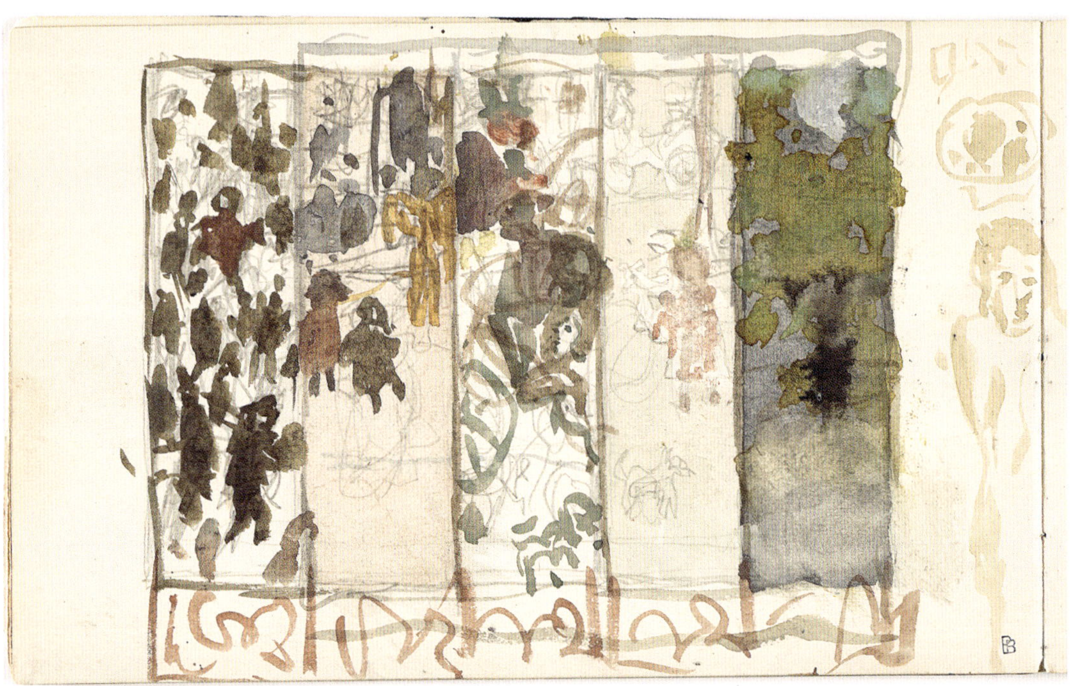

Ill. 2 Pierre Bonnard, Page de carnet : *Étude pour un paravent à 5 feuilles*, crayon et aquarelle sur papier, 13,2 x 21,7 cm, musée du Louvre, Paris, fonds d'art graphique du musée d'Orsay

Cat. 5

Promenade des nourrices, frise de fiacres, 1897

Suite de quatre lithographies en 5 couleurs, constituant un paravent
Éd. chez Molines, 20 rue Laffitte
191 × 144 cm (les quatre feuilles)
Musée Bonnard, Le Cannet, acquis avec l'aide du Fram, 2010
Inv. 2010.2.2

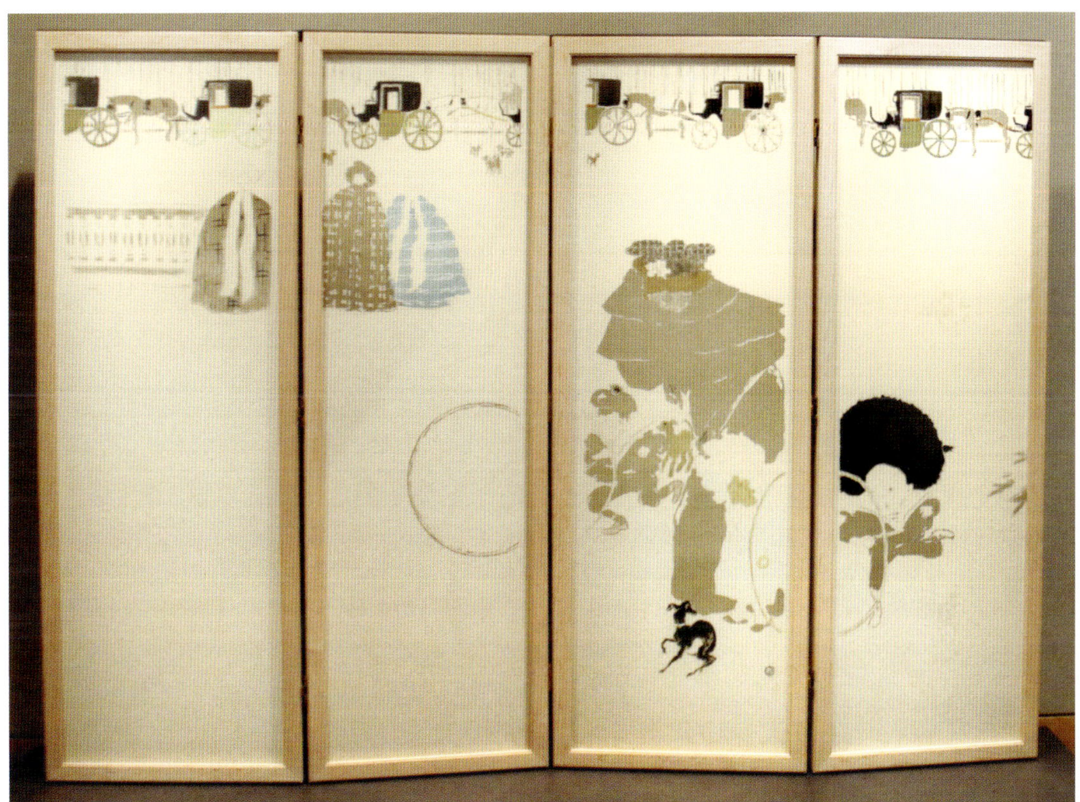

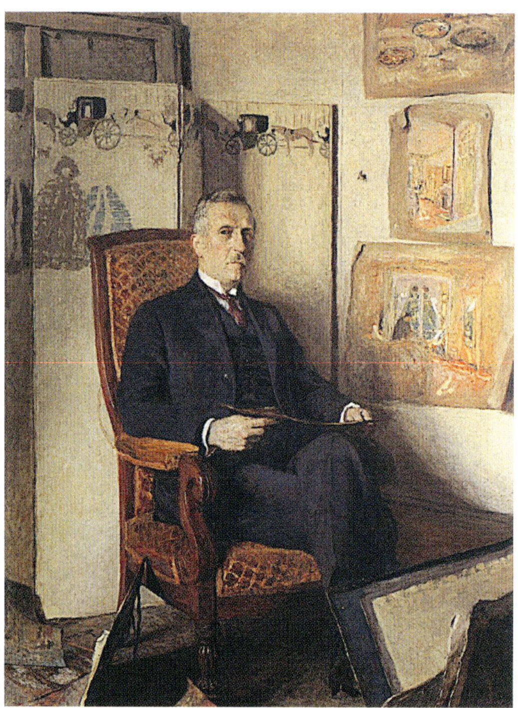

Ill. 3 Édouard Vuillard, *Portrait de Marcel Kapferer*, 1926-1927, huile sur toile, 116 x 88 cm, collection particulière

première exposition personnelle organisée par la galerie Durand-Ruel en janvier 1896 (ill. 1). C'est probablement le succès rencontré par cette pièce qui doit le décider à en réaliser une lithographie l'année suivante. En effet, l'engagement esthétique des Nabis s'est essentiellement cristallisé autour de l'idée que la peinture doit investir le domaine du décoratif afin de rapprocher l'art de la vie ; cette ambition croise celle d'une demande de plus en plus pressante auprès d'un cercle d'amateurs éclairés qui soutient ces efforts de désenclavement de la peinture de chevalet. Le témoignage de Verkade est à ce titre très parlant : « Vers le début de 1890, un cri de guerre fut lancé d'un atelier à l'autre : Plus de tableaux de chevalet ! À bas les meubles inutiles ! La peinture ne doit pas usurper une liberté qui l'isole des autres arts ... Il n'y a pas de tableaux, il n'y a que des décorations[1]. » Ce mot d'ordre est repris par Albert Aurier, célèbre pour son soutien aux artistes symbolistes et nabis[2].

En 1897[3] donc, dans une volonté de diffuser son œuvre et de la rendre accessible à un plus grand nombre, Bonnard en réalise une lithographie tirée à 110 exemplaires. Cette démarche du multiple pour ce genre d'objet est nouvelle et conforme à la philosophie des Nabis qui souhaitent généraliser le principe que l'art doit se situer partout, même si un tirage modeste en fait encore un objet de luxe. Dans une lettre à sa mère en 1894, Bonnard indique que la scène se passe aux Tuileries, place de la Concorde : « J'exécute un paravent pour le Champ de Mars [lieu où se déroule le Salon annuel de la Nationale des Beaux-arts]. Ce sera, en tout cas pour le moment, la huitième merveille du monde. J'en suis bien content à mon point de vue et je crois qu'aussi s'il va au Champ de Mars il sera plus remarqué que le précédent[4]. Il y a des personnages au lieu de feuillages et de canards. C'est la place de la Concorde où passe une jeune mère avec ses enfants, des nounous, des chiens et en haut, faisant bordure, une station de fiacres, le tout sur un fond blanc écru qui rappelle tout à fait la place de la Concorde quand il y a de la poussière et qu'elle ressemble à un petit Sahara[5]. » Le thème du jardin public a été largement traité par Bonnard dans sa peinture ou ses illustrations. Sur les deux panneaux de droite se découpent les silhouettes d'une femme guidant les pas d'une petite fille et de deux jeunes garçons jouant au cerceau. À ce groupe en mouvement s'oppose dans les deux panneaux de gauche, la posture statique de trois nurses debout, placées à l'arrière-plan. Dans la partie supérieure court une frise de fiacres attelés qui crée la cohésion et la continuité de l'ensemble. La composition tient compte également du pliage du paravent, en liant les panneaux les uns aux autres notamment par les cerceaux des enfants qui perpétuent le mouvement qui semble arrêté à la vue d'un petit chien sautillant.

Bonnard joue à merveille des contrastes des pleins et des vides, de la sinuosité des lignes opposée à la surface vierge du papier laissé en réserve, lui accordant un rôle important dans la structure décorative de l'ensemble. Le peintre trouve dans l'enfance et l'observation des attitudes, un prétexte à une mise en page épurée.

Plus de la moitié du tirage a disparu lors d'une inondation dans les locaux de l'éditeur Molines à Paris. Il ne resterait vraisemblablement plus qu'une trentaine d'exemplaires complets dont la plupart est aux États-Unis. En France, dans les collections publiques, seuls les deux exemplaires conservés conjointement par le musée d'Orsay et la Bibliothèque nationale de France et celui du musée Bonnard existent à notre connaissance.

Édouard Vuillard, ami et attentif soutien du peintre, intègrera à plusieurs reprises au cours des années 1920 le décor que représente le paravent de Bonnard dans des portraits d'homme, tels que ceux de Marcel Kapferer (ill. 3) et de Jean Gosset, ou encore le *Portrait de Mme Jean-Henri Adam* vers 1936-1937. Tous témoignent de l'importante réputation de cette œuvre usuelle dans les collections d'amateurs de l'époque.

[1] Jan Verkade, *Tourment de Dieu*, Paris 1923, p. 94, cité in Claire Frèches-Thory et Antoine Terrasse, *Les Nabis*, Flammarion, Paris 2001, p. 93.

[2] « La peinture ne peut avoir été créée que pour recouvrir de poèmes, d'idées et de rêves les murales banalités des édifices humains », déclare-t-il. Cité in cat. *Les Peintres graveurs*, galerie Bérès, Paris 2002, p. 41.

[3] Longtemps datée de 1899, la version lithographique de ce paravent date en réalité du début de l'année 1897 comme en témoigne un article relevant l'édition des estampes de février 1897 dans la revue de *L'Estampe et l'affiche* du 15 mars 1897 ; le prix annoncé est de 40 francs lorsqu'il est vendu en feuilles et de 60 francs monté en paravent.

[4] Cet autre paravent dont il est question est en fait celui aujourd'hui conservé au Museum of Modern Art à New York dans lequel dominent des feuillages verts.

[5] Pierre Bonnard, Lettre à sa mère, 1894, Archives Terrasse.

Cat. 6-10
PARIS SANS FIN

Autour de 1900, Paris est l'un des sujets favoris de Bonnard et de ses amis nabis. La ville est l'un des principaux pôles d'attraction pour les artistes venus de toute l'Europe. Pour Bonnard, qui a choisi Montmartre comme quartier d'élection, la ville est un spectacle fascinant qui nourrit son imaginaire insatiable. Il se révèle être un observateur attentif et amusé de la vie moderne. Ses fiacres, ses tramways, les foules qui se pressent dans les rues ou dans les salles de spectacle d'un nouveau genre, les mères et leurs enfants, les loisirs, les petits métiers, tout est prétexte pour le jeune peintre à croquer avec un charme et une ironie incomparables le monde des boulevards où se croisent le chapeau haut-de-forme du mondain comme celui à fleurs ou l'aigrette de l'élégante. « Nul ne note plus finement l'aspect de la rue, les silhouettes passantes, la tache colorée vue à travers la fine brume parisienne » écrira le critique Gustave Geffroy[1] à l'occasion de la première exposition personnelle de Bonnard à la galerie Durand-Ruel en 1896.

Le sujet des scènes de la vie de Paris est central dans son œuvre jusqu'en 1910. Entre 1891 et 1896, Bonnard réalise des programmes illustrés et des décors pour le théâtre (Théâtre Libre, Théâtre d'Art et Théâtre de L'Œuvre). Parallèlement, il développe une importante activité de lithographe dont l'œuvre phare est le paravent *Promenade des nourrices* (cat. 5, p. 35). Plusieurs petits tableaux sont consacrés à des sujets urbains ou de foules emmitouflées comme celle des *Grands boulevards* (cat. 7) récemment acquise par le musée.

Cette peinture à l'encre de Chine rehaussée de gouache sur papier est significative de l'intérêt de Bonnard pour les techniques graphiques novatrices des graveurs japonais. La modernité du traitement est visible par la frise de personnages à l'arrière-plan, découpée en ombre chinoise, rappelant les célèbres silhouettes du théâtre d'ombres du *Chat noir*, et par le cadrage influencé des mises en page des estampes japonaises. Le décor très esquissé du fond, donne la dimension d'espace et pose le sujet. Seul le groupe, au premier plan, de la mère et de la fillette, légèrement décentré, esquisse quelques mimiques. Bonnard

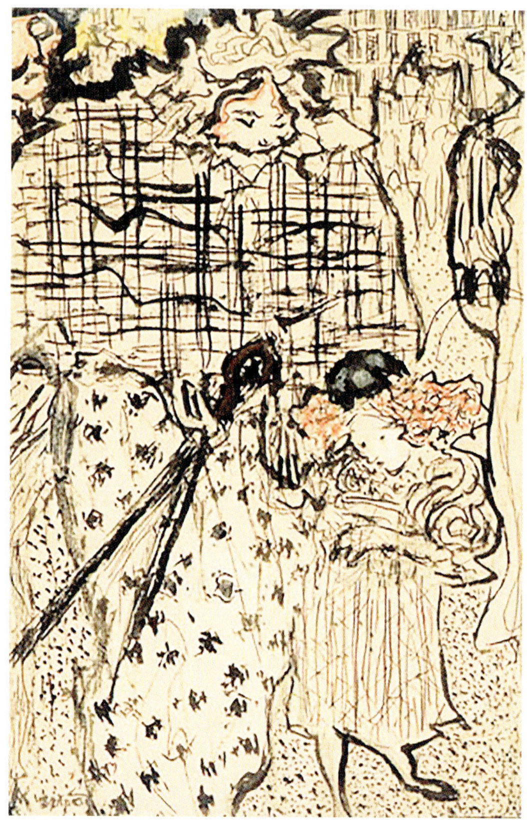

Ill. 1 Pierre Bonnard, *Scène de rue*, vers 1893, encre de Chine et aquarelle sur papier, 48 x 30 cm, collection particulière

Cat. 6

Les Chapeaux rouges, 1894

Huile sur toile
28 × 33 cm
Collection particulière

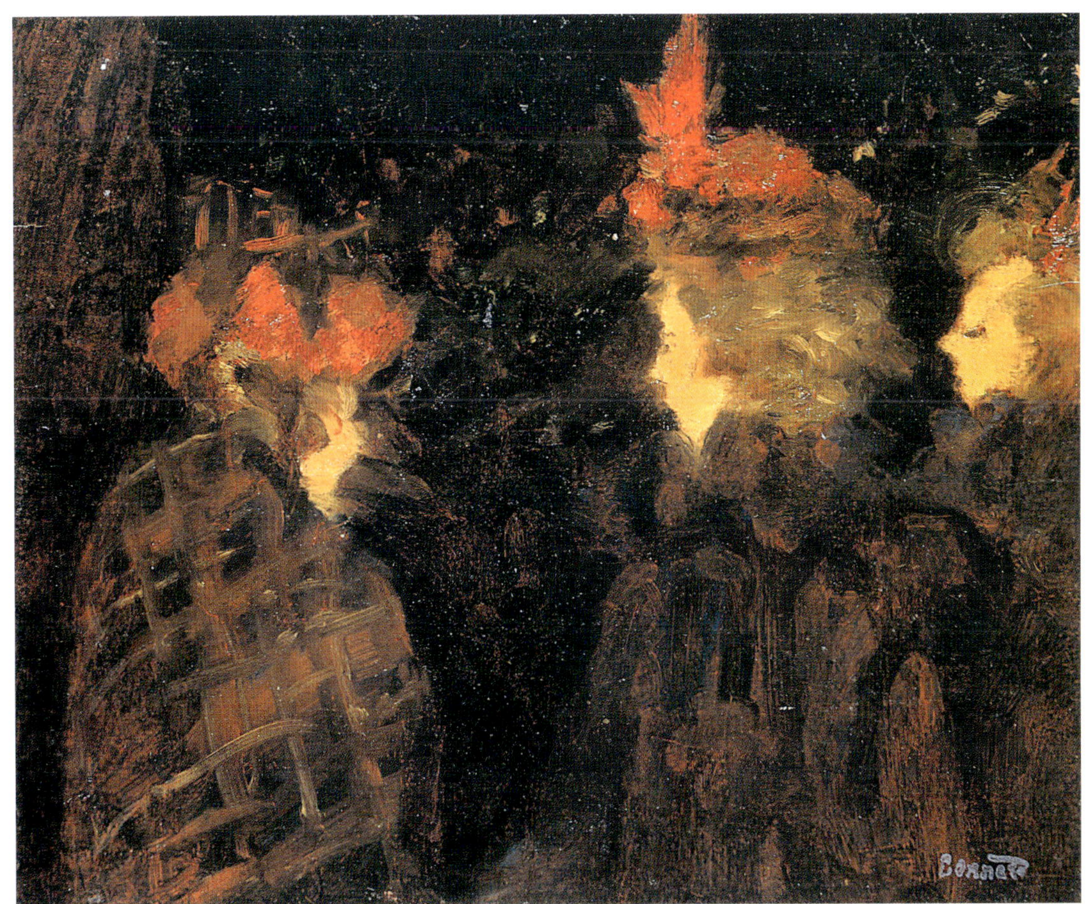

reprendra ce motif en plan serré, en insistant cette fois sur le quadrillage d'un vêtement (ill. 1) On connaît deux autres études de ce même sujet (ill. 2 et 3), traitées avec d'infimes variantes. Il est d'ailleurs probable que Bonnard travaillait à un projet de lithographie autour de sujets urbains tels que ceux réalisés pour la série *Quelques aspects de la vie de Paris* (1899) à la demande de Vollard. Toutefois, la lithographie des *Parisiennes* (ill. 5) ou celle de l'affiche pour *La Revue blanche* (cat. 2) sont plus proches dans une certaine mesure par la densité de l'encre et le cadrage resserré.

À la même époque, Bonnard peint *L'Omnibus* (cat. 8). Ce tableau symbolise toute l'esthétique nabie et son synthétisme caractéristique dans une rayonnante scène de rue. Le peintre signe ici l'une de ses plus belles peintures du genre. Ce tableau qui pourrait être le fragment d'une composition plus vaste[2] est un instantané de la vie parisienne, trépidante, source d'observation constante. Le spectacle de la rue, le contraste des façades et des devantures, le mouvement coloré des fiacres et des omnibus ou des passants inspirent à Bonnard de nombreuses peintures.

Ici, le peintre isole au centre de sa composition la silhouette d'une élégante qui passe devant la roue d'un omnibus au jaune lumineux. Quelques lettres inscrites en rouge s'en détachent et pourraient former les trois premières lettres du mot ALEsia[3], un quartier que l'artiste fréquentait probablement pour son animation. Le modèle saisi sur le vif est caractéristique des femmes que Bonnard croque de-ci de-là lesquelles remplissent de leurs fines silhouettes les pages de ses carnets ; le visage de la jeune femme est mis en valeur par le blanc de la collerette de sa capeline. Le rendu du mouvement est précipité par l'attitude de la jeune femme qui tient en laisse un petit chien que l'on distingue à peine, noyé dans la matière même du tableau. Ce détail savoureux vient ajouter une note d'humour à ce tableau délicat.

À cette époque, Bonnard illustre *L'Album de la Revue blanche*[4] dont il réalise la couverture et y ajoute la lithographie la *Femme au parapluie* (ill. 6) que l'on retrouvera des années plus tard dans sa *Grande décoration* (cat. 10) qui est comme « une montagne d'idées » regroupant des sujets familiers : vendeuse de quatre saisons,

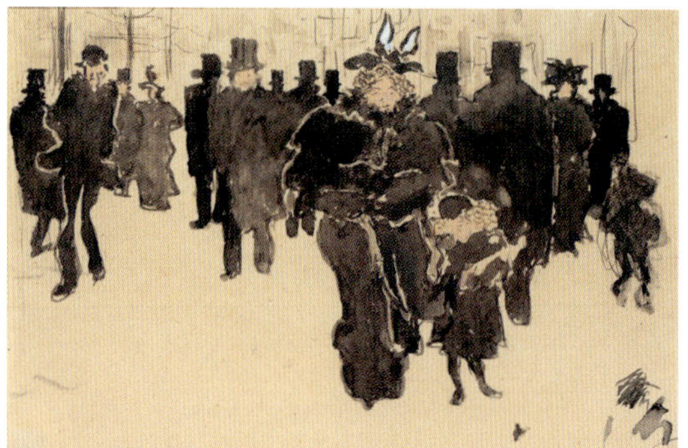

Ill. 2 Pierre Bonnard, *Le Boulevard*, vers 1890, aquarelle, gouache et encre de Chine, 32,5 x 49 cm, vente Christie's, Londres, 5 février 2004

Ill. 3 Pierre Bonnard, *Scène de rue, le chien*, vers 1895-1900, pastel et fusain sur papier marouflé sur toile, 32,2 x 50 cm, musée Bonnard, Le Cannet, dépôt d'une collection privée

terrasses et devantures de café, jeux d'enfants ou encore un tramway vert que l'on voit de toile en toile, ainsi que fiacres et voitures, signes d'une société qui se métamorphose, moderne et dynamique. Le mouvement est d'ailleurs la caractéristique principale de *Personnages dans la rue avec tramway vert* (cat. 9). Son cadrage fait inévitablement penser à un plan séquence, dont la scène suivante pourrait être une variante (ill. 7) ; Bonnard conserve l'image du tramway qui fait le lien, procédé habituel de sa peinture à cette époque. Aux camaïeux bruns et noirs de la période nabie, Bonnard ajoute des touches de couleurs vives, des rouges, des jaunes, des verts qui montrent combien il est attentif aux engagements esthétiques de son temps, alors que son nouvel ami Matisse vient d'inventer avec Derain le fauvisme.

Cat. 7

Les Grands boulevards, vers 1895

Gouache et encre de Chine au pinceau sur papier contrecollé
32,3 × 49,2 cm
Musée Bonnard, Le Cannet
Acquise avec l'aide du Fram et d'une opération de financement participatif, 2017
Inv. 2017.1.1

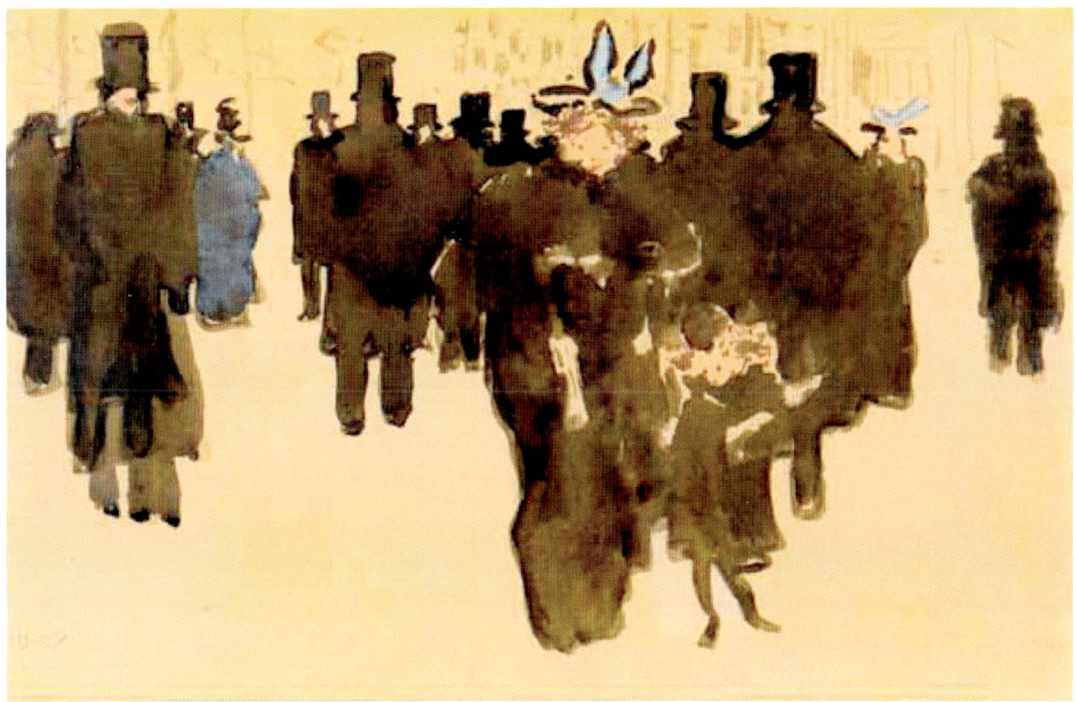

Cat. 8

L'Omnibus, vers 1895

Huile sur toile
59 × 41 cm
Collection particulière
D. 100

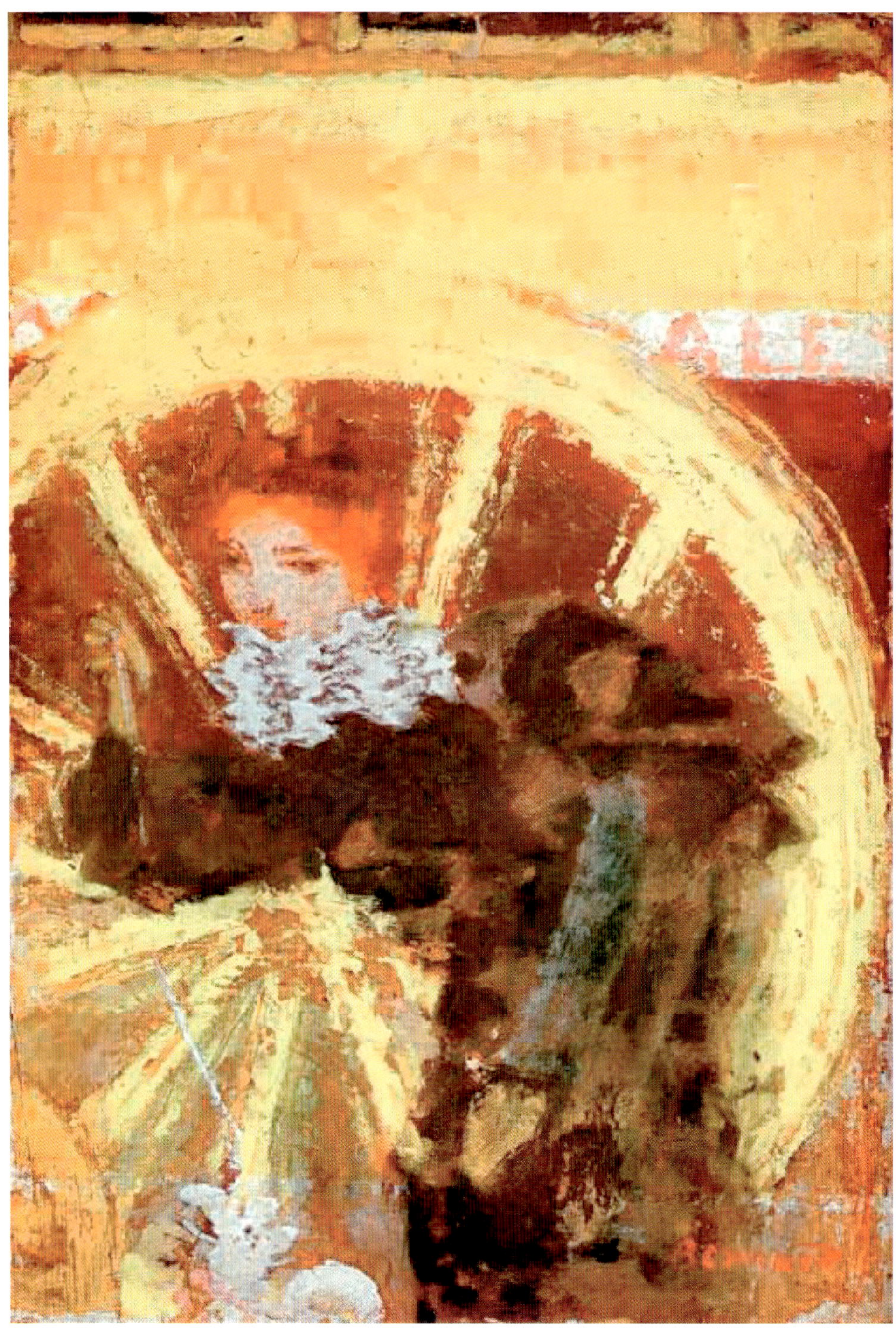

Cat. 9

Personnages dans la rue avec tramway vert, 1905

Huile sur papier marouflé sur toile
48 × 55 cm
Collection particulière
D. 1862

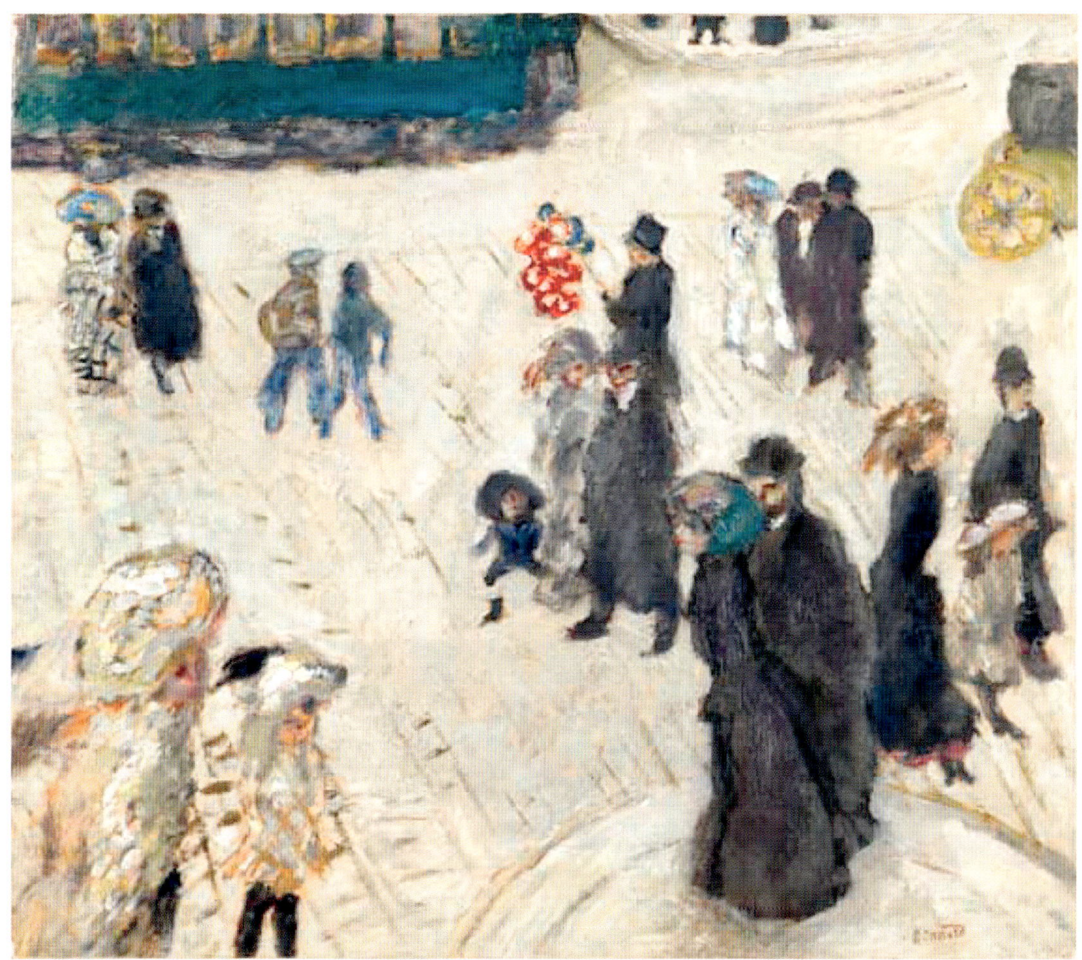

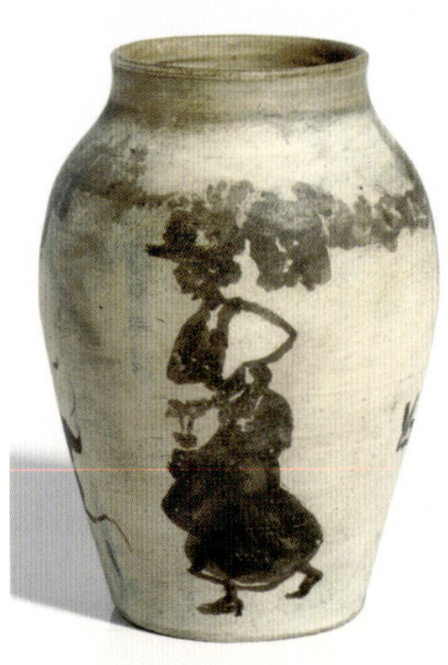

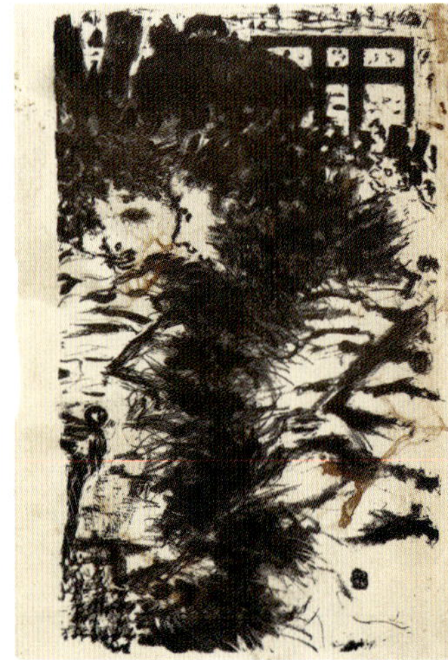

Ill. 4 Pierre Bonnard, *Scène de rue*, vers 1894-95, encre de Chine sur vase, (Manufacture de Sèvres), 8,69 cm de hauteur, collection particulière

Ill. 5 Pierre Bonnard, *Parisiennes*, 1895, lithographie, 20,6 x 12,5 cm, musée Bonnard, Le Cannet, dépôt d'une collection privée, D. 2010.1.33

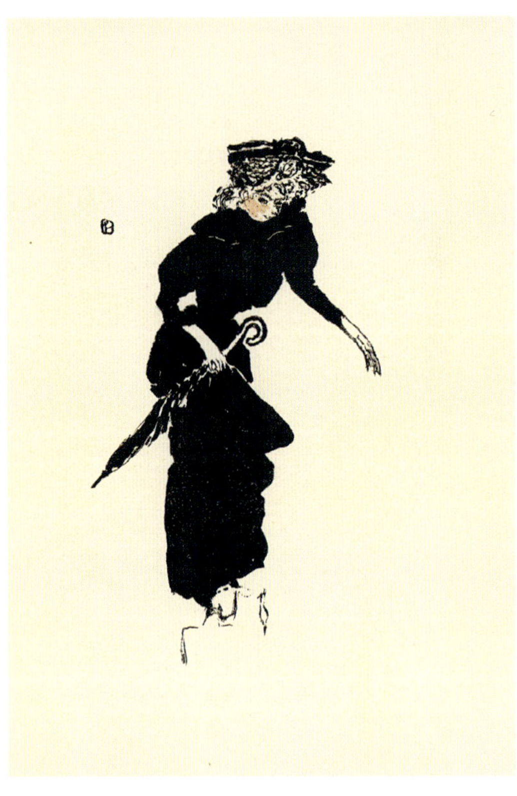

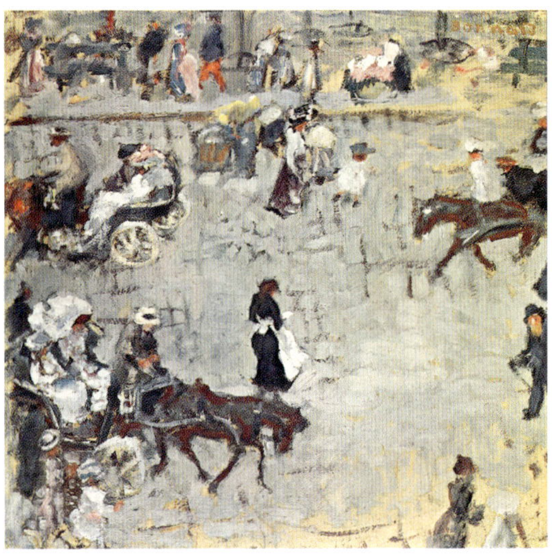

Ill. 6 Pierre Bonnard, *Femme au parapluie*, lithographie pour l'*Album de La Revue blanche*, 1895, ex. 33/110, musée Bonnard, Le Cannet

Ill. 7 Pierre Bonnard, *Scène de rue à Paris*, vers 1905, huile sur panneau, 47,5 x 48,5 cm, collection particulière (D. 1863)

[1] Gustave Geffroy, compte rendu *La Vie artistique*, 8 janvier 1896, cité in Antoine Terrasse, *Bonnard*, Gallimard, Paris, 1988, p. 247.

[2] Cette idée a été évoquée par le propriétaire du tableau qui, observant son revers, a constaté l'absence de peinture sur l'un des côtés verticaux alors que l'autre en était pourvu.

[3] D'après Antoine Terrasse, *Bonnard*, *op.cit.*, p. 46.

[4] *L'Album de La Revue blanche* a été édité en 1895 par L'Estampe originale. Le portfolio comprend outre la couverture recto verso réalisée par Pierre Bonnard, un ensemble de 12 lithographies en noir ou en couleurs d'artistes soutenus par la revue ou affiliés pour la plupart au groupe des Nabis, parmi lesquels, Bonnard, Maurice Denis, Paul Ranson, Odilon Redon, J. Rippl-Ronaï, Toulouse-Lautrec, ou encore Vallotton et Vuillard. *La Femme au parapluie* a d'abord été publiée dans le n° 35 de *La Revue blanche* en septembre 1894 avant d'être reprise dans cet album. L'*Album* complet vient d'entrer dans les collections du musée Bonnard (inv. 2017.2 .1 à 13).

Cat. 10

Grande décoration, *scène de rue*, vers 1905

Huile sur toile
157 × 173 cm
Collection particulière
D. 1890

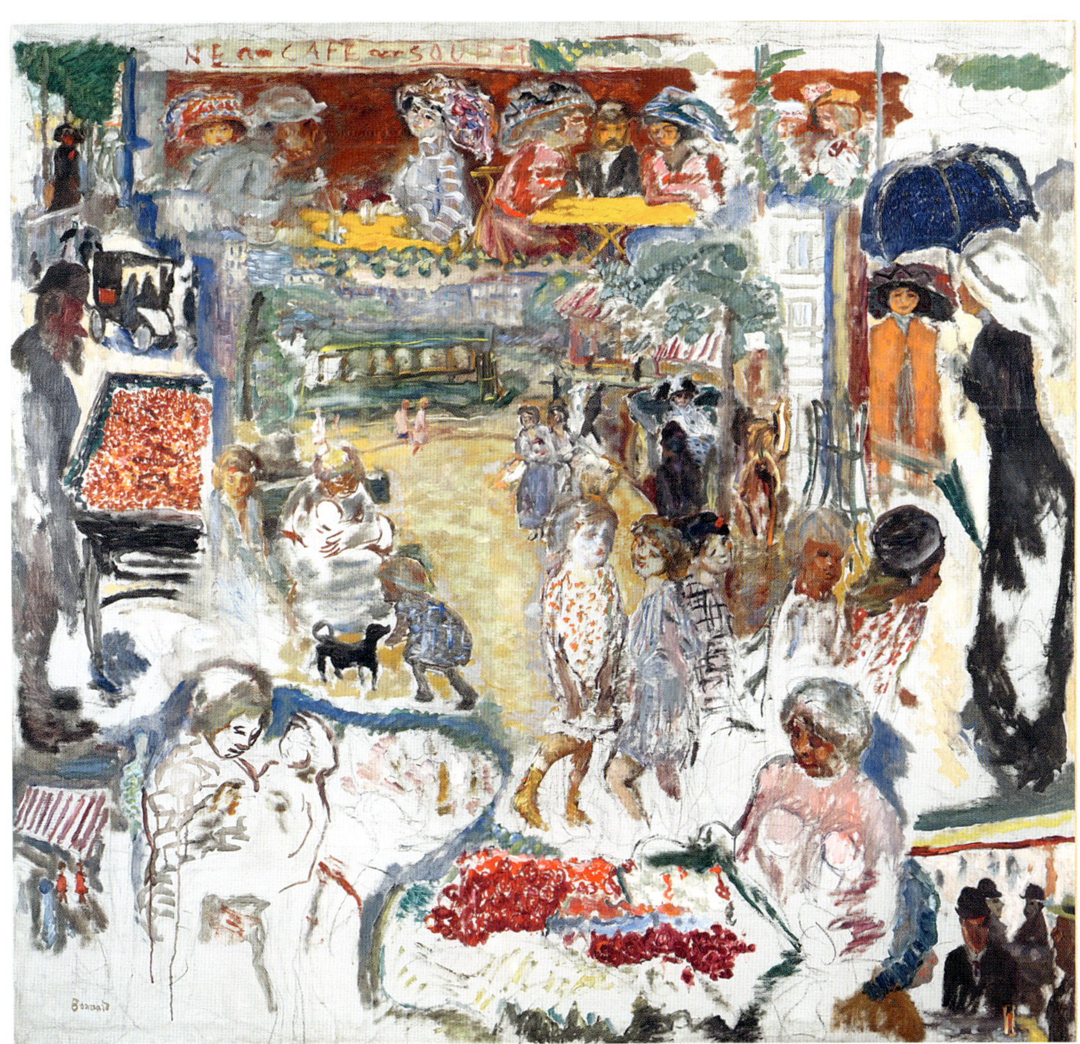

Cat. 11

Ce tableau, bien qu'il soit une œuvre de commande, est l'un des chefs-d'œuvre des années de transition de l'artiste qui s'est émancipé des Nabis depuis sa grande composition *L'Après-midi bourgeoise* (1900, musée d'Orsay). À cette date, Bonnard multiplie en effet les coups d'éclat dans des œuvres où la couleur tient un rôle majeur (par exemple *Nu à contre-jour*, 1908, Musées Royaux, Bruxelles).

Le tableau représente les deux couples Bernheim-Jeune dans leur loge à l'Opéra et n'a rien d'un portrait mondain et académique ; il témoigne au contraire de la grande proximité de Bonnard avec ses marchands et leurs femmes[1]. Le peintre traite le sujet avec une grande liberté, voire une certaine insolence qui a étonné ses commanditaires, lesquels se trouvent l'un tronqué à hauteur des yeux et l'autre relégué à l'arrière-plan[2]. Bonnard a choisi de nous surprendre dans cette composition : maris et femmes ne sont pas côte à côte ; de gauche à droite, on aperçoit Suzanne Bernheim de Villiers, Josse Bernheim-Jeune, Gaston Bernheim de Villiers, et Mathilde Bernheim-Jeune[3].

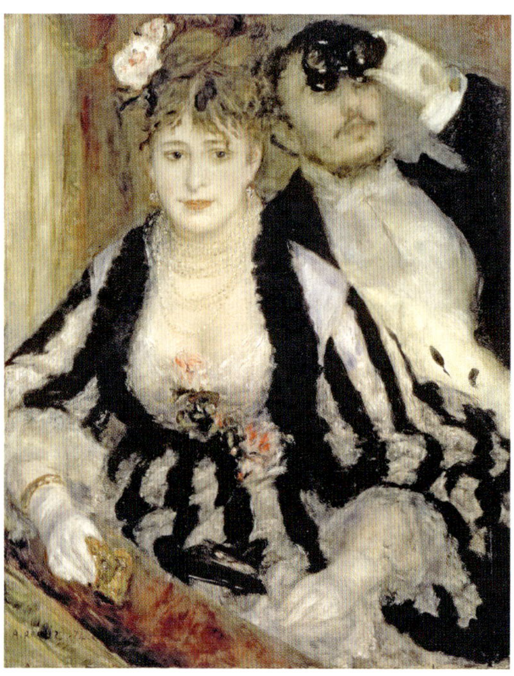

Ill. 1 Auguste Renoir, *La Loge*, 1874, huile sur toile, 80 x 63,5 cm, The Courtauld Institute of Art, Londres

Le sujet, très à la mode chez les impressionnistes, notamment Renoir (ill. 1) ou Mary Cassatt, sera souvent traité par les Nabis, comme Vallotton qui en fera de cinglantes représentations (ill. 2) ou enfin Bonnard lui-même qui préfèrera aux fastes de l'Opéra, les petites salles de théâtre ou de cafés-concerts (ill. 3). Ce dernier ne semble avoir accompagné les Bernheim-Jeune à l'Opéra qu'une seule fois, occasion pour lui de réaliser un croquis préparatoire des deux femmes. Le tableau est prétexte à une réflexion sur la forme et la couleur. En effet, l'artiste met en place un déploiement coloré d'une grande richesse, insistant sur le raffinement des toilettes féminines.

À la pénombre du premier plan, où Gaston au centre se tient debout, le visage coupé « sans pitié » tel que l'écrit Guy Cogeval[4] à côté de sa belle-sœur, s'oppose radicalement l'arrière-plan lumineux et ouaté. L'effet d'enfermement des personnages est accentué par le jeu des dorures de la loge et le lourd rideau de velours rouge cramoisi, évoquant l'atmosphère pesante héritée des Nabis. Bonnard livre huit ans après sa caustique *Après-midi bourgeoise*, dans laquelle il regardait avec humour sa propre famille, un portrait « social » sans concession, telle une satire des mondanités d'une classe à laquelle il appartient et qu'il ne renie pas.

Cat. 11

La Loge, 1908

Huile sur toile
90 × 120,6 cm
Musée d'Orsay, Paris
Dation Bernheim-Jeune 1989
RF 1989-32
D. 496

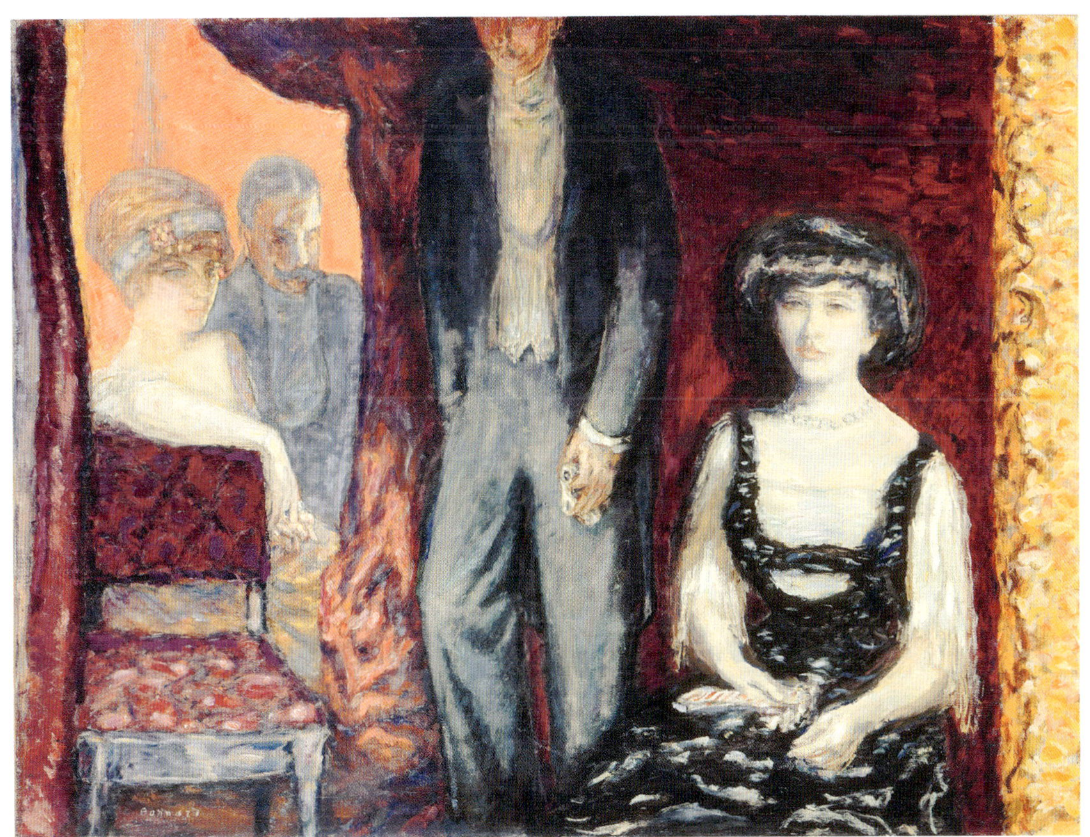

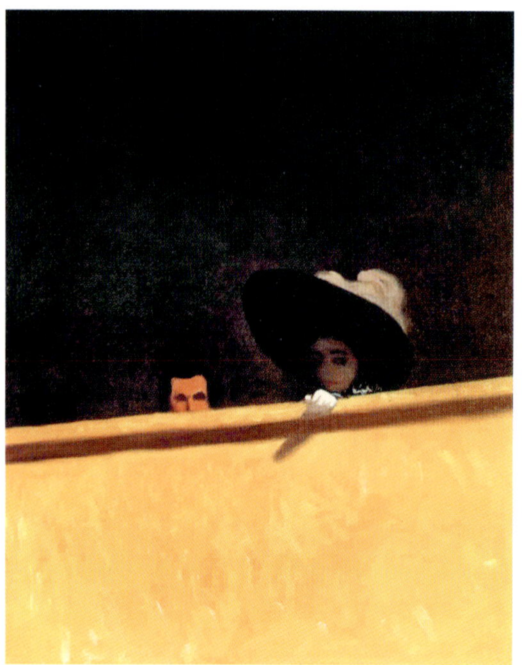

Ill. 2 Félix Vallotton, *La Loge de théâtre, le Monsieur et la Dame*, 1909, huile sur toile, 46 x 38 cm, collection particulière, Suisse

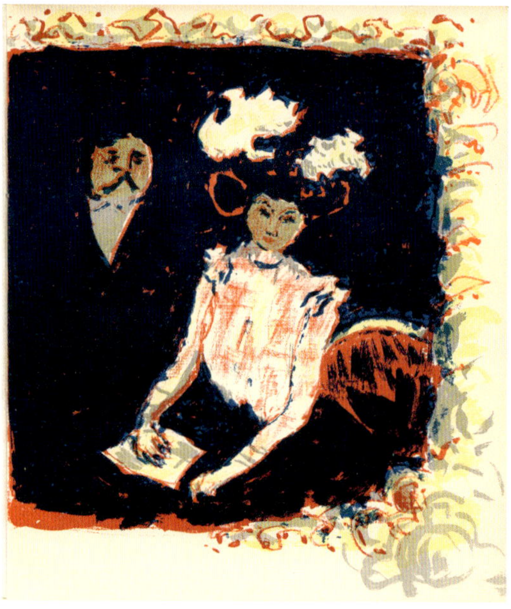

Ill. 3 Pierre Bonnard, *Au Théâtre*, frontispice pour le livre d'André Mellerio, *La Lithographie en couleurs*, 1898, 19 x 21 cm, Archives du musée Bonnard, Le Cannet

On ressent ici une atmosphère d'ennui distingué dans l'expression des deux femmes, « très belles et très lasses » écrit Gloria Groom[5] qui, combinée au cadrage insolite, disent combien Bonnard regarde avec ironie et détachement ce monde qu'il connaît bien mais qui ne saurait entamer sa liberté.

[1] Bonnard sera sous « contrat » avec les Bernheim-Jeune de 1904 à 1940 ; il y expose avec ses amis nabis en 1900,1902, 1904 et 1907. L'artiste auquel les Bernheim achètent son *Après-midi bourgeoise* dès 1900 y tient une exposition particulière en 1906 et quasiment chaque année jusqu'à la seconde guerre mondiale. Voir également sur l'histoire de la galerie Bernheim le cat 22, p. 70.
[2] Ce tableau, au demeurant, est resté jusqu'en 1989 dans la famille Bernheim-Jeune avant d'être accepté en dation.
[3] En 1901, un double mariage unit les frères Bernheim-jeune aux sœurs Adler, Mathilde (1882-1963) et Suzanne (1883-1961), réputées pour leur élégance et leur beauté. Les deux couples habitent le même hôtel particulier avenue Henri-Martin jusqu'en 1929.
[4] Guy Cogeval, *Bonnard les chefs-d'œuvre*, Hazan, Paris, 1983, p. 88.
[5] Gloria Groom, *Édouard Vuillard, Painter-Decorator*, New Haven, Yale University Press, 1993, p. 191 ; cité in cat. exp. *Renoir au xxe siècle*, Grand Palais-RMN, Paris 2010, p. 280.

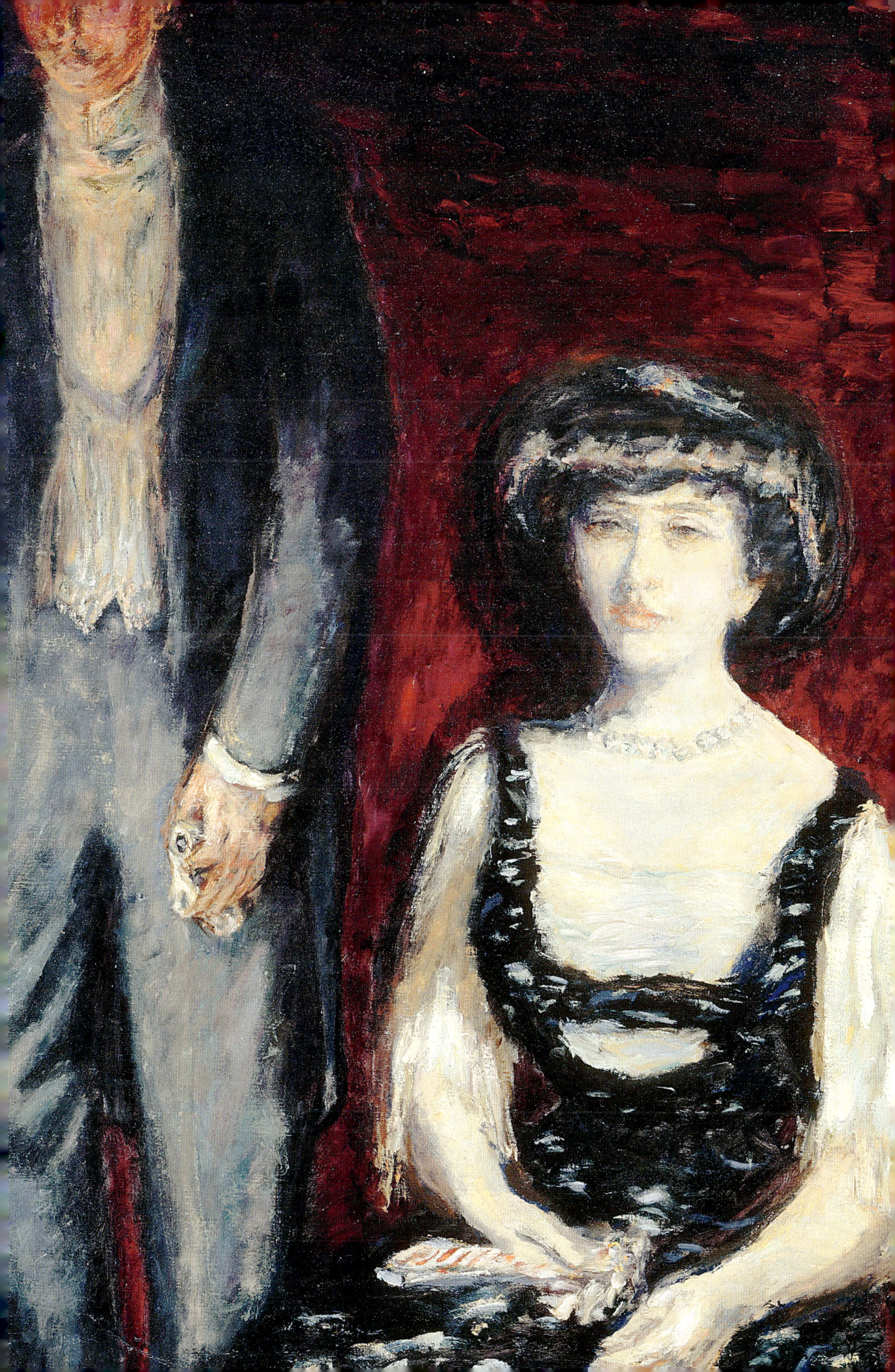

Cat. 12-14
SCULPTURES

Les souvenirs du marchand Ambroise Vollard[1] sont bien connus et s'ils semblent parfois romancés, le fond est précieux[2]. Vollard rapporte en effet une anecdote censée expliquer la naissance de la sculpture chez Bonnard : « Un jour, j'avais vu Bonnard pétrir de la mie de pain. Entre ses doigts elle prenait, peu à peu, la forme d'un petit chien. - Mais, dites-moi, Bonnard, il me semble que c'est de la sculpture, cela ? [...] - Si vous me faisiez des statuettes ?
Bonnard ne dit pas non et, après quelques essais, il entreprit un important surtout de table. Un après-midi, un bruit de chaudronnerie montait du sous-sol de mon magasin. - Vous avez des ouvriers en bas ? me demanda-t-on. C'était Bonnard qui martelait son bronze[3]. »
À cette époque, il est vrai que Bonnard a déjà réalisé pour le célèbre marchand un important travail lithographique (ill. 1), participant au renouveau de l'estampe. Vollard désirait redonner à cet art toute sa noblesse par le choix de jeunes artistes, des papiers raffinés, des tirages limités et des graveurs d'exception tels qu'Auguste Clot[4]. Il en était de même pour l'édition de sculptures pour lesquelles il était à l'affût du moindre intérêt de la part des artistes[5].
Toutefois, avant l'anecdote rapportée par Vollard, Bonnard avait l'attrait du modelage comme le

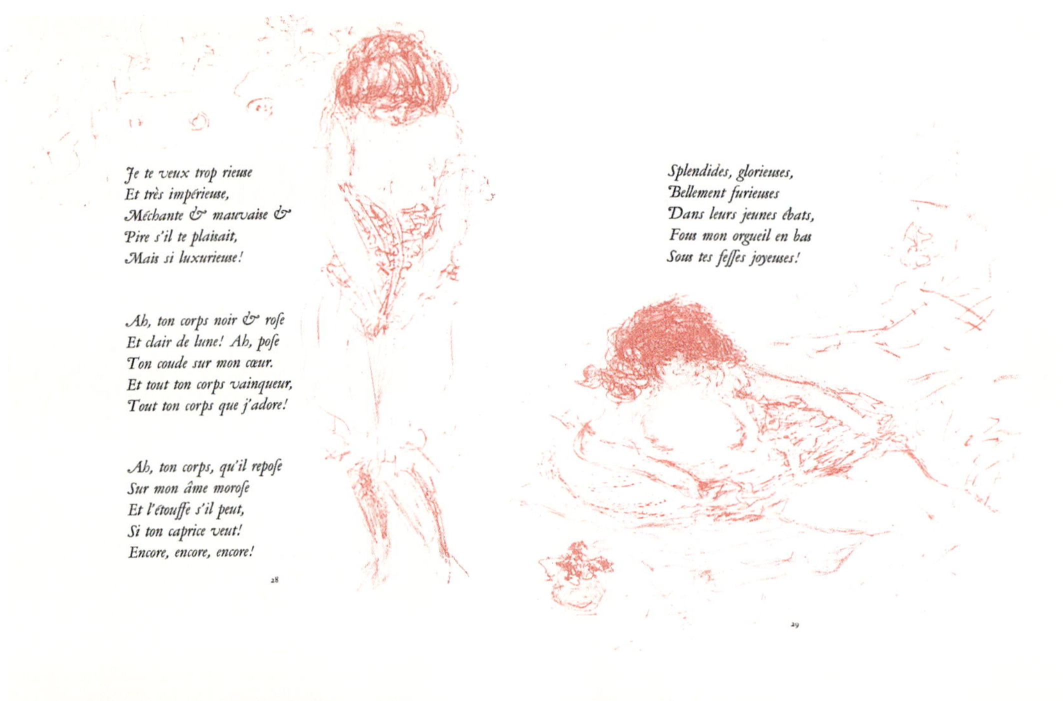

Je te veux trop rieuse
Et très impérieuse,
Méchante & mauvaise &
Pire s'il te plaisait,
Mais si luxurieuse!

Ah, ton corps noir & roſe
Et clair de lune! Ah, poſe
Ton coude sur mon cœur,
Et tout ton corps vainqueur,
Tout ton corps que j'adore!

Ah, ton corps, qu'il repoſe
Sur mon âme moroſe
Et l'étouffe s'il peut,
Si ton caprice veut!
Encore, encore, encore!

28

Splendides, glorieuses,
Bellement furieuses
Dans leurs jeunes ébats,
Fous mon orgueil en bas
Sous tes feſſes joyeuses!

29

Ill. 1 Pierre Bonnard, illustration pour *Parallèlement* d'André Gide, éd. Vollard, Paris, 1900

Cat. 12

Nu debout à sa toilette ou *Jeune fille nue debout*, vers 1902

Bronze
28,5 × 8 × 10 cm
Tirage à 12 exemplaires chez Susse frères
Musée Bonnard, Le Cannet
Don de Mme Dominique Terrasse, 2010
Inv. 2010.1.7

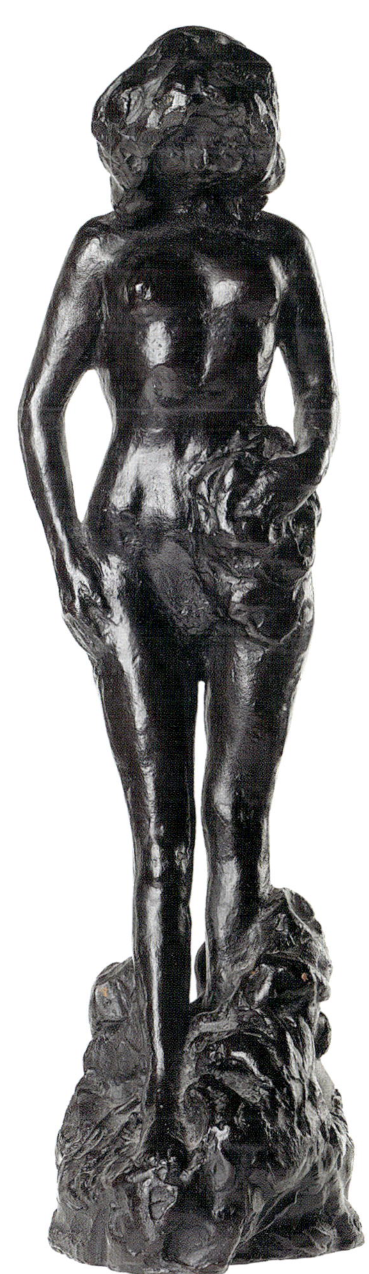

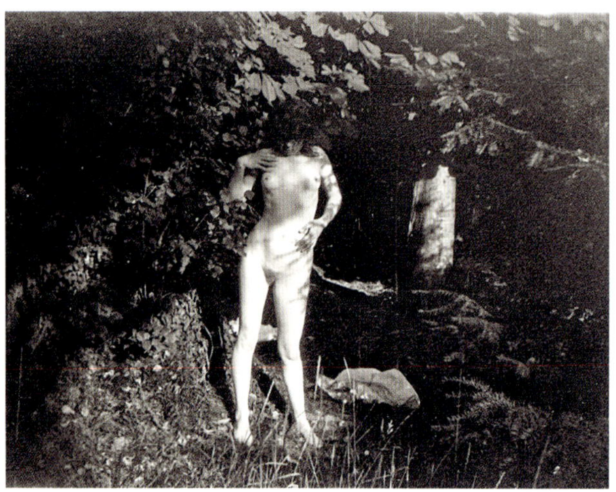

Ill. 2 Pierre Bonnard, *Marthe nue*, Montval 1900-1901, photographie, tirage moderne, Archives du musée Bonnard, Le Cannet

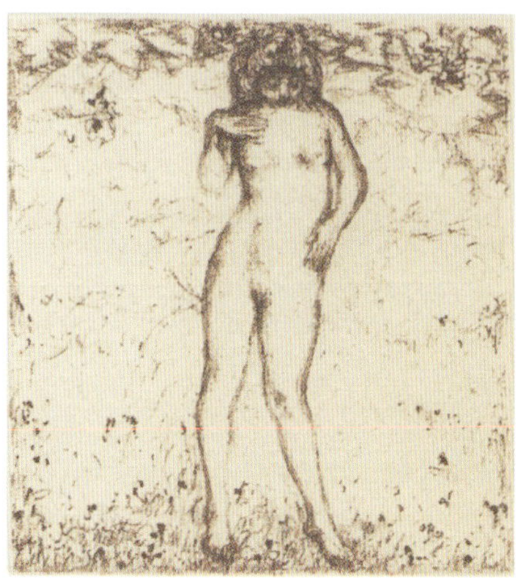

Ill. 3 Pierre Bonnard, illustration pour *Daphnis et Chloé* ou *Les Pastorales* de Longus, éd. Vollard, Paris, 1902

rappelle très justement Anne Pingeot[6]. C'était en 1896 au moment de sa participation au Théâtre des Pantins et de sa collaboration avec Alfred Jarry pour lequel il crée les fameuses marionnettes du Père Ubu. Il n'en demeure pas moins que cette pratique qui reste « une parenthèse[7] » dans son œuvre, peut être datée entre 1902 pour un premier bronze - un surtout de table (musée d'Orsay, Paris) - et 1910, soit à un moment où l'artiste multiplie les expérimentations[8]. Comme en peinture, ses sujets de prédilection restent son entourage et sa famille. Ainsi, encore baigné par l'atmosphère arcadienne présente dans ses illustrations de *Daphnis et Chloé* (ill. 3) et dans sa peinture, Bonnard aborde la petite statuaire à l'identique. Marthe se retrouve être le modèle de quasiment toutes ses sculptures. On la reconnaît particulièrement dans *Nu debout à sa toilette* (cat. 12) où la pose qu'elle prend est inspirée d'une photographie que l'artiste réalise vers 1900-1901 dans le jardin de la maison que le couple loue à Montval[9] (ill. 2). Le peintre vient de terminer les illustrations de *Parallèlement* et commence, toujours pour Vollard, l'illustration de *Daphnis et Chloé*. Là aussi, Bonnard remploie cette image séduisante de sa maîtresse, la main délicatement posée sur sa cuisse et la tête inclinée. Il est plus délicat de la reconnaître dans *Le Printemps* ou *Deux baigneuses* (cat. 14) ou encore dans la *Baigneuse assise devant un rocher, le bras droit replié derrière sa tête* (cat. 13), sujet présent dans sa peinture (ill. 4). À partir de 1905, on voit d'ailleurs apparaître dans un ensemble de nus et de portraits, un nouveau modèle qui retire dès lors à Marthe le caractère exclusif de sa figure[10]. Bonnard n'est pas un peintre-sculpteur au

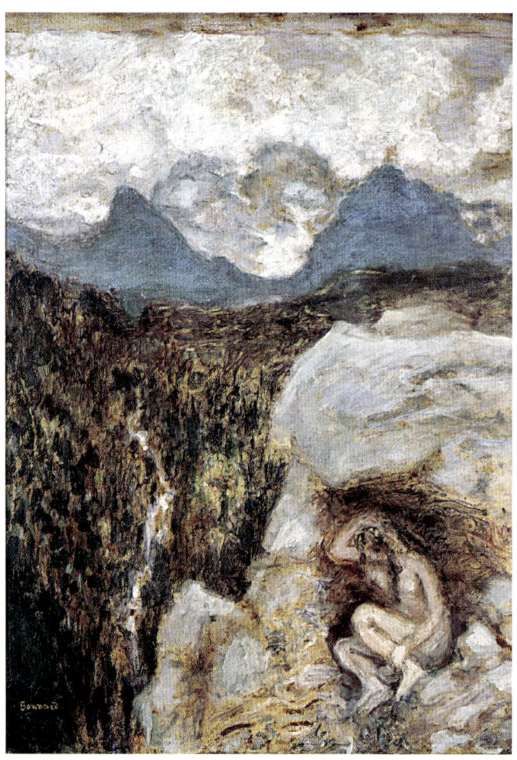

Ill. 4 Pierre Bonnard, *Nu au rocher*, vers 1912 [1900-1906], huile sur toile, mesures non connues, collection particulière (D. 686)

Cat. 13

Baigneuse assise devant un rocher, le bras droit replié derrière sa tête, vers 1910

Bronze
16,2 × 11,3 × 13 cm
Tirage : par Léopold Rey de 24 exemplaires
Musée Bonnard, Le Cannet
Dépôt d'une collection privée
D.2010.1.40

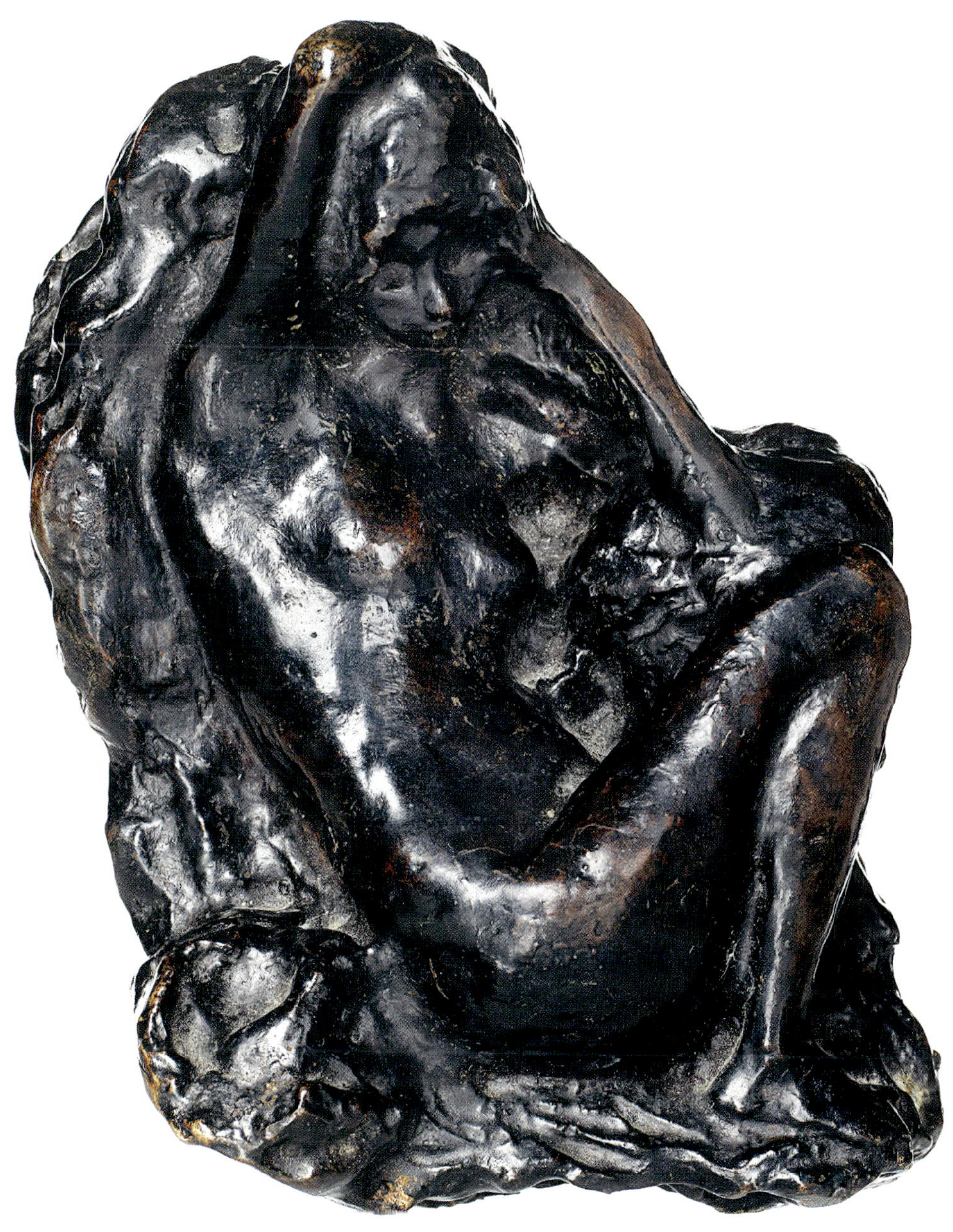

sens où l'on pourrait l'entendre avec Gauguin ou Picasso. Ses petits bronzes ne nourrissent pas son œuvre picturale mais l'inverse. Même si d'après Antoine Terrasse, « il a toujours aimé regarder la sculpture[11] », Bonnard s'intéresse à l'art des musées comme Le Louvre qu'il fréquente assidûment depuis sa jeunesse. Il achète même au grand Rodin un dessin le 11 février 1910[12].

Bonnard semble abandonner la sculpture comme la photographie bien avant la fin de la première guerre mondiale pour se consacrer à la peinture, discipline qui demande comme il le confesse à son ami Matisse « la peinture c'est quelque chose à la condition de se donner tout entier[13] », reprenant ainsi sa formule « quand on fait de la peinture on ne peut faire que cela ».

[1] Ambroise Vollard, *Souvenirs d'un marchand de tableaux*, éd. Albin Michel, Paris, [1937] 2007.

[2] Thadée Natanson, qui a écrit lui aussi ses souvenirs, ne manque pas de noter au sujet du livre de Vollard : « [Souvenirs d'un marchand de tableaux] qu'il faut lire avec toutes sortes de précautions, mais qui, lus comme il faut, constituent un document qui vaudrait d'être écrit. », in *Le Bonnard que je propose*, éd. Pierre Cailler, Genève, 1951, p. 76.

[3] Vollard, *Souvenirs d'un marchand, op.cit.*, p. 280.

[4] Voir cat. *L'Œil d'un collectionneur* n° 2, *Les Peintres graveurs Bonnard, Vuillard et les Nabis,* sous la direction de Véronique Serrano, musée Bonnard, Le Cannet, 2014.

[5] Par exemple Degas, Maillol puis Bonnard.

[6] Anne Pingeot, *Bonnard sculpteur, catalogue raisonné*, éd. musée d'Orsay/Nicolas Chaudun, Paris, 2006.

[7] Charles Terrasse définit ainsi cette étape dans l'œuvre de son oncle, in Charles Terrasse, *Bonnard*, éd. Floury, Paris, 1927, p. 86.

[8] La lecture de l'étude très précise réalisée par Anne Pingeot (*Bonnard sculpteur, op.cit.*) relève 8 modèles de sculptures originales dont il a été tiré 2 séries de bronzes. Le catalogue raisonné compte 14 modèles de sculptures. À l'exception d'au moins deux *Surtout* et d'un *Printemps*, tous les bronzes sont posthumes. Le catalogue raisonné compte 14 modèles de sculptures.

[9] Voir Françoise Heilbrun et Philippe Néagu, *Pierre Bonnard photographe*, éd. Réunion des musées nationaux/Philippe Sers/Vilo, Paris, 1987.

[10] Plus tard, à partir de 1916, vont se mêler les représentations de Marthe, Renée Monchaty et Lucienne Dupuy de Frenelle, femmes avec lesquelles, Bonnard entretien une relation amoureuse.

[11] Antoine Terrasse, *Bonnard,* éd. Flammarion, Paris, 1988 (1ère éd. 1967), p. 87.

[12] In Pingeot, *Bonnard sculpteur, op.cit.*, p. 34.

[13] Lettre de Bonnard à Matisse, [septembre 1933], in *Bonnard/Matisse Correspondance*, présentation de Jean Clair et d'Antoine Terrasse, éd. Gallimard, Paris, 1991, p. 55.

Cat. 14

Le Printemps ou *Deux baigneuses*, 1904-1905

Bronze
19 × 10,5 cm
Tirage par C. Valsuami de 15 exemplaires
Musée Bonnard, Le Cannet
Don de Pierrette Vernon, 2011
Inv. 2011.2.1

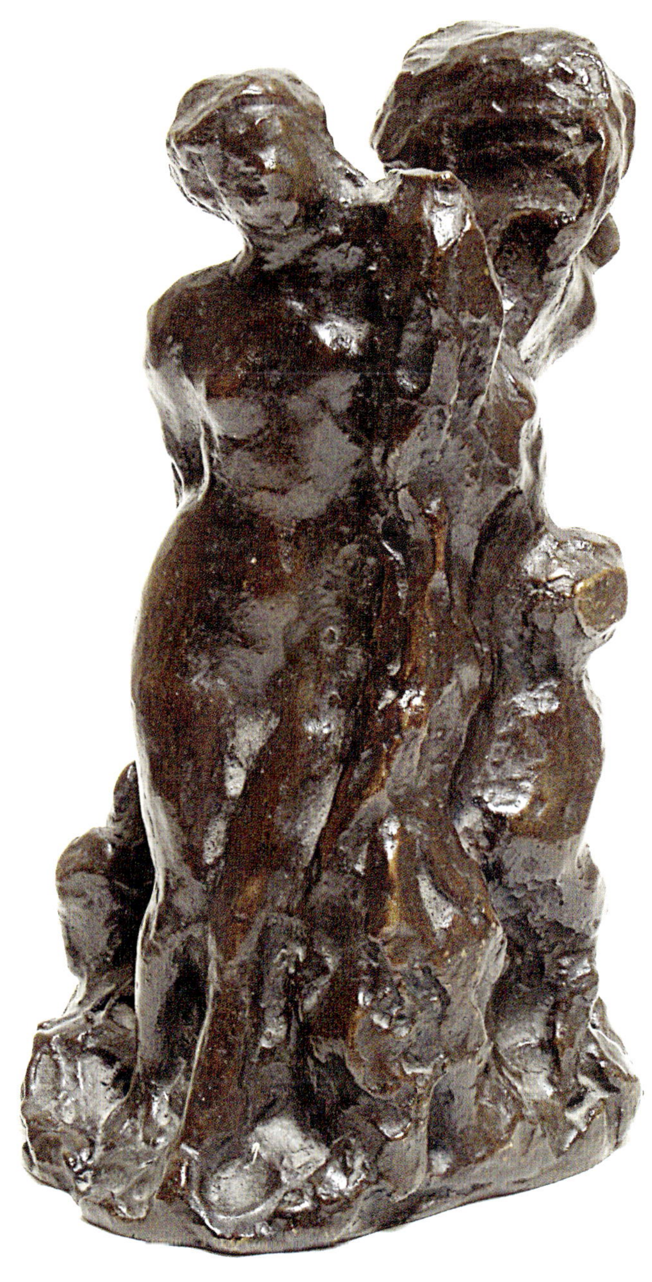

Cat. 15-16
PREMIERS NUS

En 1893, alors que Bonnard vient de rencontrer Marthe, le nu fait son apparition dans sa peinture (cat. 15) pour devenir au fil du temps, un sujet majeur, siège de sa réflexion la plus profonde sur le corps et l'espace, comme sur la couleur. Pour autant, au tournant du siècle, Bonnard n'en est pas encore là. Trois œuvres significatives de son évolution - *L'Homme et la femme* (ill. 1), *L'Indolente* (musée d'Orsay, Paris) et *La Sieste* (National Gallery of Australia, Canberra) - marquent la fin du « Nabi japonard » ; les aplats de couleurs franches font place aux tonalités plus sombres, la malice à des sentiments plus intériorisés. « En même temps que plus vibrant, plus chaud écrit son neveu Charles, l'art de Bonnard devient plus nuancé - beaucoup plus. Le peintre ne procède plus par taches de couleur, mais par teintes qui agissent les unes sur les autres, s'influencent, se pénètrent. Et dans ce fond encore sombre apparaissent des éclats qui annoncent une évolution prochaine vers la couleur[1]. »

Ces peintures empreintes d'une atmosphère lourde et sensuelle sont imprégnées de sa vie personnelle et de son intérêt pour le théâtre symboliste d'Ibsen ou de Maeterlinck dans lequel culminent les sentiments et le drame bourgeois. L'érotisme sombre de ces scènes de la vie ordinaire dans des huis clos presque oppressants, y est décrit avec une puissante sensualité une tension mélancolique, voire dramatique. On retrouve ces caractéristiques dans *Nu se reflétant dans une glace* (cat. 16). Bien que ce tableau soit officiellement plus tardif, il est incontestable que, par son sujet - un homme et une femme - par sa gamme chromatique et par la composition, il s'agisse d'une œuvre de la même veine, soit vers 1900-1901. Bonnard rejoue cette scène dont il a donné plusieurs variantes à cette

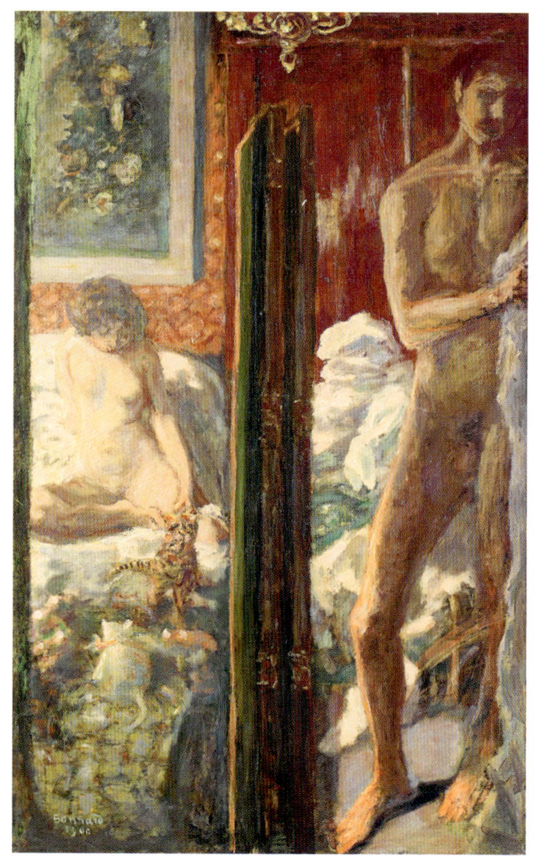

Ill. 1 Pierre Bonnard, *L'Homme et la femme*, 1900, huile sur toile, 115 x 72,3 cm, musée d'Orsay, Paris (D. 224)

époque[2]. Le peintre fait ici le même usage du miroir et de l'ambiguïté d'une image réfléchie, de son cadrage, d'un espace clos qui est probablement celui de l'appartement du couple au 65 rue de Douai. On reconnaît encore les mêmes teintes écarlates aux murs, les mêmes tonalités sourdes, et cette dualité entre l'homme debout et la femme nue assise dans une pose sensuelle - Marthe sans nul doute. Le

Cat. 15

Jeune fille au tub se lavant les cheveux, vers 1893

Huile sur bois
27 × 16,5 cm
Collection particulière

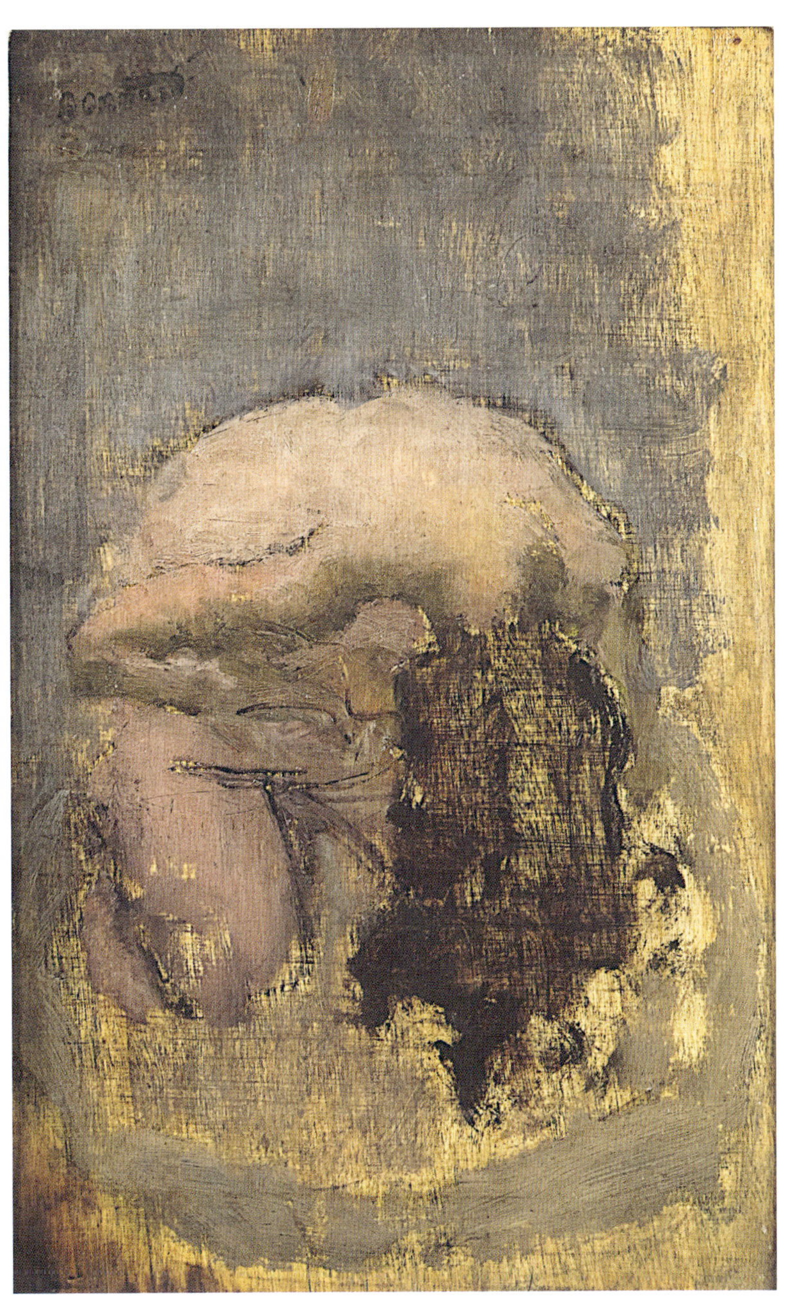

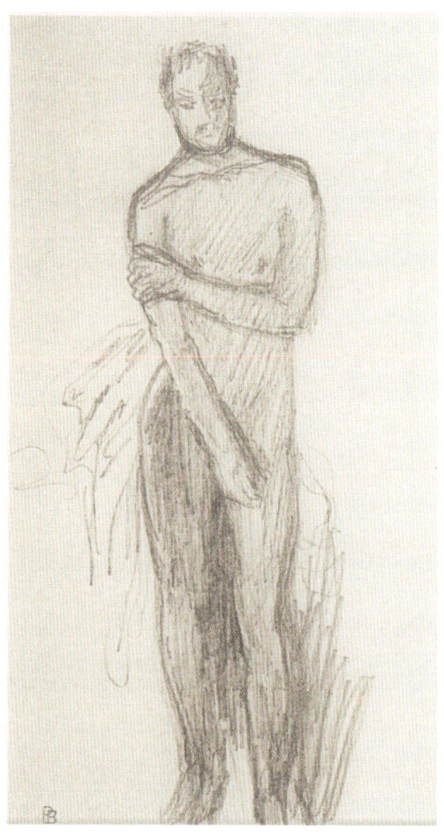

Ill. 2 Pierre Bonnard, *Homme nu debout*, vers 1900, crayon sur papier, 16,7 x 11,5 cm, collection particulière

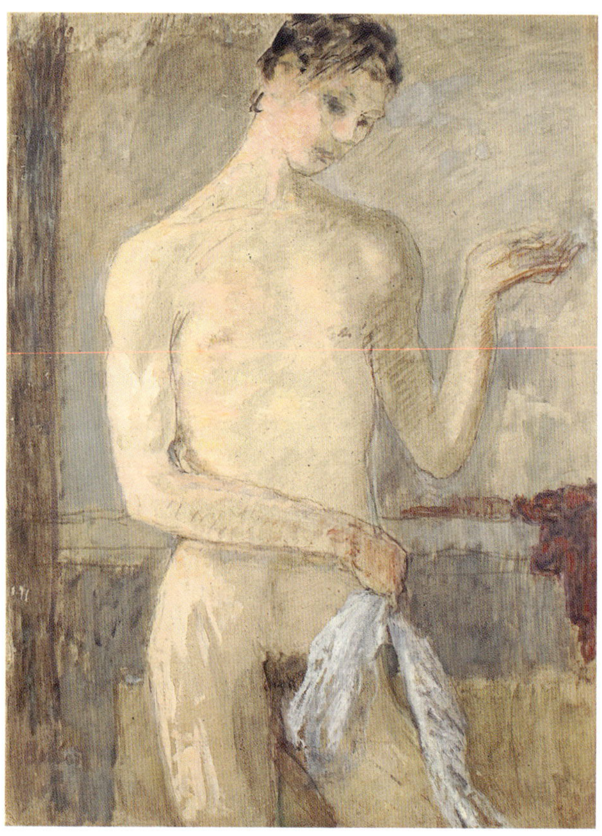

Ill. 3 Pierre Bonnard, *Étude d'homme nu*, vers 1899, huile sur carton, 77 x 58 cm, collection particulière

corps de la jeune femme représente encore pour lui celui de celle qu'il aime avant de ne plus être que le corps de la peinture. Cette évolution, décrite par Marina Ferretti Bocquillon, est « un parcours qui du désir amoureux mène à la passion de la peinture pure[3]. » C'est bien là que se trouve la quête de Bonnard. Ne plus voir le modèle, le désincarner, et finalement ne plus voir que lui à travers la couleur, bien que pour le peintre attentif aux lois du monde, il doit toujours y avoir un point de départ, un sujet. Dans notre tableau l'homme est vu à mi-corps, comme dans l'*Étude d'homme nu* (ill. 3), une serviette à la main, à travers l'image transposée d'un reflet ; son corps se détache sur une imposante armoire rouge sang. Au premier plan, on devine, posés sur la commode quelques effets, et notamment un chapeau féminin, comme ceux que porte Marthe, dont le reflet sert à masquer pudiquement la nudité totale de l'homme. Ce dernier n'est autre que Bonnard lui-même, dont le corps longiligne est reconnaissable, même s'il joue sur l'aspect androgyne de son anatomie. Le rapprochement que l'on peut faire avec les photographies que Bonnard réalise de lui-même et de Marthe à la même époque dans les jardins de sa maison de Montval est flagrant. Aucun paravent ne sépare ici le couple. Toutefois, est conservé le traitement d'échelle différent entre les deux amants, Marthe étant assise en retrait esquissant une pose sensuelle que le peintre reprendra maintes fois dans ses dessins ou dans sa statuaire. On devine un petit chat blanc à ses côtés avec son nœud rose, le même que dans *L'Homme et la femme* du musée d'Orsay (ill. 1), point d'orgue de la série.

Entre 1900 et 1910, Bonnard peint plus d'une cinquantaine de nus directement inspirés de sa vie intime, tout en poursuivant des peintures de mémoire d'après des dessins réalisés sur nature.

[1] Charles Terrasse, *Bonnard*, éd. Floury, Paris, 1927, p. 80.

[2] Voir le cat. raisonné, réf. Dauberville n° 182, 224, 1804, 1828.

[3] Marina Ferretti Bocquillon, « Des coups de pinceau en plein cœur. Les nus de Bonnard », in cat. exp. *Bonnard, peindre l'Arcadie*, Paris, co-édition musée d'Orsay, Hazan, Paris, 1995, p. 131.

Cat. 16

Nu se reflétant dans une glace, 1907 [1900-1901]

Huile sur panneau
62 × 37 cm
Musée Bonnard, Le Cannet
Acquis avec l'aide du Fram, 2012
D. 1927

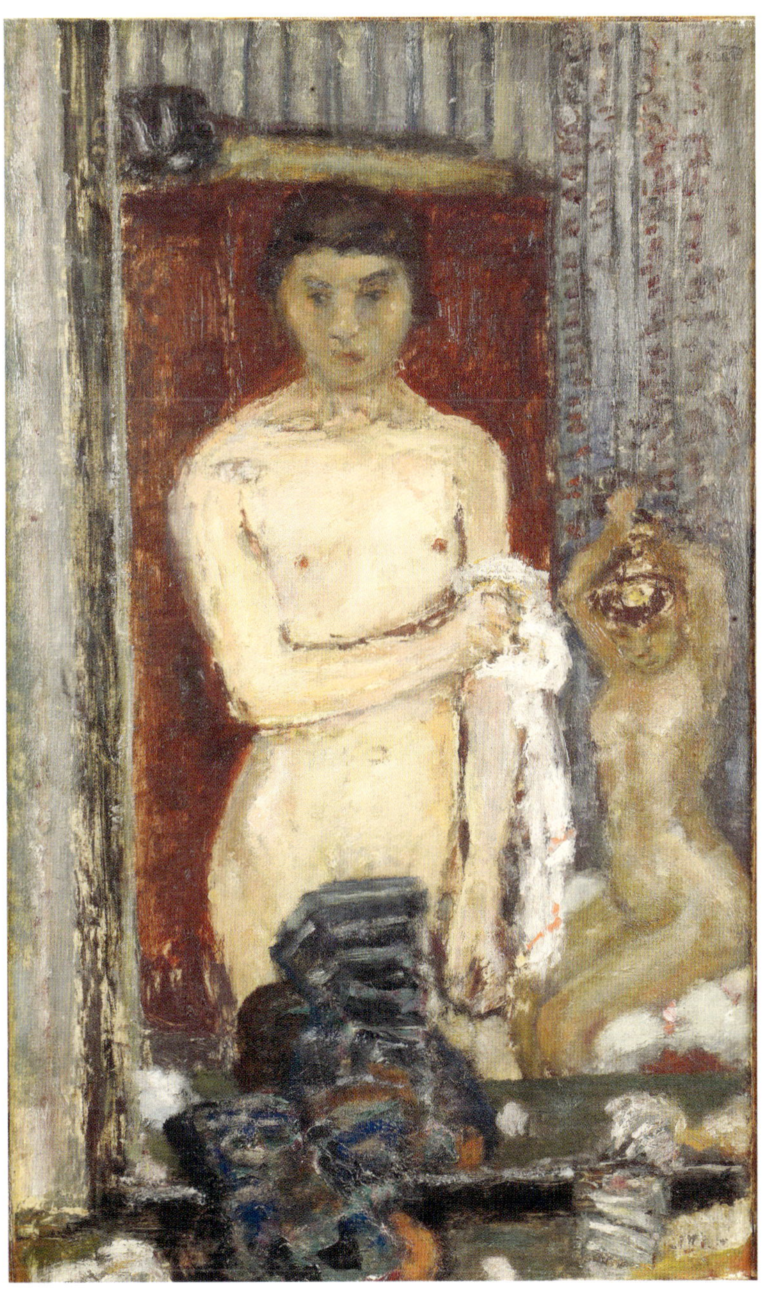

Cat. 17-18
INTIMISMES & INTIMITÉS

« Le charme d'une femme peut révéler beaucoup de choses à un artiste sur son art » confesse Bonnard au seuil de sa vie[1]. Élevé par une grand-mère et une mère qui l'ont marqué et soutenu, Bonnard sera toujours sensible à l'univers féminin quel qu'il soit, familial ou intime. Aussi, la présence des femmes est-elle indissociable de sa vie et de son œuvre. Les premières représentations récurrentes sont celles de sa sœur Andrée et de sa cousine Berthe durant sa jeunesse, pour bientôt leur préférer celles de Marthe qu'il rencontre en 1893 et qui partagera sa vie pendant près de 50 ans. Ses premiers nus datent de cette rencontre cruciale (cat 15, p. 57). Il y a aussi Renée et Lucienne (disparues en 1925 et 1927) qui ont beaucoup compté, ainsi que d'autres modèles restés anonymes, à l'exception d'Anita Champagne, modèle professionnel, visible dans ses tableaux entre 1905 à 1908 ou encore Dina Vierny (cat. 21, p. 69) et Moucky Vernay, à la fin de sa vie.
Ainsi, compagnes, amantes, modèles connus ou anonymes, les figures féminines présentes dans les tableaux de Bonnard témoignent le plus souvent d'épisodes de sa vie amoureuse. Des nus radieux inondés de lumière animent les pages d'un journal intime révélé au fil des œuvres.

Toutefois, malgré les vicissitudes de son existence, c'est le corps de Marthe dont le peintre ne cessera d'explorer les courbes et les mystères, préservant sous son pinceau, son éternelle jeunesse qui revient tel un amer dans son œuvre ; Marthe, au fil du temps, est devenue l'incarnation de sa peinture, qu'elle soit représentée à sa toilette ou dans les intérieurs que le couple habite au gré de ses déplacements à Paris, Vernon, Arcachon ou au Cannet à partir des années 1920. Bonnard aime aussi confondre les apparences de l'une ou de l'autre de ses inspiratrices, leur identification devenant aujourd'hui un exercice difficile ; pour lui, le problème est ailleurs. Il ne s'occupe que de rendre ses émotions sur la toile.

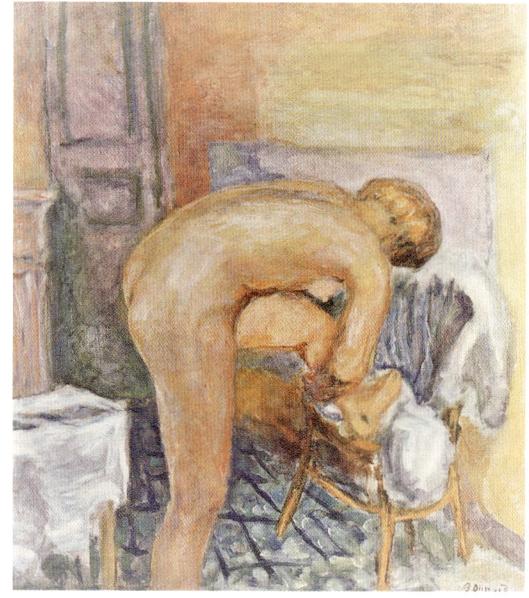

Ill. 1 Pierre Bonnard, *Nu se chaussant* ou *Femme nue à sa toilette*, 1916, huile sur toile, 47 x 51 cm, collection particulière (D. 887)

Passée la période sombre de ses débuts en matière de nu, Bonnard change sa méthode de travail dans les années 1910 ; il dessine beaucoup au préalable de la peinture, afin de se libérer de l'emprise de la couleur. Les nus n'ont pas des poses académiques mais des attitudes légèrement instables et décentrées, qui rappellent les photographies instantanées prises par l'artiste à cette époque et utilisées comme matériau pour les dessins. Dans un constant souci d'équilibre, le peintre articule par la couleur ses figures dans des

Cat. 17

Nu debout, vu de dos, 1913

Huile sur toile
80 × 51 cm
Collection particulière
Courtesy Galerie Bernheim-Jeune, Paris
D. 771

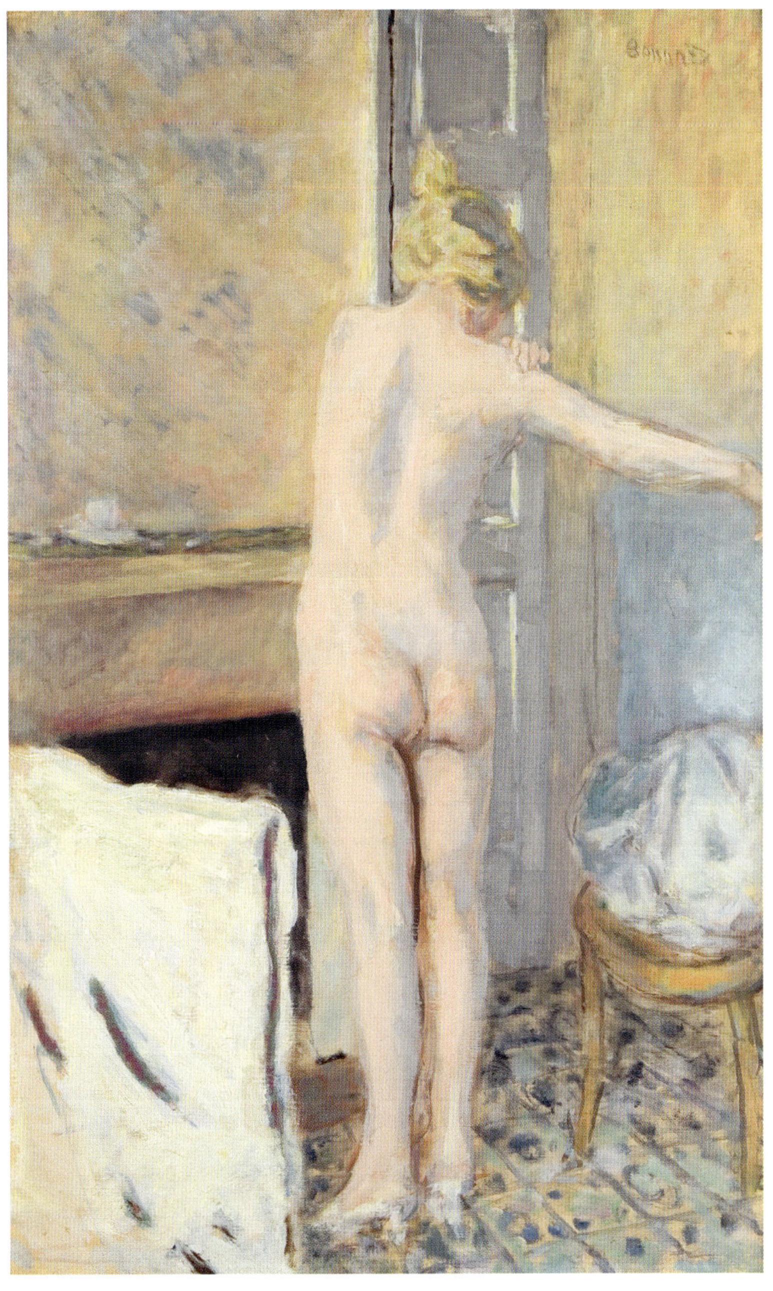

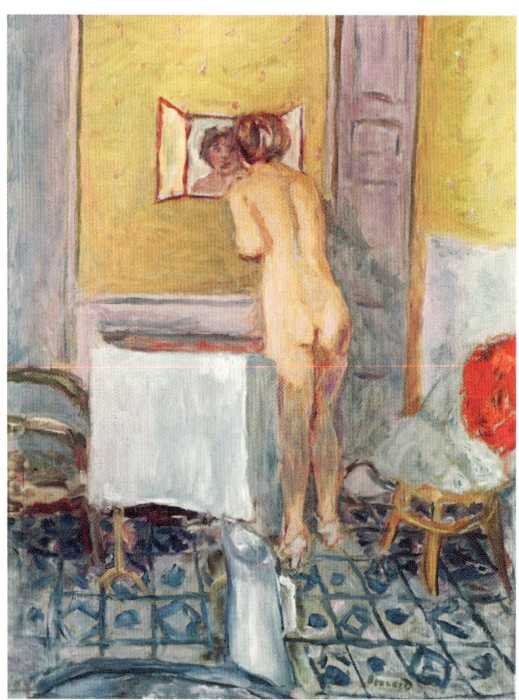

Ill. 2 Pierre Bonnard, *Nu à l'étoffe rouge* ou *Nu à la toilette*, 1915, huile sur toile, 62 x 48,5 cm, Kunstmuseum, Bâle (D. 817)

compositions audacieuses où objets, espace et figure s'interpénètrent.

Dans ce *Nu debout, vu de dos* (cat. 17), Bonnard inaugure une série de nus, variant à l'envi des compositions où certains « accessoires » en dehors du décor de la pièce se retrouvent d'un tableau à l'autre (ill. 1) : cheminée, linge jeté sur une chaise ou un tabouret, porte, et surtout les effets de la lumière ou d'un reflet (ill. 2) sur un mur, prétexte à un chatoiement féerique des couleurs. Bonnard transcende la banalité d'une scène quotidienne en un spectacle fascinant, celui de sa vie et de sa peinture. « Chez lui, écrit Philippe Comar[2], l'espace domestique reste une éternelle friche à explorer. Ce qui est familier, mille fois vu, est observé avec la même ingénuité que si la chose venait à l'instant d'être découverte, elle procède de la même étrangeté. »

Le corps de Marthe que l'on reconnaît à son physique élancé et à ses éternelles mules s'inscrit dans un espace géométrisé à l'extrême : un réseau de verticales et d'horizontales accentue la verticalité même de son corps. À cela s'ajoute l'effet du linge au premier plan dans sa subtile combinaison de blancs qui met en valeur la blondeur des chairs.

Bonnard n'allonge pas seulement ses figures, il les inscrit souvent dans des formats assez étroits comme ce *Nu de profil* (cat. 18) du musée Bonnard. De belles dimensions, ce tableau est peint dans le même univers que la somptueuse série des nus au tub des années 1916-1917. Comme eux, la scène se passe probablement à Vernon dans la salle d'eau de *Ma Roulotte* : même environnement, même carrelage au sol, le rendu des reflets dans un miroir ici ou dans l'eau du tub. Le modèle n'est probablement pas Marthe comme on pourrait le penser mais Lucienne Dupuy de Frenelle qui est déjà le modèle des nus au tub. Lucienne, qui est comme Renée une amie du couple depuis 1916[3], partage les moments d'intimité de Bonnard à Vernon[4]. Le peintre maîtrise alors parfaitement le dispositif mis en place dans ses nus lumineux peints à partir de 1908. Ici, il y a peu d'artifice dans l'expression de la couleur, hormis quelques reflets sur la chair, Bonnard privilégie le cadrage resserré de manière à voir la figure en gros plan peinte à mi-corps. La puissante verticalité du modèle accapare la totalité de l'espace de la toile, la tête légèrement penchée semblant se résoudre à ne pas sortir de la surface étroite du tableau. Pourtant, la notion d'enfermement n'est qu'une apparence : la fenêtre, comme le miroir, ajoutent dans une même harmonie de bleus et de jaunes, une respiration spatiale bien que la perspective classique soit résolument abandonnée au profit d'un rendu d'une grande sensibilité.

[1] Propos de Pierre Bonnard, in *Verve*, n° 17-18, 1947, p. 33.
[2] Philippe Comar, « Marthe nue », cat. exp. *Bonnard, peindre l'Arcadie*, musée d'Orsay/éd. Hazan, Paris 2015, p. 127.
[3] Lire l'article posthume d'Antoine Terrasse, « Un monde voué à la féminité », cat. exp. *Bonnard, peindre l'Arcadie*, *op.cit.*, p. 193-199.
[4] Mariée à un médecin, elle a un enfant de 3 ans quand elle rencontre Bonnard qui devient le parrain de son second enfant né en 1920. Divorcée en 1924, elle meurt en mai 1927 dans un établissement de Cannes, peu de temps après l'installation du couple Marthe et Pierre au *Bosquet*.

Cat. 18

Nu de profil, 1917

Huile sur toile
103 × 52 cm
Musée Bonnard, Le Cannet
Acquis avec l'aide du Fonds du Patrimoine et du Fram, 2010
Inv. 2010.1.1
D. 2129

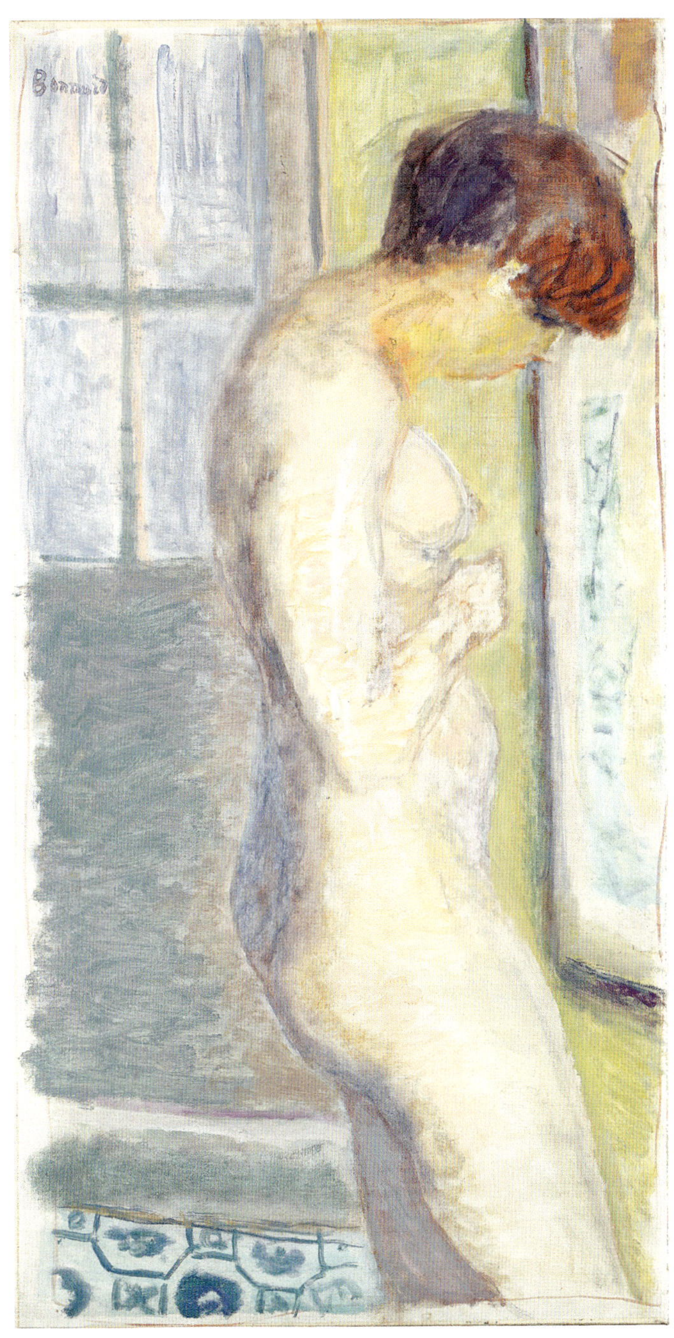

Cat. 19-21
INTIMISMES & INTIMITÉS

C'est au Bosquet, dans sa maison du Cannet, que Bonnard fait réaliser en 1926, une salle de bains dotée d'une baignoire, envahie par une lumière aussi précieuse qu'essentielle pour lui. Depuis le balcon, il dessine de très nombreux croquis de sa femme à sa toilette ou dans le bain, qui lui permettront de revoir dans son atelier, tout proche, les combinaisons de cadrage et les harmonies de couleurs qui lui conviennent. La salle de bains comme la chambre sont de réels terrains d'expérimentation visuelle.

Longtemps daté de 1930, *Nu de dos à la toilette* (cat. 19) a été repris lors de l'hiver 1934 au Cannet telle qu'une inscription au dos de la toile permet de l'avancer[1]. Cette peinture, restée dans l'atelier de l'artiste jusqu'à sa mort, est entrée par dation dans les collections du musée national d'Art moderne. Parfois considérée comme inachevée bien que signée, cette œuvre réunit néanmoins la dialectique des compositions de nu du peintre, dans des *leitmotiv* sans cesse recomposés où prime l'expression par la couleur : un nu reflété dans un miroir, l'environnement d'un cabinet de toilette ou d'une chambre à coucher, une table, du linge aux subtiles tonalités ; Bonnard harmonise ici dans des tons délicats de jaune la figure et le fond de manière à confondre l'un et l'autre, tout en mettant en valeur quelques plans, ceux du sol moucheté ou du dessus de cheminée.

Dans les dix dernières années de sa vie, Bonnard repense visiblement à ses échanges avec Renoir installé aux Collettes et auquel le peintre rend visite à plusieurs reprises[2]. Parmi les reproductions accrochées sur un mur de son atelier du Cannet photographié par les plus grands[3], on remarque un seul tableau : un petit nu de Renoir offert par le vieux maître impressionniste, dont Bonnard était très fier ; il aurait déclaré à son propos : « Que c'est beau, que c'est beau ![4] ». Que ce soit dans cette très belle gouache *Nu accroupi* (cat. 20) ou dans le *Nu sombre* (cat. 21), qui est considéré comme l'un de ses derniers nus pour lequel Dina Vierny a posé, Bonnard retient du vieux maître comme le note Sylvie Patry une « monumentalité renforcée par un cadrage serré, mais aussi vibrations de coloris chauds mêlés de gris, rappelant les chairs renoiresques de la fin des années 10 [...][5] ». Dina Vierny, qui était le modèle de Maillol, n'aimait-elle pas rappeler « qu'elle possédait aux yeux [du sculpteur] l'attrait d'un Renoir vivant ?[6] »

En plus de cette référence à Renoir, Bonnard pense manifestement à la sculpture antique quand il peint à la gouache ce *Nu accroupi*, motif longuement étudié par l'artiste comme en témoignent un ensemble de croquis de 1938 (ill. 1) et une peinture (ill. 2). Le peintre confesse d'ailleurs à Angèle Lamotte en 1942 : « le tableau est une suite de taches qui se lient entre elles et finissent par former l'objet, le morceau su lequel l'œil se promène sans un seul accroc. La beauté d'un morceau de marbre antique réside dans toute une série de mouvements indispensables aux doigts[7]. » Le corps du modèle se plie dans un mouvement qui semble concentrer sur lui les effets de la lumière tandis que son cadrage en gros plan lui confère une réelle présence.

De l'aveu même de Dina Vierny envoyée par Maillol chez Matisse et Bonnard en 1941, ses débuts chez Bonnard n'ont pas été faciles alors que Marthe est encore là mais invisible[8]. Habituée à poser pour le sculpteur et pour

Cat. 19

Nu de dos à la toilette, dit aussi *Nu jaune*, hiver 1934

Huile sur toile
107,3 × 74 cm
Musée national d'Art moderne, Centre Pompidou, Paris
D. 1460

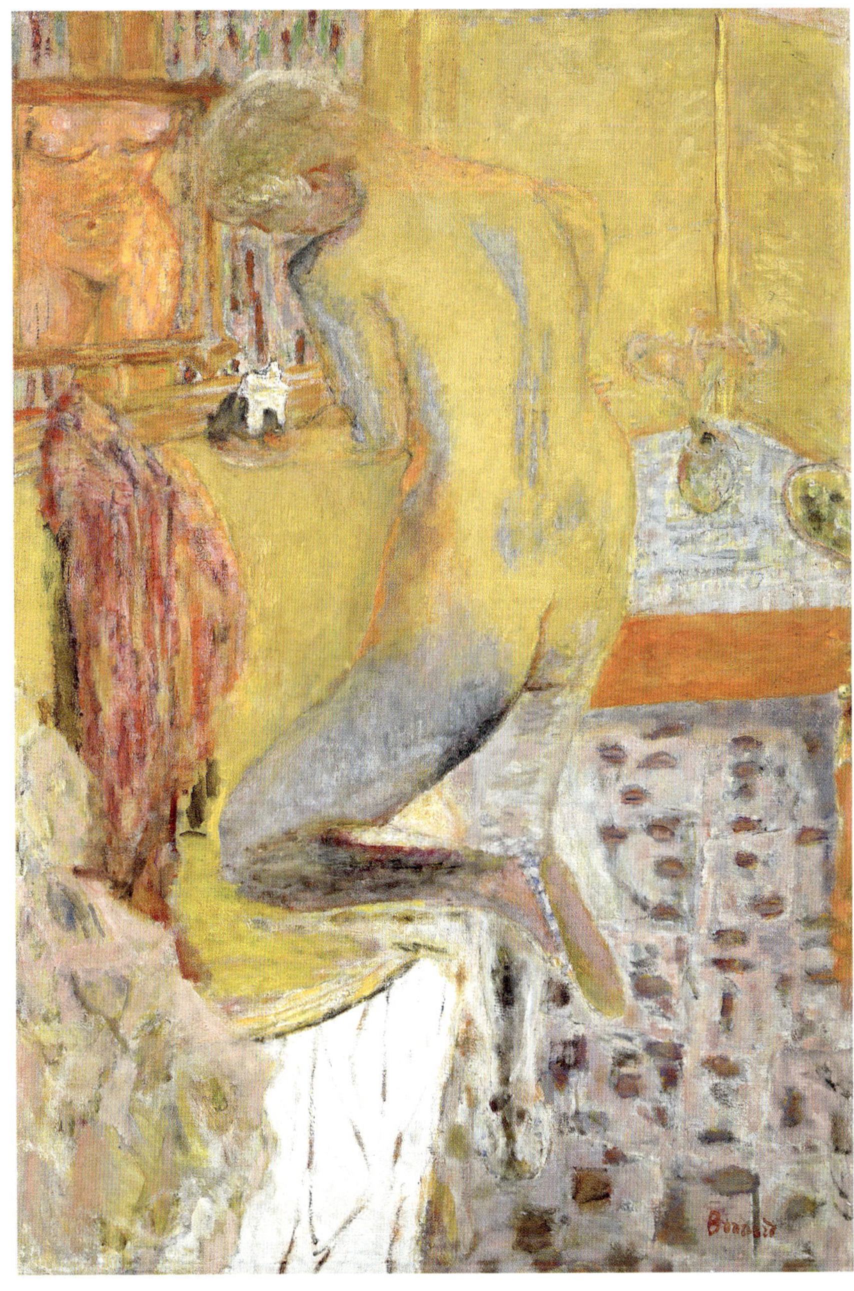

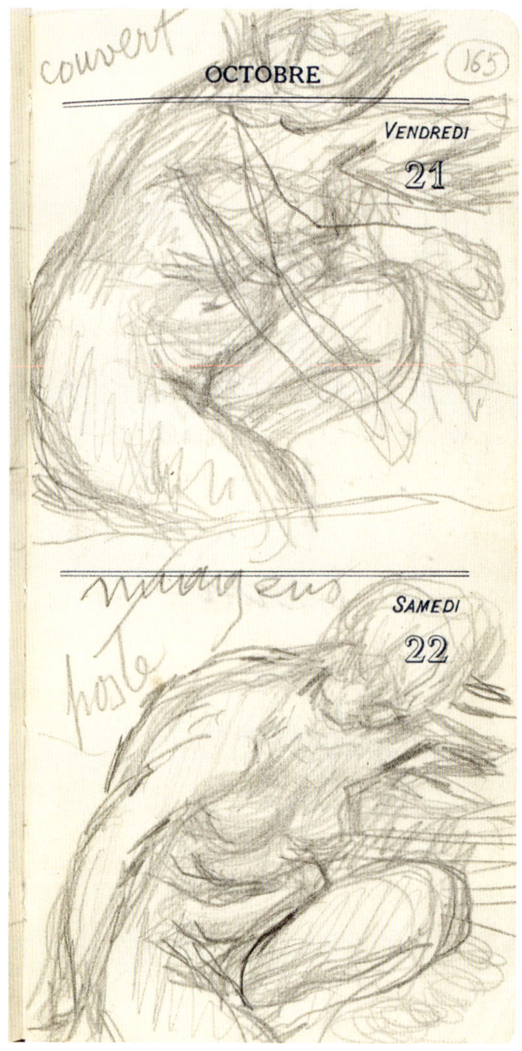

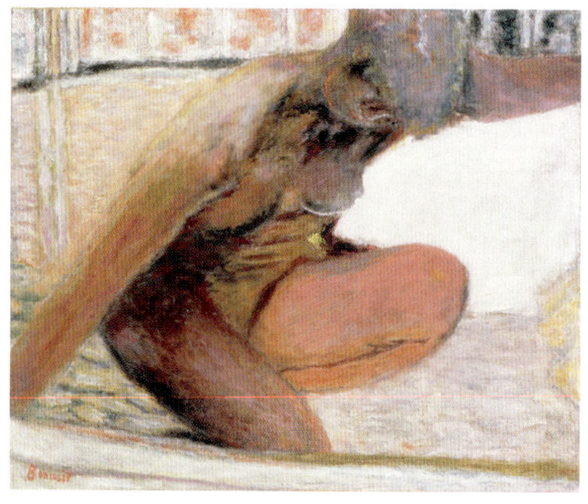

Ill. 1 Pierre Bonnard, Étude pour *Nu accroupi*,
Agenda, 21-22 octobre 1938, p. 165,
Bibliothèque nationale de France, Paris

Ill. 2 Pierre Bonnard, *Nu accroupi dans la baignoire*, vers 1940,
huile sur toile, 67 x 85 cm,
collection particulière, États Unis (D. 1602)

d'autres artistes, la jeune femme dit toute son admiration pour le peintre.

Elle a maintes fois raconté cette expérience inoubliable pour elle : « Poser pour lui était une expérience différente de celles que j'avais eues avec d'autres peintres. Il ne voulait pas que je reste tranquille. Ce qu'il désirait, c'était le mouvement ; il me demandait de 'vivre' devant lui en essayant de l'oublier. Il voulait à la fois la vie et une absence. C'était un être silencieux qui ne parlait jamais pendant les séances de travail mais qui savait écouter intensément. Le principe était de respecter ce silence. Mais, parfois après les séances de pose, il avait envie de parler, alors nous sortions dans le jardin[9]. » Dans un entretien plus récent elle précise que, désarçonnée par sa façon de travailler, elle imagine ne pas être son genre de modèle, et s'en remet à Bonnard qui répond : « j'ai des goûts très divers pour les femmes »[10]. Comme à l'accoutumé, Bonnard se sert des aide-mémoire que sont ses carnets ou ses dessins pour s'engager dans la réalisation d'une peinture et sa première idée est souvent la bonne (ill. 3), tout comme il aime y revenir longuement en même temps qu'il travaille à plusieurs œuvres (ill. 4).

On ressent bien dans ce nu majestueux et inhabituel dans la production de l'artiste une impression de recueillement et de silence qui devient, à contrario, assourdissant par le pouvoir de la couleur forcée à outrance. Les rouge, orangé, jaune et bleu jouent une partition intense et harmonieuse.

Cat. 20

Nu accroupi, 1938

Gouache et aquarelle sur papier
19,5 × 25 cm
Galerie Berès, Paris

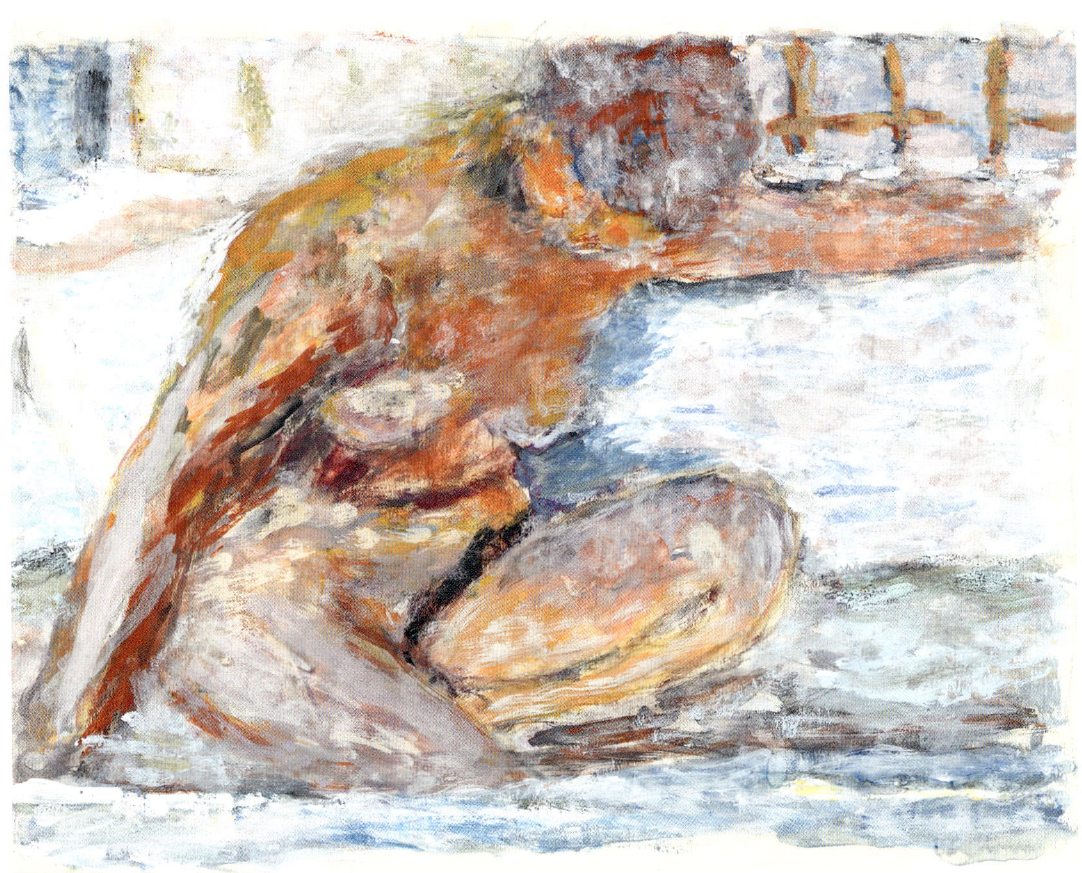

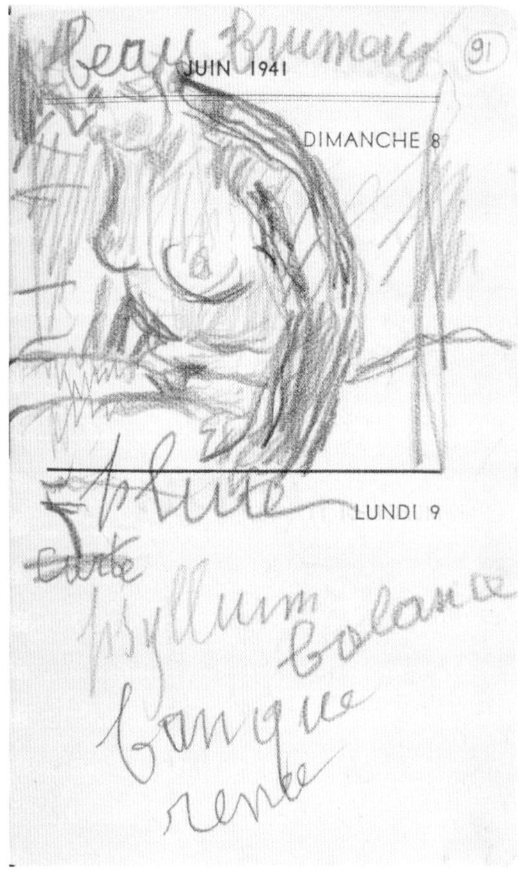

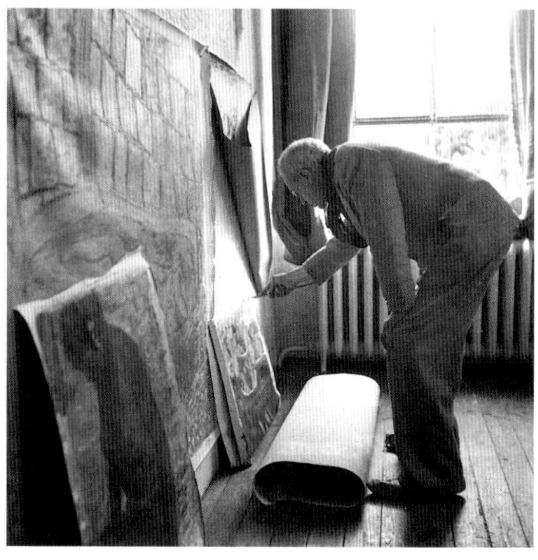

Ill. 3 Pierre Bonnard, Étude pour le *Nu sombre*, Agenda, juin 1941, Bibliothèque nationale de France, Paris

Ill. 4 André Ostier, *Bonnard retouchant un tableau dans son atelier du Cannet*, vers 1941, tirage argentique, collection privée

[1] Voir cat. *Collection art-moderne - La collection du Centre Pompidou*, sous la direction de Brigitte Léal, Paris, Centre Pompidou, 2007.

[2] Bonnard et Renoir ont les mêmes marchands, les Bernheim-Jeune ; ils ont maintes fois l'occasion de voir leurs œuvres dans les expositions organisées par la galerie, notamment celle sur le nu en 1910 ; un peu plus tard, lors de séjours dans le Midi et notamment à Antibes, Bonnard rendra visite à Renoir aux Collettes sur les hauteurs de Cagnes-sur-Mer avec Matisse et Marquet, le 27 avril 1919, quelques mois avant la mort du maître.

[3] On connaît celles de Brassaï, Cartier-Bresson et Gisèle Freund qui sont de précieux documents.

[4] Cité in Sylvie Patry, « Renoir et les Nabis », cat. exp. *Renoir au XXe siècle*, RMN, Paris, 2009, p. 154.

[5] *Ibid.*

[6] *Ibid.*

[7] Pierre Bonnard, propos rapportés in *Verve*, vol. V, n° 17-18, Paris, 1947.

[8] Marthe meurt en janvier 1942 et refusera de voir Dina Vierny tout en acceptant qu'elle pose nue pour Bonnard.

[9] Témoignage de Dina Vierny à Annie Pérez, cité in cat. exp. *Bonnard*, musée des Beaux-arts, Bordeaux, 1986, p. 136.

[10] Propos rapportés par Dina Vierny à Suzanne Pagé, 17 mars 2005, in cat. exp. *Bonnard, un arrêt du temps*, musée d'Art moderne de la Ville de Paris, 2006, p. 270. Aujourd'hui on sait en effet, que Bonnard a eu maints modèles professionnels ou non, aux physiques opposés.

Cat. 21

Nu sombre, 1942-1946

Huile sur toile
81 × 65 cm
Collection particulière, courtesy galerie Dina Vierny, Paris
D. 1686

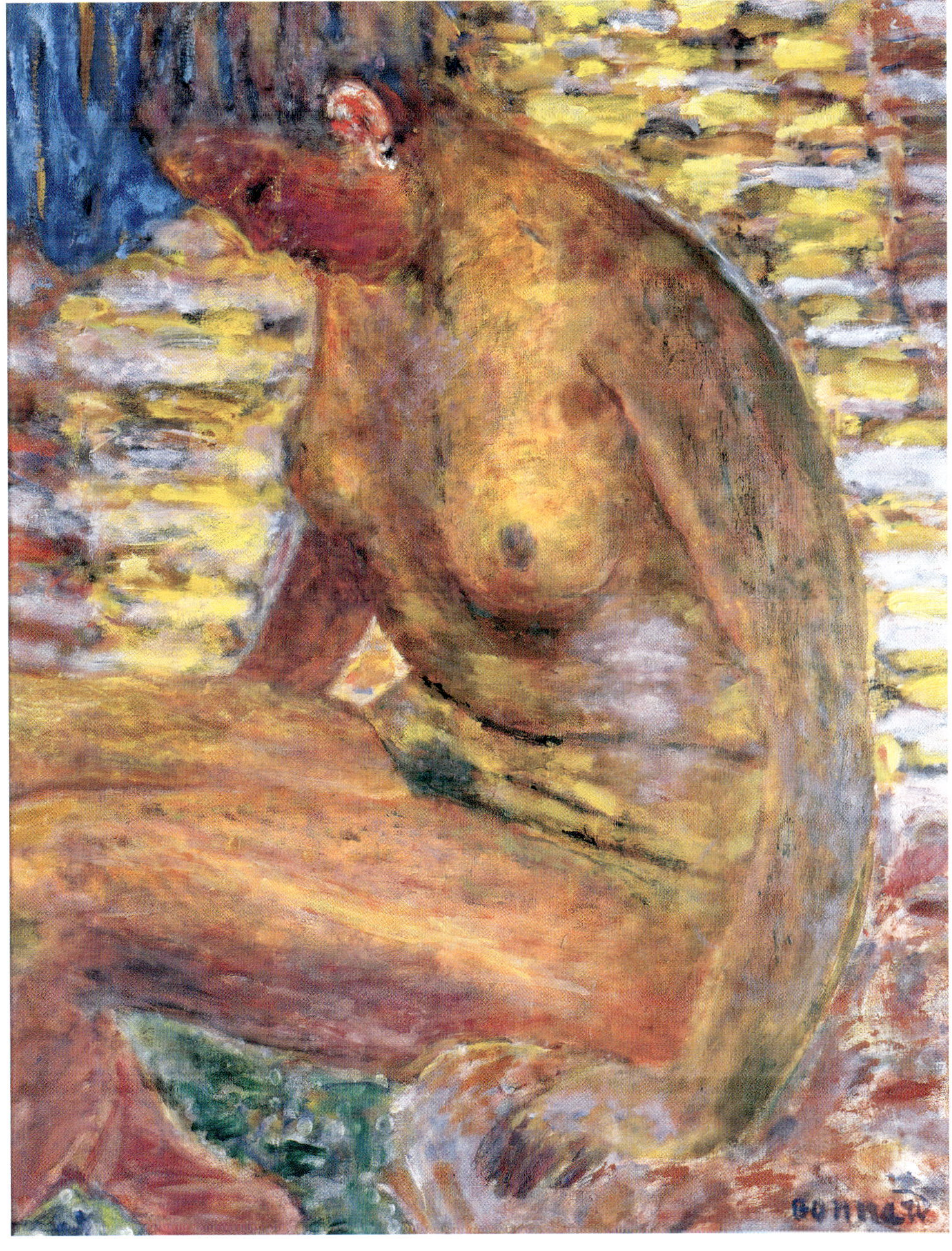

Cat. 22

La galerie Bernheim remonte à la fin du XVIIIe siècle. La maison est fondée à Besançon par Joseph Bernheim (1799-1859) qui faisait à l'origine commerce d'articles pour peintres. En 1863, son fils Alexandre Bernheim (1839-1915) s'installe à Paris, 8 rue Laffitte[1], au moment où Manet fait scandale au Salon avec son *Olympia*. Ami de Gustave Courbet, Alexandre se spécialise dans les peintres de Barbizon mais présente aussi en 1874 les impressionnistes. Ses deux fils, Joseph dit Josse (1870-1941) et Gaston (1870-1953)[2] travaillent avec lui. Les deux frères avec leur collaborateur Félix Fénéon[3], attirés, par les avant-gardes post-impressionnistes puis nabies, prennent le nom de Bernheim-Jeune, affichant ainsi leur indépendance et marquant un nouvel essor. Leur sœur Gabrielle a d'ailleurs épousé Félix Vallotton en 1899[4].

En 1906, la galerie est transférée 25 boulevard de la Madeleine et 15 rue Richepanse, puis en 1925 au 27 avenue Matignon où elle est encore aujourd'hui.

C'est Vuillard qui le premier peint en 1908 puis en 1912 les deux marchands (ill. 2) choisissant de les représenter dans leur bureau, tout comme Vallotton après lui. Les frères Bernheim accordent aux artistes qu'ils soutiennent, tel que Bonnard, une certaine aisance dans leur quotidien, facilitant leur activité.

Bonnard à son tour, après avoir peint *La Loge* qui représentait les deux hommes accompagnés de leurs épouses (cat. 11, p. 47), réalise en 1920 sur une toile de plus grande dimension encore pour ce type de sujet, l'un de ses portraits les plus inspirés dont on connaît un dessin préparatoire (ill. 1).

Les deux frères encore représentés dans leur univers professionnel, sont assis à leurs bureaux positionnés face à face, au mur sont accrochés des tableaux qui rappellent leur condition sociale ; Josse au premier plan se tourne vers le peintre comme si celui-ci lui avait demandé de poser l'instant d'une photographie. À l'arrière-plan, la figure de Gaston, par le jeu des perspectives, apparaît plus effacée. La rigueur des lignes et des angles droits est rompue par l'oblique des silhouettes sombres des deux hommes.

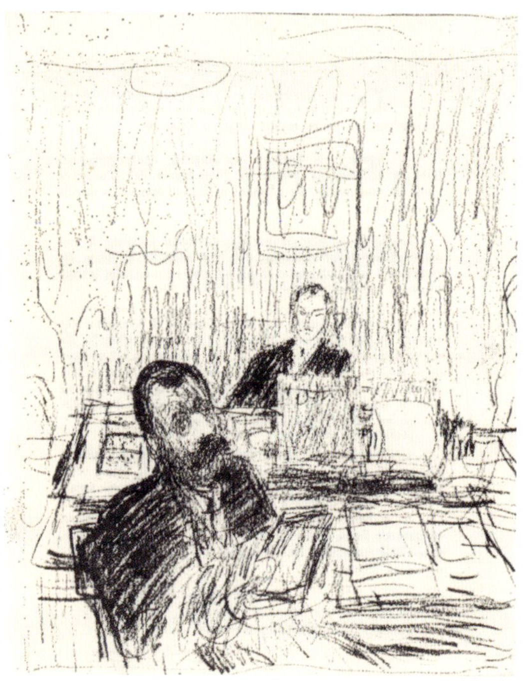

Ill. 1 Pierre Bonnard, Étude pour *Les Frères Bernheim*, 1920, crayon sur papier, dimensions et localisation inconnues

Toutefois, en dehors de ces observations, l'attention se porte immédiatement sur l'amoncellement

Cat. 22

Les Frères Bernheim, 1920

Huile sur toile
166 × 155,5 cm
Musée d'Orsay, Paris
Don de M. et Mme Gaston Bernheim de Villiers, 1953
D. 1029

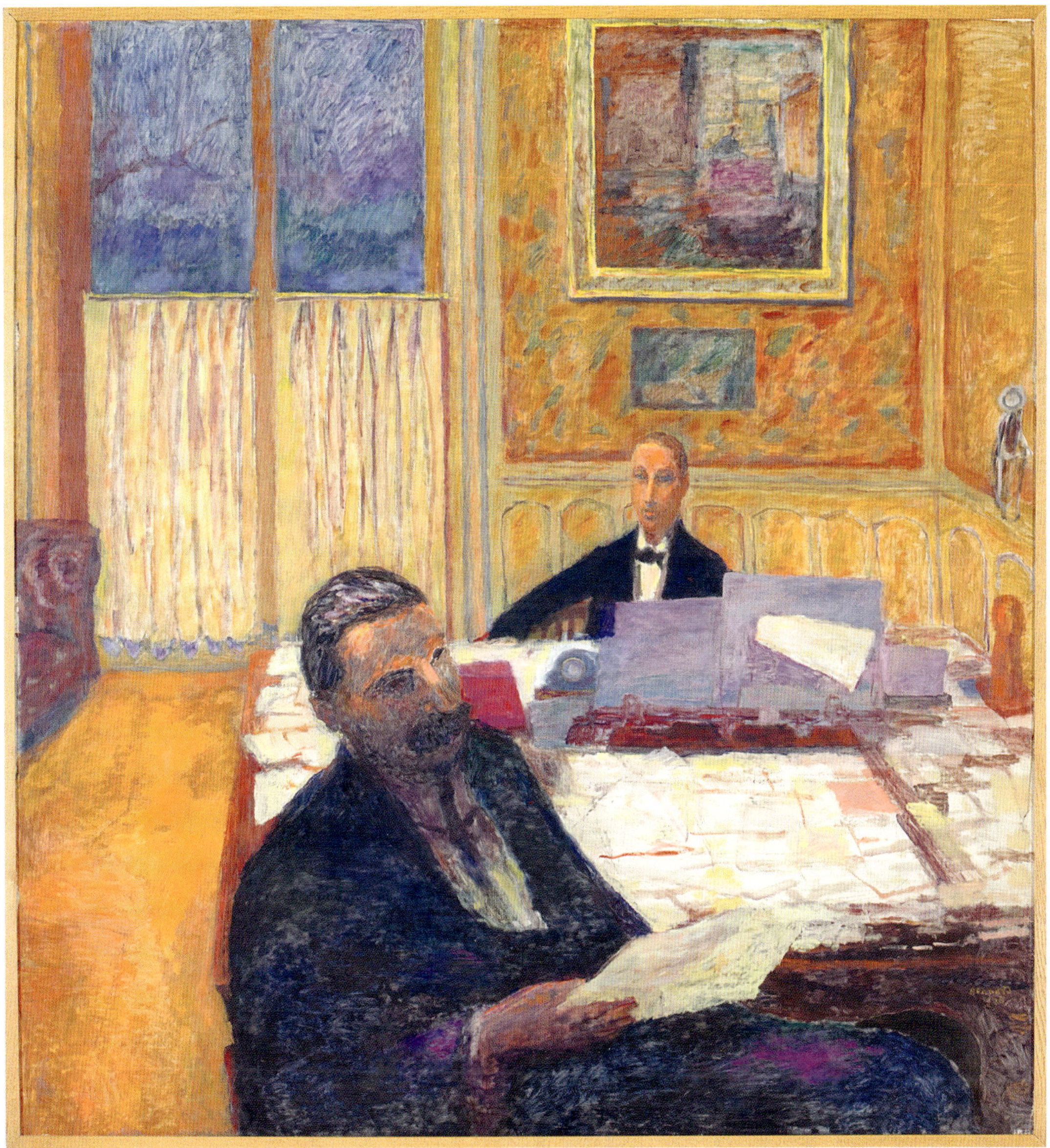

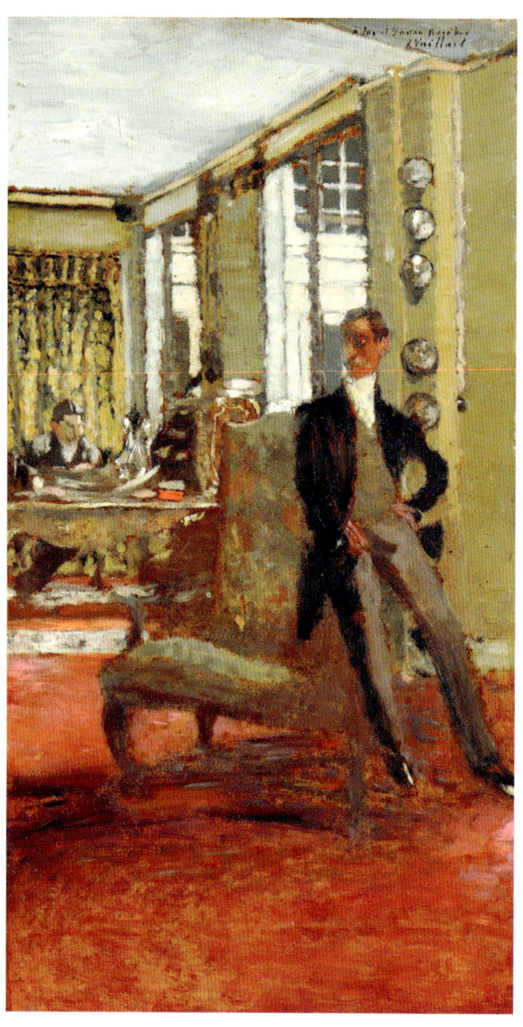

Ill. 2 Édouard Vuillard, *Portrait des frères Bernheim-Jeune*, 1912, huile sur carton contrecollé sur toile, 60 x 34 cm, Marion Koogler McNay Art Museum, San Antonio, États-Unis, legs Frances Cain, 1987

de papiers étalé sur les deux bureaux, captant la lumière d'une manière inattendue, donnant une impression de continuité et d'espace à toute la pièce. Bonnard fait preuve ici d'audace dans la composition. Le traitement novateur de la lumière qui inonde la pièce est rendu par une palette d'une extrême richesse : jaunes, violets, rouges orangés utilisés en abondance.

Cette lumière, probablement due à un éclairage électrique hors-champ placé au-dessus des deux personnages, ainsi qu'à la double porte vitrée à travers laquelle on devine un arbre dont le feuillage est noyé dans une couleur bleu-violet, est le point fort de ce tableau. Elle lui donne une dimension vaporeuse et aérienne alors que les interprétations de Vuillard ou de Vallotton accentuent davantage la dimension sociale de leur sujet.

Le puissant rayonnement lumineux laisse néanmoins dans l'ombre le bas du visage de Josse qui apparaît comme à contre-jour, possible clin d'œil au cadrage sévère dont son frère Gaston avait été victime quelques années plus tôt dans *La Loge* et qui leur avait laissé au premier abord une certaine amertume. Ces deux tableaux attestent en effet de la proximité de Bonnard avec ses marchands et de la liberté qu'il tenait à conserver même pour une œuvre de commande.

[1] Cette rue accueille déjà la galerie de Paul Durand-Ruel au n° 16 puis en 1893 celle d'Ambroise Vollard, au n° 34 puis 41.

[2] Gaston est peintre sous le nom de Gaston Bernheim de Villers.

[3] Après avoir écrit de nombreuses critiques puis été le rédacteur en chef de *La Revue blanche*, Félix Fénéon (1861-1944) entre en 1906 à la galerie Bernheim-Jeune comme directeur du département d'art contemporain ; il y passe vingt ans défendant non seulement Cézanne, Gauguin, le néo-impressionnisme et les Nabis mais aussi toutes les nuances de l'art moderne, de Van Gogh, Lautrec, Matisse à Picasso.

[4] Gabrielle Rodriguès-Henriquès, née Bernheim, l'a aidé à pénétrer dans le milieu des marchands de tableaux.

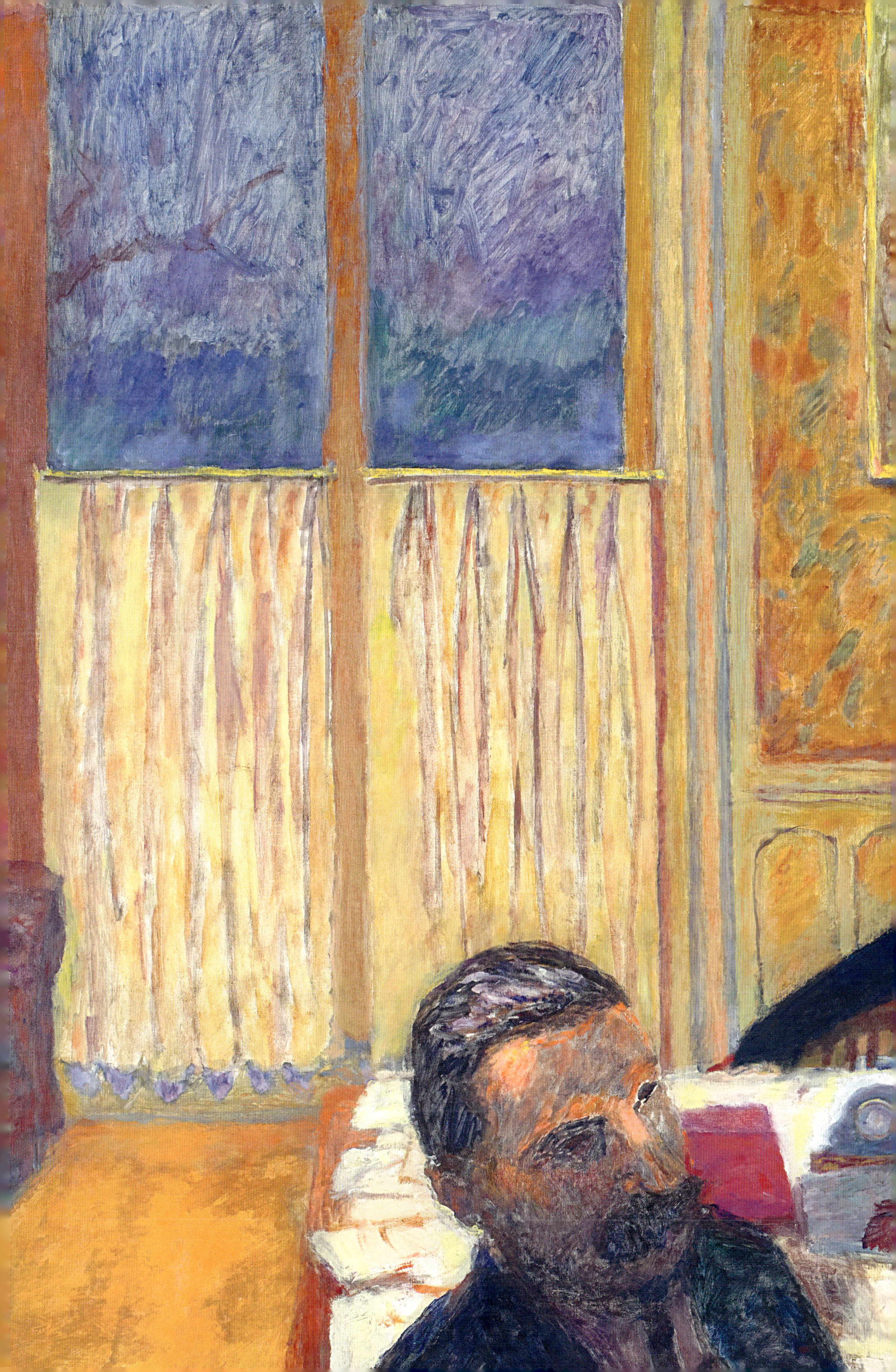

Cat. 23

En 1928, cela fait trois ans que Maria Boursin est devenue Marthe Bonnard. C'est aussi l'année où le peintre vend la propriété familiale du *Clos* au Grand-Lemps pour partager désormais sa vie entre *Ma Roulotte* à Vernonnet et *Le Bosquet* au Cannet[1]. À cette époque, sa vie personnelle compte de nombreux événements tragiques qui vont attrister durablement son existence ; son beau-frère Claude Terrasse meurt prématurément en 1923 suivi du décès de sa sœur Andrée, deux autres femmes importantes de sa vie, Renée d'une part, qui se suicide quelques semaines après son mariage en 1925 et Lucienne d'autre part, qui s'éteint à Cannes en 1927 des suites d'une maladie. En contrepoint, son neveu Charles lui consacre sa première importante monographie, en signe d'hommage, ouvrage qui est encore aujourd'hui une référence notable pour les historiens par sa sensibilité mais surtout car il est probable que Bonnard y ait formulé son avis et sans doute même porté quelques corrections.

Dans ce contexte, ce double portrait représentant Reine Natanson, seconde épouse de Thadée, et Marthe à la campagne témoigne de moments d'apaisement. La scène se passe certainement à Vernon où les deux couples avaient l'habitude de se retrouver ; les Bonnard dans leur maison *Ma Roulotte* et les Natanson à *Ma Campagne*, modeste auberge où ils aimaient passer de « rustiques vacances » près de leurs chers amis. Annette Natanson[2], témoin privilégié de cette relation étroite, écrit sans concession : « Si Thadée voue un culte à Bonnard qui lui porte beaucoup d'affection, il s'est établi entre Reine et Marthe une sorte de grinçante amitié, à double face. Bonnard en traduit les aimables apparences

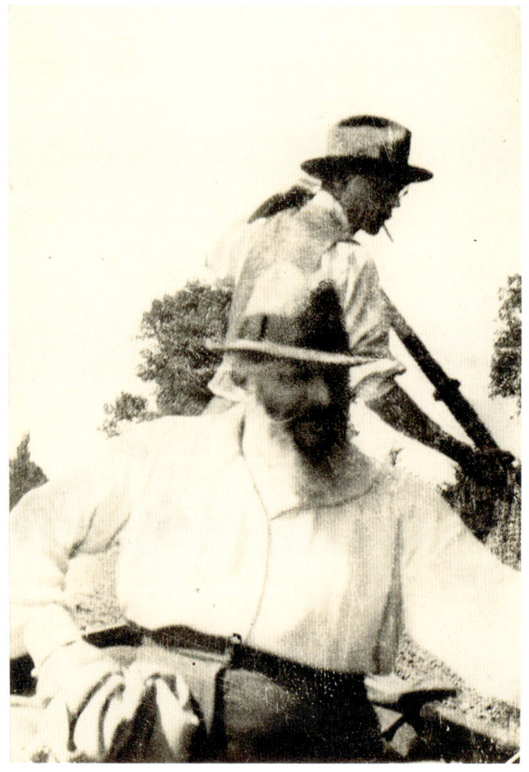

Ill. 1 Reine Natanson, *Bonnard et Thadée Natanson en barque sur la Seine*, 1923, tirage argentique d'époque, 12,8 x 8,8 cm, collection particulière

et, sur plus d'une toile, on verra Marthe en corsage rouge, cet étonnant corsage à rayures, qui date de son exubérance les étés à table en plein air à 'Ma campagne', ou sur la terrasse de 'Ma Roulotte'[3]. » On doit à Reine quelques souvenirs en images de ces étés passés tout près de Monet, à échanger sur la peinture et sur la vie (ill. 1 et 2).

Marthe porte en effet ce corsage à maintes reprises dans les portraits que Bonnard fait d'elle autour

Cat. 23

Reine Natanson et Marthe Bonnard au corsage rouge ou Le Dessert, 1928

Huile sur toile
73,8 × 57,3 cm
Musée d'Orsay, Paris
Mobilier National, dépôt à l'Hôtel Matignon, Paris
D. 1403

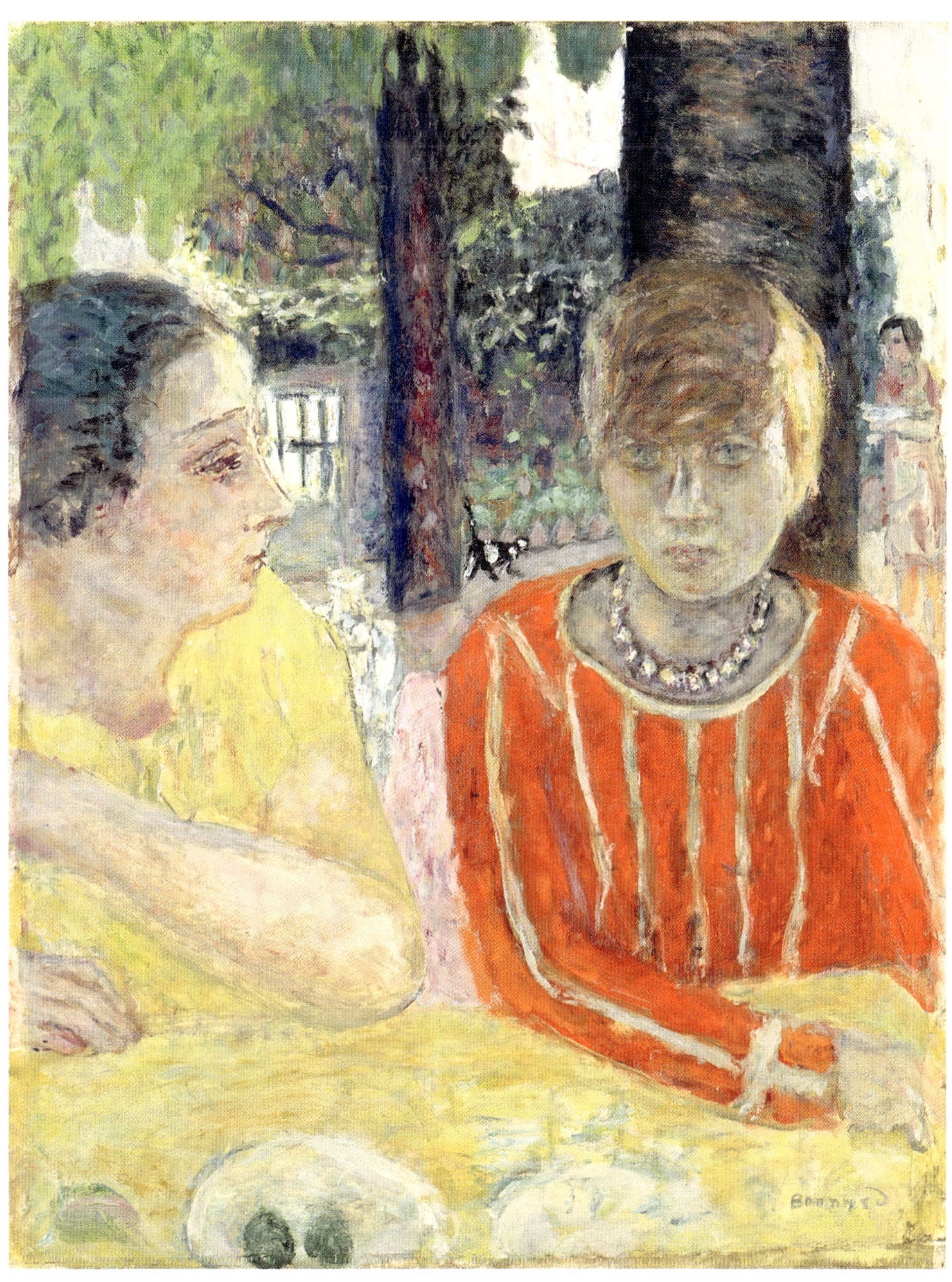

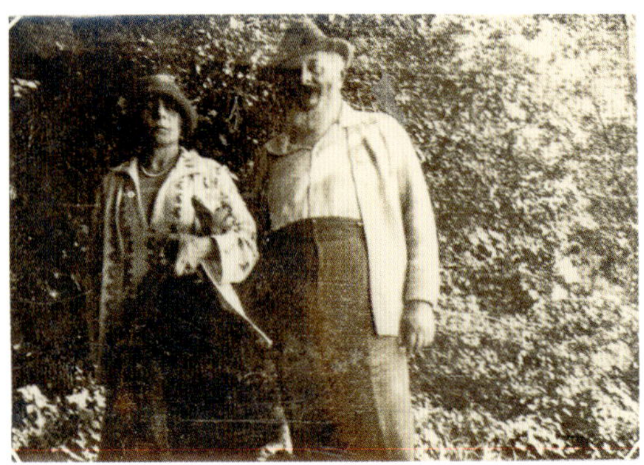

Ill. 2 *Reine Natanson, Thadée Natanson et Marthe Bonnard*, vers 1923-1924, tirage argentique, 8,9 x 12,9 cm, collection particulière

des années 1920[4] ; on remarque également sur une photographie de 1924 des archives Hahnloser[5] Marthe arborant ce corsage dont le caractère criard a dû assurément lui plaire.

Ce portrait est l'une des rares représentations de Marthe où la jeune femme apparaît de face avec la somme de tous ses mystères. Ses grands yeux clairs ouverts et le regard perdu émeuvent ses plus farouches détracteurs ; malgré le rayonnement qui émane d'elle, Marthe incarne plus que jamais l'expression de la mélancolie. Reine, vue de profil représentée dans un jaune lumineux semblable à celui de la nappe, participe à l'aura de Marthe dont le visage est mis en valeur par un inhabituel collier de perles et son fameux corsage rouge. À l'arrière-plan, des troncs d'arbres rythment l'espace où Bonnard, le conteur, ne resiste pas à l'envie d'introduire un chat qui semble répondre à l'appel d'un repas qu'une femme s'apprête à lui servir.

Thadée Natanson qui posséda cette toile[6], décrit de manière très minutieuse la féérie colorée qu'il perçoit dans un livre consacré au peintre dont il commence l'écriture en 1946 : « Harmonie l'on ne peut plus osée, un rouge, étonnamment puissant, arrivant à s'accorder avec des jaunes pâles à peine avivés de verts et de bleus violacés. Entre eux un lilas léger. Le contraste des teintes vives, de leurs tons vifs, les rouges et les citrons à peine appuyés, poursuit l'opposition des visages, de face l'un, l'autre de profil.

Des accents très forts, jaunes intenses, cependant mats, jaunes assourdis, plus mats, roses délicats, jaunes dorés, bruns vernis de bleu, marrons rouges, cernés de bleus, verts très nuancés, blancs allègres, blancs sonores.

Rien d'éteint. Tout bruit. Le total de dissonances, d'accords imprévus, de résolutions, d'accords puissants, de tons dégradés des teintes délicates, autant d'instruments d'une polyphonie magistralement disciplinée pour soutenir le chant, au-dessus des basses continues[7]. »

[1] Il achète la maison de Vernonnet en 1912 et celle du Cannet en 1926 après avoir loué depuis 1922 plusieurs autres maisons dans cette ville qu'il affectionne pour son panorama sur la baie de Cannes et l'Estérel.

[2] Annette Natanson est la nièce de Thadée, fille de la comédienne Marthe Mellot et d'Alfred Natanson, auteur dramatique sous le pseudonyme d'Alfred Athis.

[3] Annette Natanson, *Bonnard ou le bonheur de voir*, Ides et calendes, Neuchâtel, 1965, p. 140.

[4] Voir par exemple *Marthe au chien*, 1922 (D. 1156) Collection Phillips, Washington DC ; *Le Déjeuner*, 1923, (D. 1214), Museum of Modern Art, New York ; *Le Corsage rouge*, 1925 (D. 1319), musée national d'Art moderne, Paris, pour les tableaux les plus connus.

[5] Voir Margrit Hahnloser Ingold, « Des témoins privilégiés. Arthur et Hedy Hahnloser à la rencontre de Pierre Bonnard et de son œuvre », *Bonnard. Peindre l'Arcadie*, musée d'Orsay, Paris, éd. Hazan, Paris, 2015, p. 254.

[6] À sa mort, sa femme Reine, le lègue à l'État en 1951 ; le tableau entrera dans les collections publiques en 1953.

[7] Thadée Natanson, *Le Bonnard que je propose*, éd. Pierre Cailler, Genève, 1951, p. 119

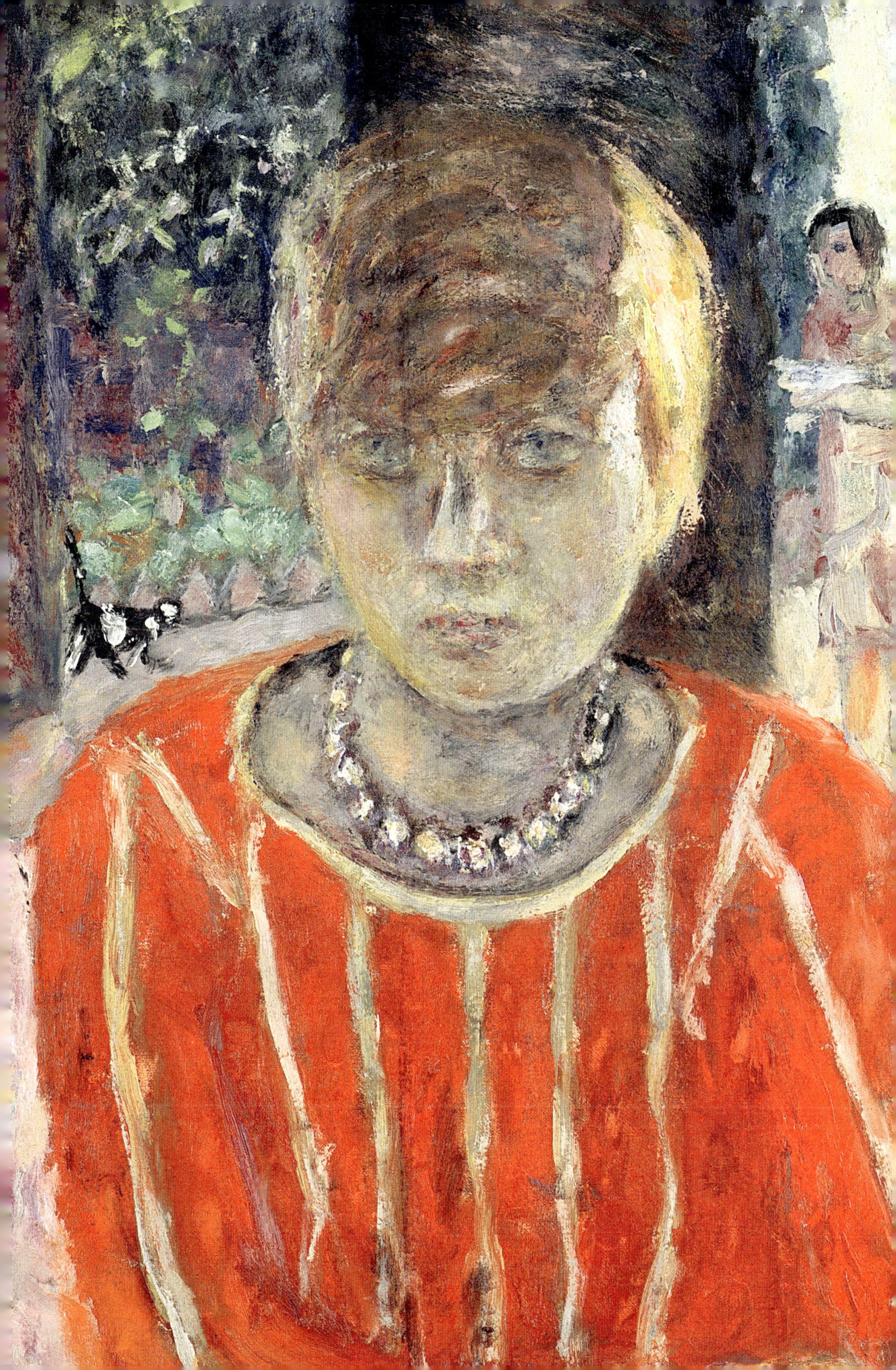

Cat. 24-27
VIE INTÉRIEURE

Bonnard a toujours été fasciné par son environnement, par la vie des objets et des choses, par la posture des figures dans l'espace, tous prétextes à traduire, par le biais de la couleur et du tableau sa vision (dés)enchantée du monde. Qu'il soit au Cannet ou à Vernon ou encore à Arcachon, le peintre aime faire voyager ses objets d'un tableau à l'autre, multipliant les combinaisons possibles : faïence de Vallauris, verrerie, théière, corbeille de fruit, etc., reproduisant à l'envi les attitudes de sa femme ou de ses hôtes de passage.

La Salle à manger au Cannet (cat. 24) entrée par dation dans les collections de l'État, a été déposée au musée Bonnard lors de son inauguration en juin 2011[1]. Resté dans la même collection depuis son acquisition en 1933 par le collectionneur lyonnais Léon Delaroche, ce tableau a été très peu exposé en dehors de sa présentation à la galerie Bernheim-Jeune la même année ; on le voit reproduit dans deux articles parus à la mort de Bonnard. D'une part, dans les deux monographies de François-Joachim Beer[2], et d'autre part, dans le violent article de Christian Zervos, paru après le décès du peintre et censé le discréditer[3].

Derrière l'apparente ambiance paisible et harmonieuse de cette scène intime et quotidienne d'une fin d'après-midi au Cannet, le peintre n'évoque pas seulement le rituel quotidien d'un repas. Au-delà de son aspect anecdotique, sa composition révèle bien autre chose en partie par le traitement de la lumière qui enveloppe le tout d'une incertaine sérénité. La scène est en effet un huis clos solaire, si caractéristique des intérieurs de Bonnard ; l'atmosphère se décrypte peu à peu, à mesure qu'il est possible de voir au-delà de ce qu'il nous est donné de regarder : Marthe, la femme du peintre, à la périphérie du tableau, est assise devant une table chargée d'objets, penchée sur un chat invisible au

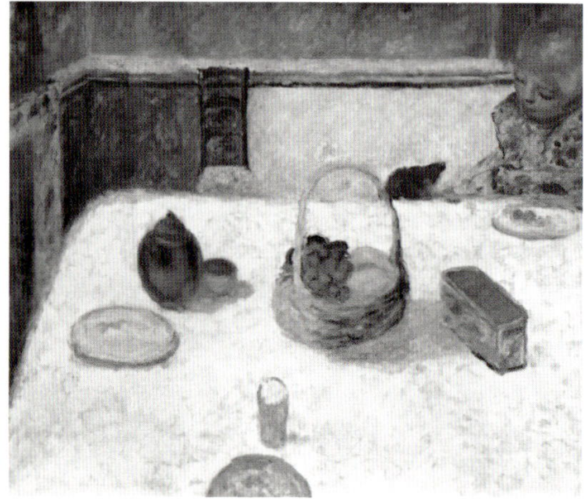

Ill. 1 Pierre Bonnard, *Claude au panier de fruit*, dimensions inconnues, anc. Collection Sauret, non localisé

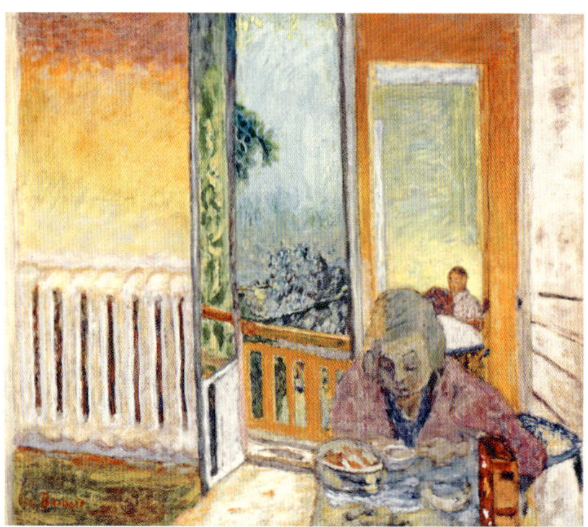

Ill. 2 Pierre Bonnard, *Le Petit-déjeuner au radiateur*, vers 1930, huile sur toile, 74 x 84 cm, collection particulière, États-Unis (D. 1455)

Cat. 24

La Salle à manger au Cannet, 1932

Huile sur toile
96 × 100,7 cm
Musée Bonnard, Le Cannet,
Dépôt du musée d'Orsay, 2011
D. 1503

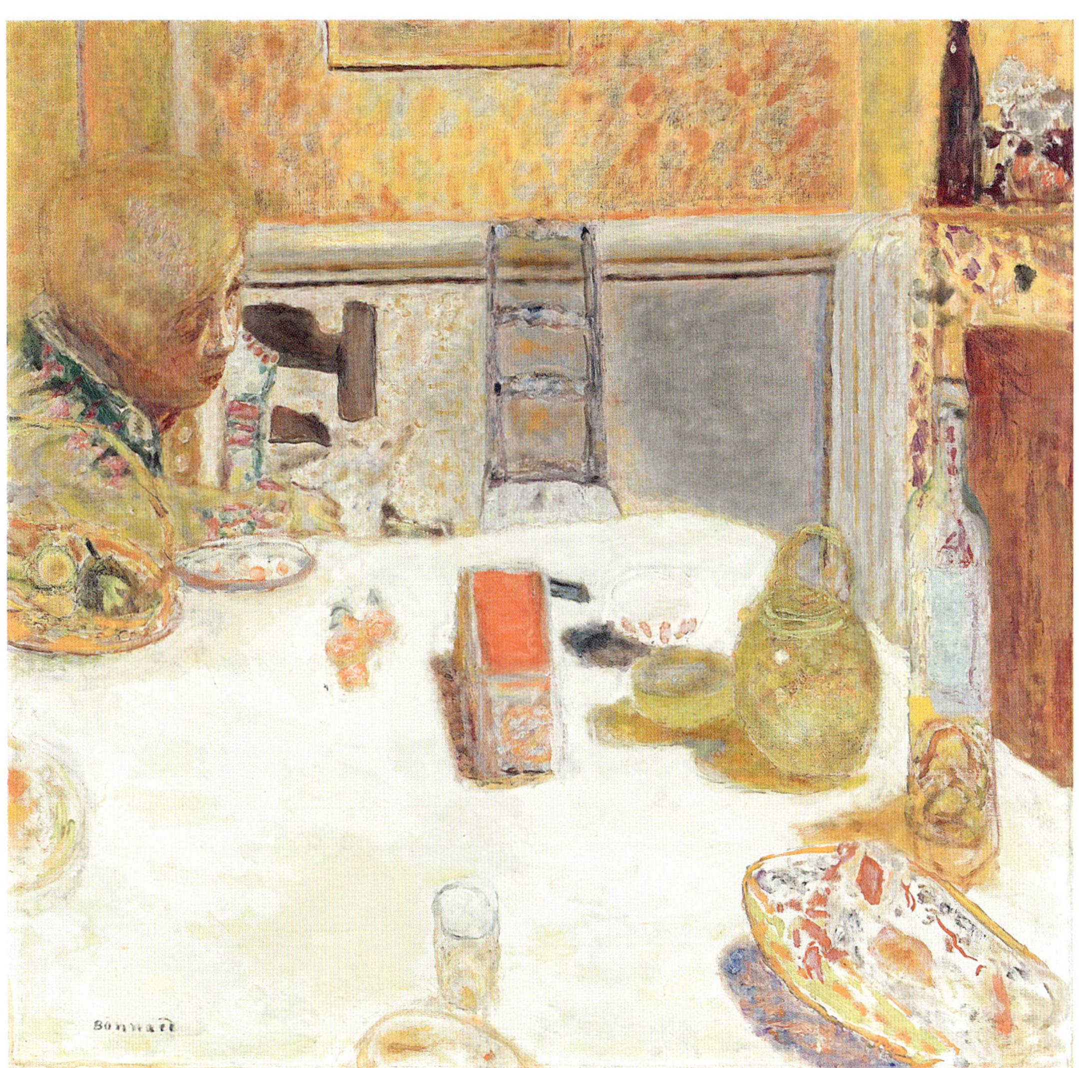

Cat. 25

La Tasse de thé au radiateur, 1932

Aquarelle, gouache et crayon sur papier marouflé sur toile
25 × 33 cm
Musée Bonnard, Le Cannet
Dépôt d'une collection privée
D. 2010.1.17

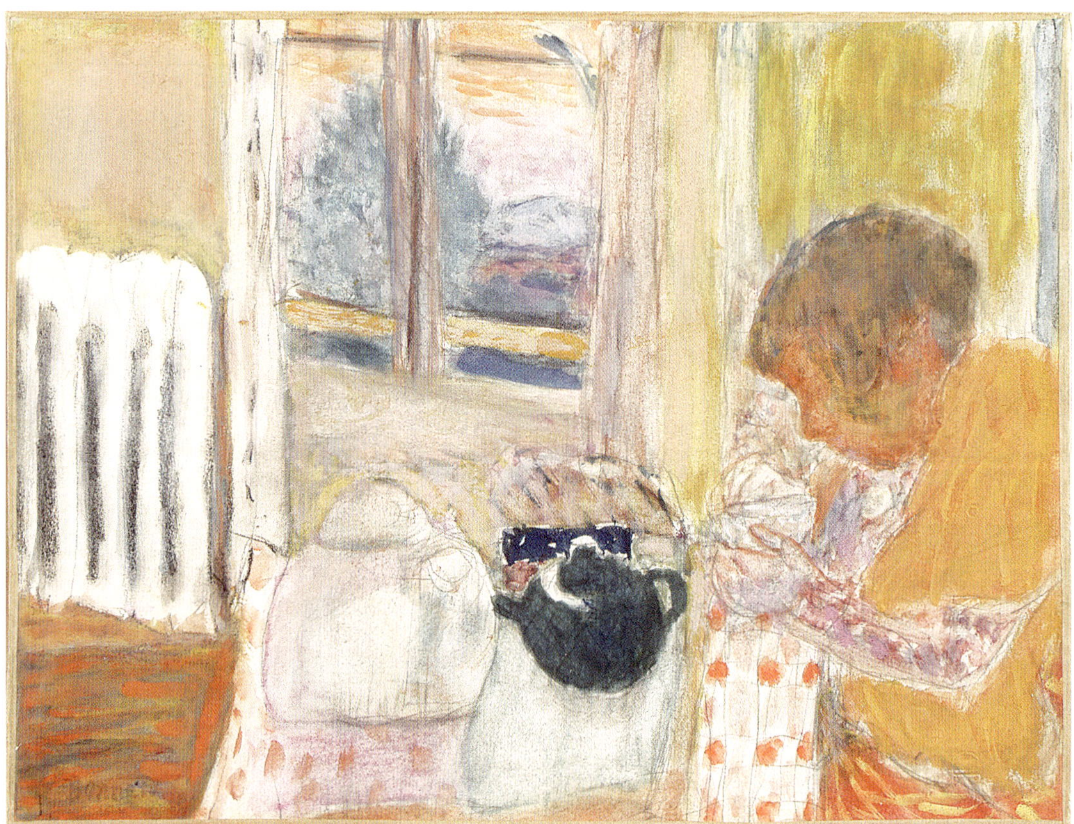

Cat. 26

Coin de salle à manger au Cannet, vers 1932

Huile sur toile
81 × 90 cm
Musée national d'Art moderne, Centre Pompidou, Paris,
Dépôt du musée d'Orsay
D. 1496

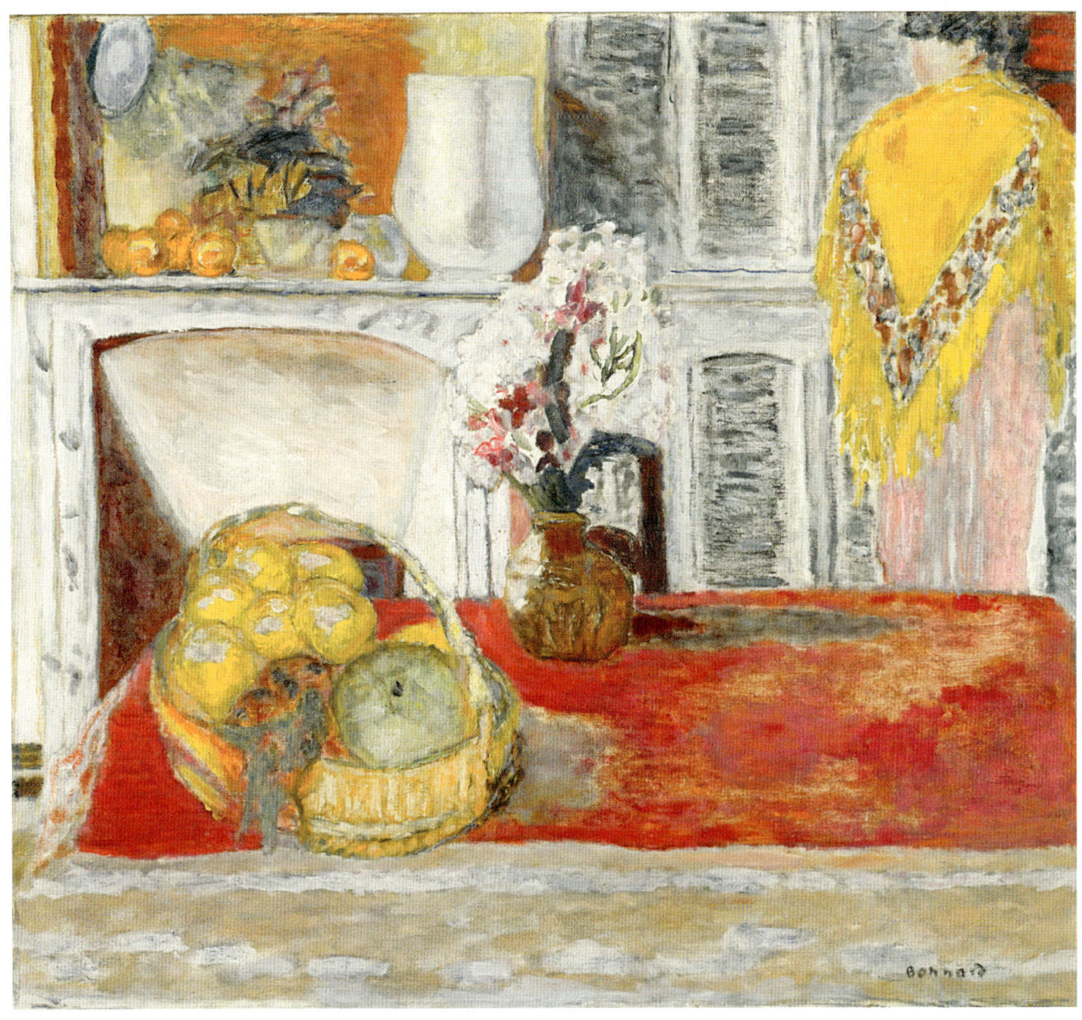

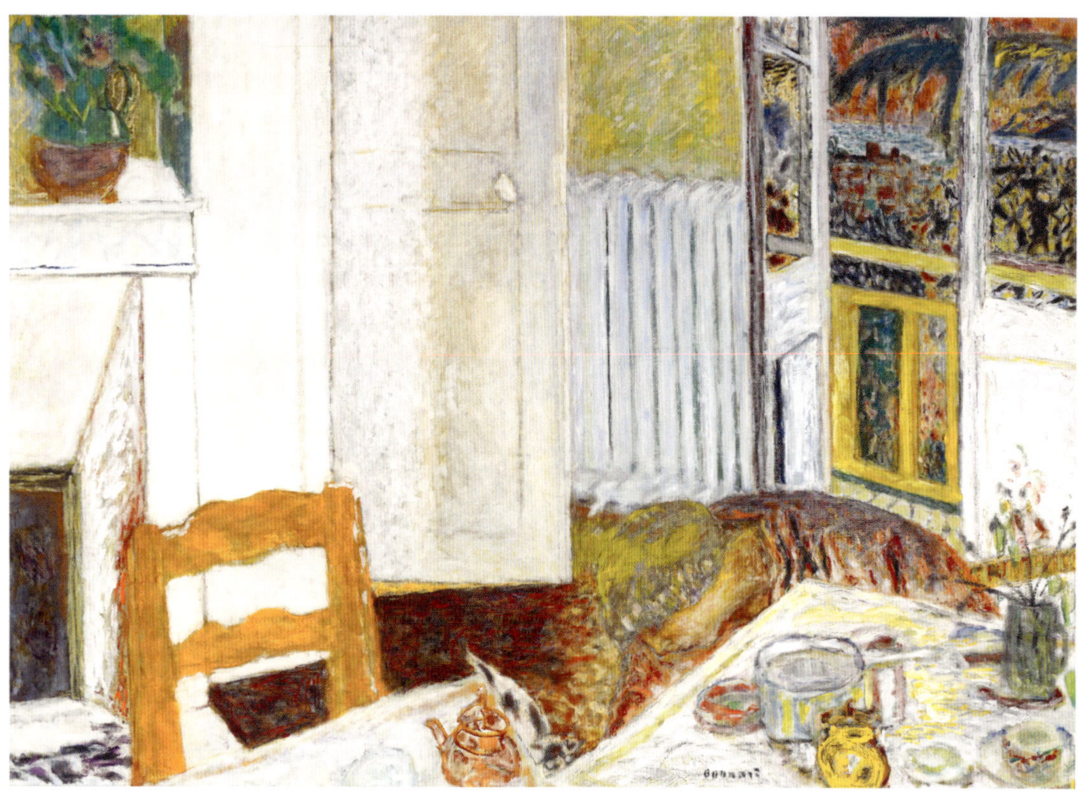

Ill. 3 Pierre Bonnard, *L'Intérieur blanc*, huile sur toile, 109 x 162 cm, musée de Grenoble (D. 1497)

premier coup d'œil. Si la communication s'établit entre eux, un autre protagoniste de la scène - hors-champ puisque un couvert est dressé à l'opposé - semble exclu de ce dialogue silencieux. S'agirait-il de Bonnard lui-même ? On sait que Bonnard vivait seul avec Marthe en proie à une misanthropie maladive, ne supportant presqu'exclusivement que la présence d'animaux et de son mari. On connaît, grâce à la reproduction dans un catalogue de 1965[4], un autre tableau très proche (ill. 1), dans lequel le peintre accentue ce sentiment d'isolement dans l'éparpillement des objets sur la table, à commencer par cette boîte rouge bien au centre dans notre tableau et qui se trouve reléguée presque en périphérie dans celui de l'ancienne collection d'André Sauret. Au chat, Bonnard a substitué son basset et inversé la disposition des figures et des objets. Un autre mystère aussi, le titre de ce tableau nomme l'un des neveux de Bonnard - Claude - comme étant cette figure que l'on assimile à Marthe, qui pourrait être effectivement celle d'un enfant. L'absence de confrontation directe avec cette œuvre de référence rend complexe une quelconque certitude sur le sujet[5].

Contrairement à certaines grandes salles à manger peintes à Arcachon ou à Vernon (D. 1473, 1524, 1525), la composition n'offre dans notre tableau aucune ouverture sur un jardin luxuriant ou sur une pièce attenante. L'espace totalement clos crée une sensation d'étouffement, renforcée par le traitement coloré et vibrant du mur sur lequel se fond presque la figure de Marthe. De nombreux éléments soulignent la sensation de solitude : la chaise vide au centre de la composition, l'assiette et le verre au premier plan, l'enfermement de la jeune femme. On perçoit dans l'ambiance confinée et silencieuse de ce tableau, le reflet de la propre existence du peintre. À partir des années trente, l'isolement de Bonnard s'accentue. Il vit de plus en plus en tête à tête exclusif avec Marthe dont il avoue la « sauvagerie complète[6]. » D'autres déclarations plus tardives résonnent d'un sens particulier

Cat. 27

Femme dans un intérieur, dit aussi *La Valise*, s.d.

Huile sur toile
61 × 28 cm
Musée Bonnard, Le Cannet,
Dépôt d'une collection privée
D. 2010.1.6

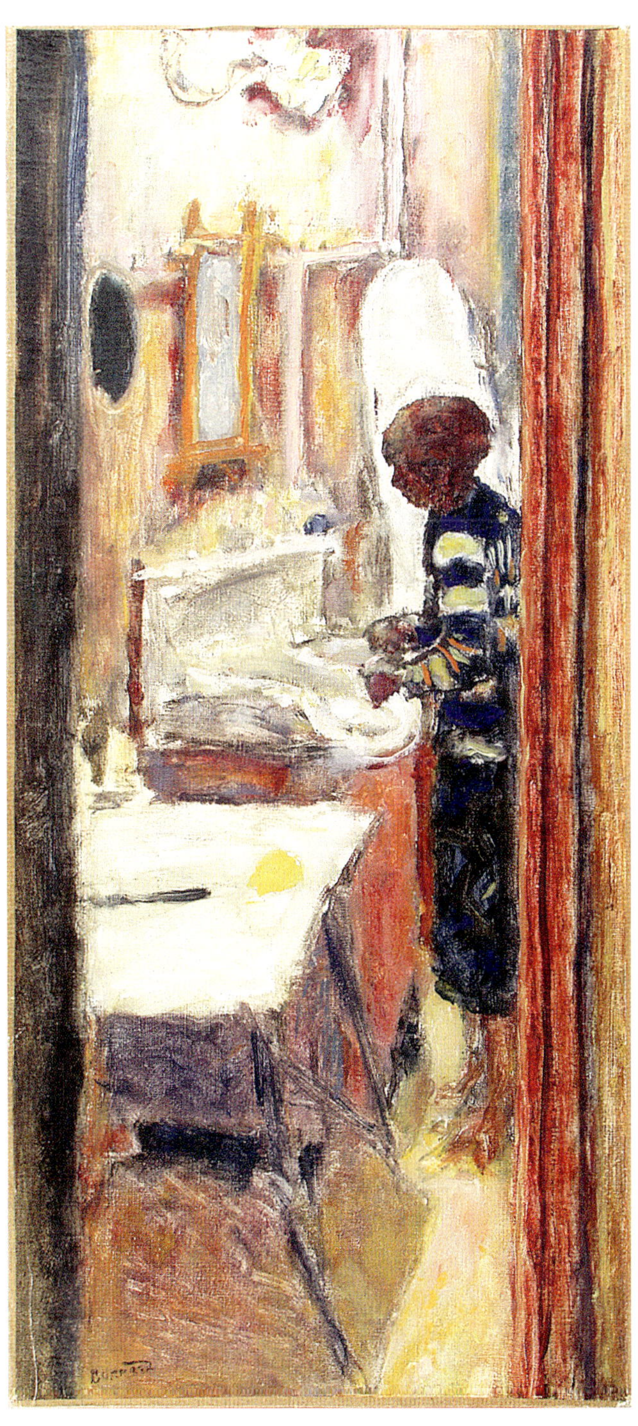

lorsqu'il écrit dans son agenda, « celui qui chante n'est pas toujours heureux[7] », comme pour signifier que le bonheur apparent de sa peinture est un leurre, ce tableau révélant un univers complexe et incertain.
La profusion de couleurs et l'immense tache blanche de la nappe nous font même oublier la présence du chat aux côtés de Marthe. Pourtant ce stratagème entre présence et absence, si souvent adopté par le peintre, dit combien les animaux, dans leur présence au monde, relient les hommes à l'ordre naturel qui est pour lui crucial.
Probablement de la même année, *Coin de salle à manger au Cannet* (cat. 26) est peint sur un registre différent, plus léger et moins oppressant, même si aucune fenêtre n'offre d'échappée visuelle. Pourtant la lumière envahit la pièce par la gauche mettant en valeur les objets sur la table et la cheminée, jusqu'à la figure de Marthe dont le visage est tourné dans sa direction. Bonnard se plaît à accentuer par le dessin chaque élément du tableau ; la nappe rouge focalise notre attention sur le panier de fruits posé au bord, prêt à basculer alors que ceux posés sur la cheminée réintroduisent une certaine réalité. Un réseau de verticales (cheminée, vase blanc, placard, figure) et d'horizontales (ligne du premier plan, table, cheminée, vitres du placard) donne à l'ensemble une certaine rigueur. Toutefois, en laissant le premier plan presque atone, Bonnard dynamise cette composition d'une grande fraîcheur, ponctuée par des zones de couleurs franches, telles que le châle jaune, la nappe rouge et le mur au-dessus de la cheminée.
En 1932, date à laquelle appartient également la très belle gouache *La Tasse de thé au radiateur* (cat. 25), les Bonnard passent près de sept mois au Cannet[8]. C'est durant ce séjour que le peintre commence une série d'intérieurs dans le petit salon du premier étage de la maison, domaine de Marthe, à proximité immédiate de sa chambre et de la salle de bains (ill. 2 et 3). De la porte fenêtre, on aperçoit la mer et les collines environnantes. La correspondance de Bonnard nous informe sur l'état de santé chaotique de sa femme qui est plus que jamais perceptible dans ses œuvres : « Je serai enchanté de vous revoir - écrit le peintre à Berthe Signac, qui fait le projet de venir au Cannet - malheureusement [...] cette pauvre Marthe est devenue complètement misanthrope. Elle ne veut plus voir personne pas même ses anciens amis et nous sommes condamnés à une solitude complète[9]. » Comme à son habitude, Bonnard concentre son attention sur plusieurs points forts du tableau : Marthe recroquevillée à sa table, le paysage extérieur, et surtout le radiateur dont les proportions démesurées - à l'instar de la bouilloire sur la table - lui confèrent une existence propre. La lumière irradie l'ensemble ; l'absence de perspective nous permet de voir la totalité des objets sur la table tout en introduisant une sensation d'espace par le contrepoint de la fenêtre.
Observateur attentif de l'atmosphère comme de la lumière, Bonnard saisit l'espace d'un instant Marthe dans l'encadrement d'une porte affairée à la préparation d'une valise (cat. 27). Ce n'est plus la lumière extérieure qui transfigure ici l'environnement, mais un simple éclairage électrique visible sur le haut du tableau. Le peintre accentue la tonalité des couleurs par un embrasement rougeoyant qui va des tonalités jaunes à violettes. Marthe vêtue d'un habituel pull bigarré est vue à contre-jour, le visage dans la pénombre alors que le blanc de la table réfléchit la lumière. Le cadrage resserré et la verticalité du support donnent à ce sujet anodin une tension palpable.

[1] Voir l'article de Sylvie Patry paru dans *La Revue des musées de France - Revue du Louvre*, numéro spécial Acquisitions des musées 2008-2009, n° 2, avril 2010, p. 46.
[2] François-Joachim Beer, *Pierre Bonnard*, éd. Françaises d'art, Marseille 1947, ill. 108, p. 128 ; peu avant, Francis Jourdain le reproduit également dans *Bonnard ou les vertus de la liberté*, Skira, Genève, 1946.
[3] Christian Zervos, « Pierre Bonnard est-il un grand peintre ? », *Les Cahiers d'art*, Paris, 1947, p. 5.
[4] Cat. exp. *Douze jeunes peintres autour de Bonnard*, préface de Pierre Cabanne, Palais de la Méditerranée, Nice, 5 février-14 mars 1965, n.p. Cette œuvre qui n'est pas au catalogue raisonné est aujourd'hui dans une collection inconnue.
[5] Ce n'est d'ailleurs pas la première fois dans l'œuvre de Bonnard, que Marthe soit prise pour une enfant ou vice versa ou encore qu'un autre modèle féminin - Renée ou Lucienne par exemple - lui soit associée. Le peintre joue probablement consciemment ou non avec les apparences.
[6] Lettre à George Besson, sans date, [fin 1930-début 1931], Bibliothèque municipale de Besançon, fonds Besson, Ms Z. 639.577 ; repr. in cat. exp. *Bonnard entre amis*, sous la direction de Véronique Serrano, musée Bonnard, Le Cannet, été 2012, p. 158.
[7] Agenda, 17 janvier 1944.
[8] Le couple avait déjà passé une longue période au Cannet en 1930, de janvier au 10 avril.
[9] Lettre de Pierre Bonnard à Berthe Signac, 3 février 1932, Archives Signac, cité in cat. *Bonnard en Normandie*, éd. Hazan, Paris, 2011, p. 142.

Cat. 28-29
VARIATIONS

Au Grand-Lemps de son enfance ou dans les différentes résidences qu'il occupa au cours de sa vie, sur la côte Atlantique, en Normandie ou dans le Midi, Bonnard est touché par ce qui l'entoure : « J'ai trouvé beaucoup de ressources dans la nature » a souvent déclaré le peintre, fidèle à cette idée de communion avec son environnement, mesurant chaque effet de la lumière sur les couleurs ou les choses. Le nomadisme du peintre et de ses œuvres, toutes transportables, quelles que soient leurs dimensions[1], favorise la transposition récurrente de la lumière d'un lieu à celle d'un autre, de celle de la Normandie à celle du Midi. Il n'est pas rare de penser à un paysage méditerranéen devant un autre peint de toute évidence à Vernon, dans cette « Arcadie normande » où la Seine a parfois des accents de Méditerranée (ill. 1). Au fil des années et des rencontres, sa palette s'enrichit ainsi de ces territoires aux lumières différentes qui ont attiré tant de peintres.
Après avoir répondu à l'invitation de ses amis Hahnloser d'exposer à Winterthur[2] et un séjour dans sa famille dans le Dauphiné, Bonnard passe plusieurs mois, de janvier à avril 1917, à Cannes avec Marthe ; il travaille à un motif de baigneuses pour ses amis suisses[3] et profite de ce séjour méditerranéen pour rendre visite à Signac installé à Antibes avec sa nouvelle compagne, le peintre Jeanne Selmersheim-Desgranges. Les deux peintres partagent le même intérêt pour l'œuvre de Claude Monet qu'ils voient l'un et l'autre lors de leurs séjours à Vernonnet[4]. Bonnard assiste émerveillé dans l'atelier du vieil impressionniste à Giverny à la naissance de la « grande décoration » des *Nymphéas* (1914-1926) et à la révolution picturale qu'elle constitue déjà.

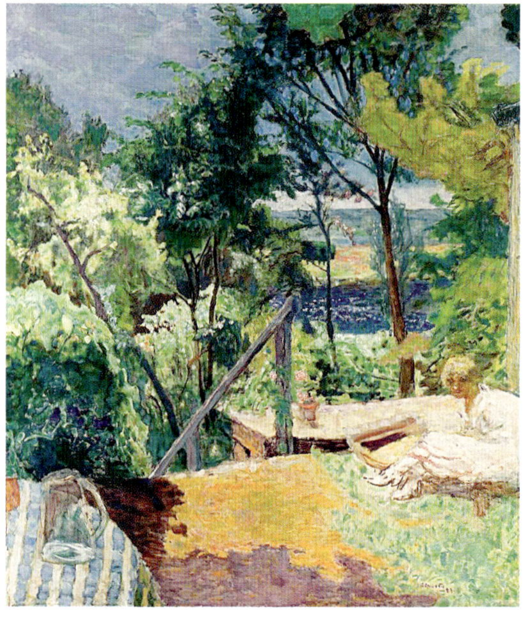

Ill. 1 Pierre Bonnard, *Terrasse à Vernon*, 1923, huile sur toile, 120 x 105 cm, collection particulière (D. 1185)

Quand il habitera le Sud, il profitera de la même manière des dernières années de Renoir.
Baigné ainsi par cet héritage, Bonnard, après avoir traversé une crise picturale entre 1913 et 1916, s'attache à accorder au dessin comme à la couleur un même degré d'importance. Ses compositions sont toujours précédées par des études au crayon, et même s'il revendique ne pas vouloir être dominé par le motif, déclarant qu'il y a effectivement « la soumission devant la nature » il y oppose *de facto* une soumission supérieure pour lui, celle « devant le tableau[5]. » Bonnard ne cesse de transposer sa vision : « le modèle qu'on a sous les yeux, le modèle qu'on a dans la tête. »

Cat. 28

Le Linge, dans le parc du Grand-Lemps, vers 1917

Huile sur carton contrecollé sur toile
50 × 60 cm
Collection particulière
D. 2115

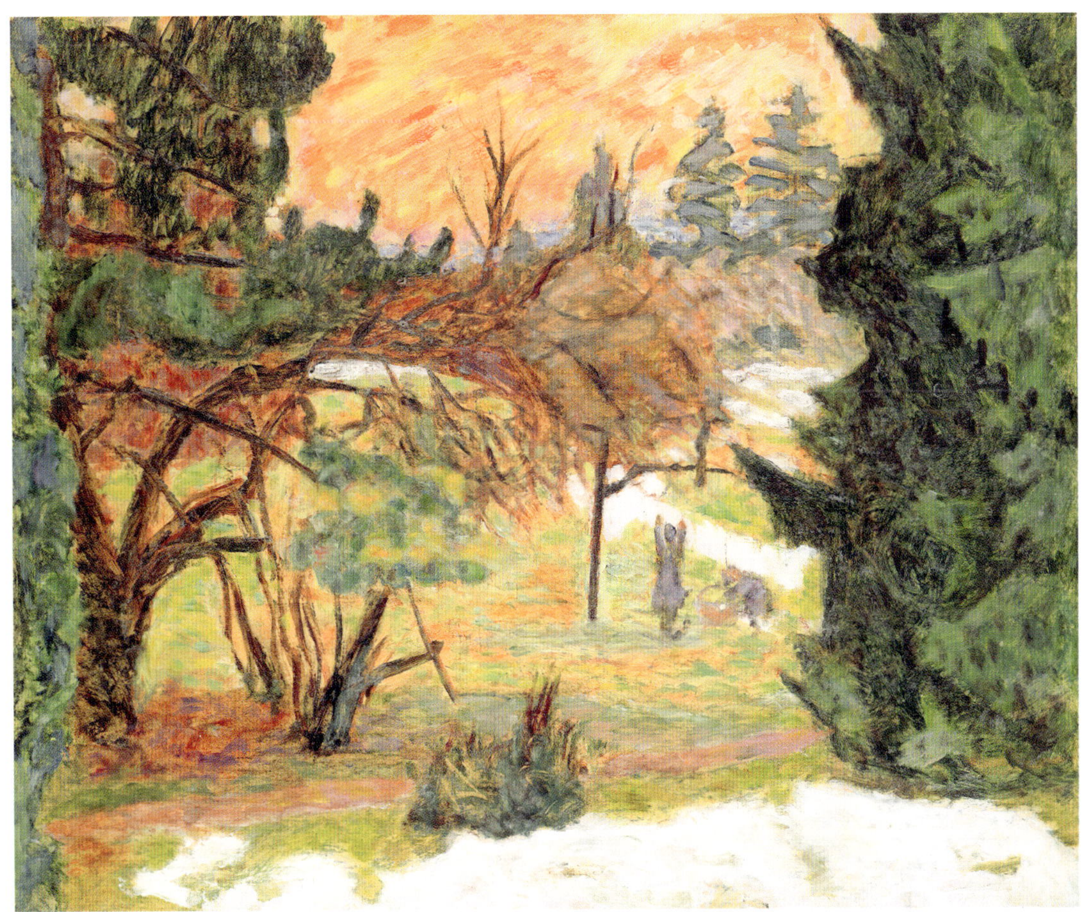

Le peintre, dans ce paysage du *Grand-Lemps* (cat. 28), où il retournera moins après la mort de sa mère en 1919, a choisi d'exacerber par la couleur les différents accents du paysage au couchant : ciel cramoisi, verts et rouges profonds sur lesquels se détachent le blanc du linge que l'on étend et celui du premier plan. « Voisinage du blanc rendant lumineuses des taches très colorées » écrit-il dix ans plus tard[6] accaparé plus que jamais par la problématique de la couleur et de ses lois. Le peintre encadre ce paysage aux riches variations colorées par deux grands arbres périphériques, de manière à concentrer notre attention sur cette nature puissante et excessive qu'il connaît depuis l'enfance.

À Vernon, où il est installé dans une maison aux allures de roulotte, entre ses visites à Monet ou celles de ses amis, Bonnard aime profiter de la petite embarcation qu'il a pour aller au fil de l'eau découvrir les paysages alentours ou se nourrir de son « jardin sauvage » qu'il entretient lui-même sans tenter de le domestiquer. « Cette nature m'enchante » écrit-il à Hédy Hahnloser en 1922[7]. Son émerveillement se voit. Il réalise là un grand nombre de paysages aux tonalités crues et humides de la Normandie, des verts et des bleus intenses, privilégiant une ligne d'horizon assez haute (cat. 29). Sa touche épaisse par endroits fait scintiller la couleur. La Seine qui court en contrebas de son jardin a des tonalités de Méditerranée, des violets voisinent avec les bleus improbables du fleuve. Bonnard rêve en toute quiétude[8].

[1] Bonnard a pris l'habitude très tôt de ne peindre que sur des toiles sans châssis et donc facilement transportables. Ce procédé lui donne entre autres une grande liberté quant aux formats, décidés au dernier moment. Voir les propos de Pierre Courthion rapportés par Antoine Terrasse, in *Bonnard*, Skira, Genève, 1964, p. 75-76.

[2] Bonnard présente 15 tableaux à la première exposition consacrée à l'art français du 29 octobre au 16 novembre 1916 dans le nouveau musée de Winterthur. Maillol, Roussel, Vallotton et Vollard font aussi partie du voyage.

[3] Finalement, suite à une erreur de dimensions, le tableau qu'il réalise est beaucoup trop grand. Il s'agit de *L'Été*, aujourd'hui à la Fondation Maeght à Saint-Paul de Vence.

[4] De son côté, Berthe Signac (sa première femme) loue depuis 1912 une petite maison près des Bonnard à Vernonnet où Signac vient parfois la retrouver. Lire « Paul Signac et Pierre Bonnard. L'Amitié sous le signe de la couleur », cat. exp. *Bonnard et Le Cannet dans la lumière de la Méditerranée*, sous la direction de Véronique Serrano, musée Bonnard, Le Cannet, co-éd. Hazan, Paris, 2011, p. 27. Bonnard achète de son côté en 1912, la maison qu'il loue depuis 1910 à quelques encablures de Giverny.

[5] « On parle toujours de la soumission devant la nature. Il y a aussi la soumission devant le tableau. », Pierre Bonnard, Agenda, 8 février 1939, Bibliothèque nationale de France.

[6] Agenda, 16 avril 1927.

[7] Cat. exp. *Bonnard en Normandie*, sous la direction de Marina Ferretti-Bocquillon, musée des Impressionnismes, Giverny, Hazan, Paris, 2011, p. 140.

[8] « J'ai tous mes sujets sous la main. Je vais les voir, je prends des notes ; et puis je rentre chez moi. Et puis avant de peindre, je réfléchis, je rêve » a déclaré Bonnard en 1942.

Cat. 29

La Seine à Vernon, vers 1918-1919

Huile sur toile
47 × 38,5 cm
Collection particulière, courtesy Galerie Bernheim-Jeune, Paris
D. 940

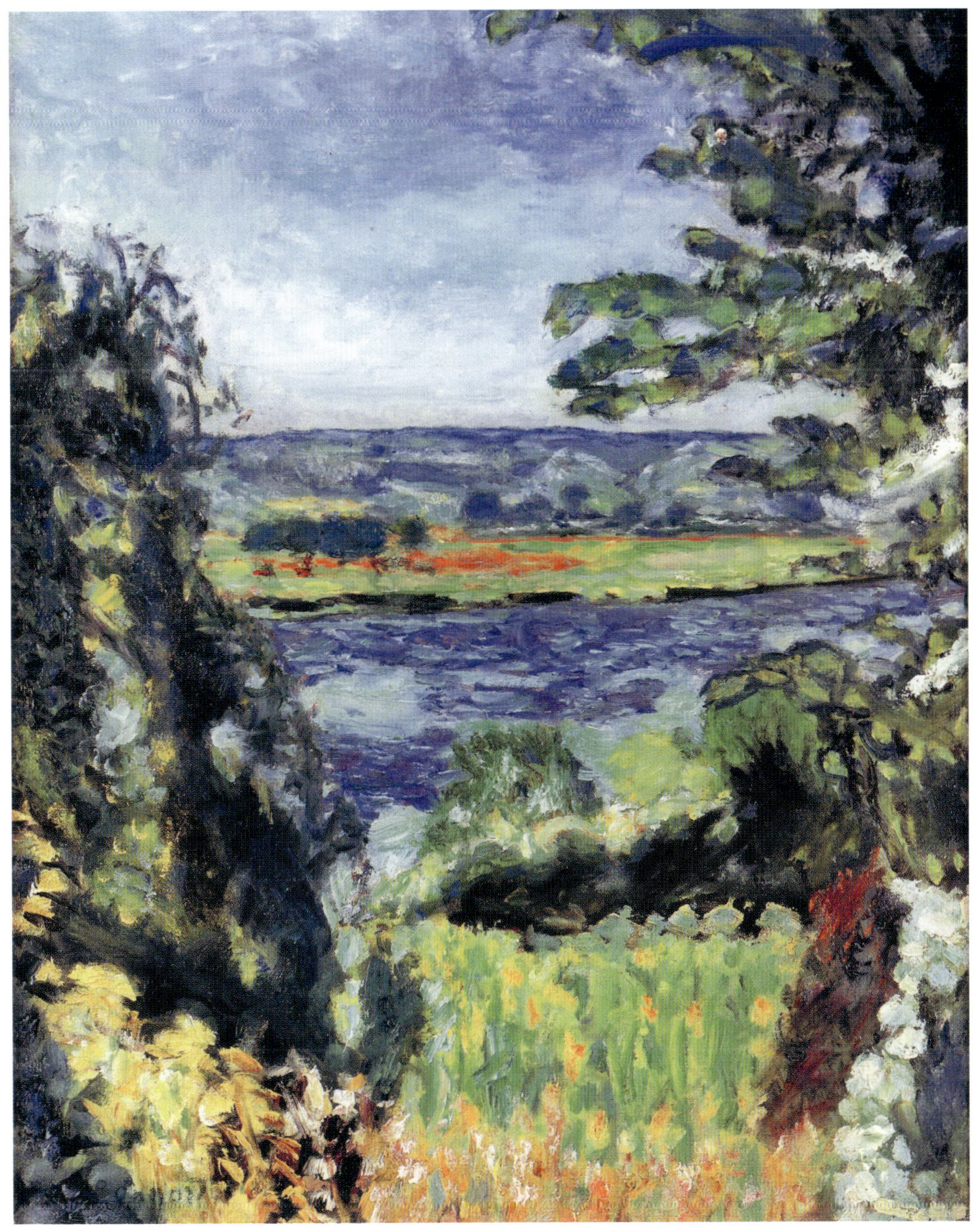

Cat. 30-36
IMPRESSIONS MÉDITERRANÉENNES

Le rapport de Bonnard au paysage et par extension à la nature est prégnant, au point qu'il deviendra sa marque ; sa conception presque tactile de la matière, de l'espace couleur conduit sa peinture dans une voie unique de transfiguration du réel qui ne cessera de s'affirmer pour prendre une ampleur sans précédent dans les paysages du Cannet qui sont le continuum et l'aboutissement logique de sa quête d'harmonie.

« L'art ne pourra jamais se passer de la nature[1]. » Cette déclaration, bien que tardive, résume à elle seule combien, pour le peintre, la nature est devenue, au fil du temps, un ancrage. Elle constitue un amer dans sa conquête d'un art libre et indépendant où le paysage occupera toujours une place essentielle. La nature est devenue agissante sur lui et en lui ; aussi, ce n'est sans doute pas seulement le caractère difficile de sa femme Marthe qui l'éloigne de Paris mais, bien plus, un besoin régulier de communion avec la nature qui l'incite à se déplacer pour explorer son jardin sauvage et cette nature primitive et universelle qu'il recherche.

Bonnard découvre Le Cannet sur les hauteurs de Cannes vers l'âge de 55 ans ; il est alors un artiste accompli, à la notoriété établie mais sans cesse en mouvement. Ce nouvel environnement fait de solitude, de rencontres avec la nature, sa lumière et ses couleurs, participe à la naissance d'un *nouveau* Bonnard. Plus jamais il ne s'éloignera de ce dialogue en profondeur, faisant éclore par les frémissements de la couleur « un monde charnel, sensible à la matière, à l'épiderme des choses » tel que l'écrit Jean Bazaine[2] qui l'admire. Bonnard atteint l'*en soi* des choses qui donne à son œuvre une portée humaine et universelle.

Le peintre choisit avec soin ses lieux de vie comme ses villégiatures temporaires. Il loue des maisons à la campagne et finit par acheter, en 1912, *Ma Roulotte*, à quelques encablures de Monet. Après avoir découvert Le Midi au tout début du XXe siècle à Saint-Tropez (cat. 30), il acquiert sur les hauteurs du Cannet en 1926 une autre maison au charme intact, *Le Bosquet*, qui le rapproche cette fois de Renoir installé à Cagnes, où triomphent les pouvoirs de la couleur.

Monet et Renoir sont les pôles de sa réflexion. Bonnard admire sincèrement les deux grands maîtres impressionnistes, cependant, sa vision demeure foncièrement différente de la leur, tel qu'il s'en explique à une journaliste en 1937 : « nous cherchâmes à dépasser ceux-ci [les impressionnistes] dans leurs impressions naturalistes de la couleur. L'art n'est pourtant pas la nature. Nous fûmes plus sévères pour la composition. La couleur était un moyen d'expression duquel nous devions tirer davantage[3]. »

Si l'absorption et l'imprégnation du motif restent primordiaux, le long travail en atelier est privilégié de manière à établir une distance entre le vu et le ressenti. En effet, à la différence des impressionnistes, la présence du motif le gêne pour peindre. En 1943, il le confesse à Angèle Lamotte : « Je le quitte, je vais contrôler, je reviens, je retourne quelques temps après. Je ne me laisse pas absorber par l'objet lui-même. Je peins seul dans mon atelier. Je fais tout dans mon atelier. En somme, il se produit un conflit entre l'idée initiale, qui est la bonne, celle du peintre, et le monde variable et varié de l'objet, du motif qui a causé la première inspiration[4]. » Il s'agit donc à la fois de ne pas perdre, pour ainsi dire, cette

Cat. 30

Paysage de Saint-Tropez, 1912

Huile sur toile
26,7 × 39 cm
Musée Bonnard, Le Cannet
Inv. 2009.0.30
D. 737

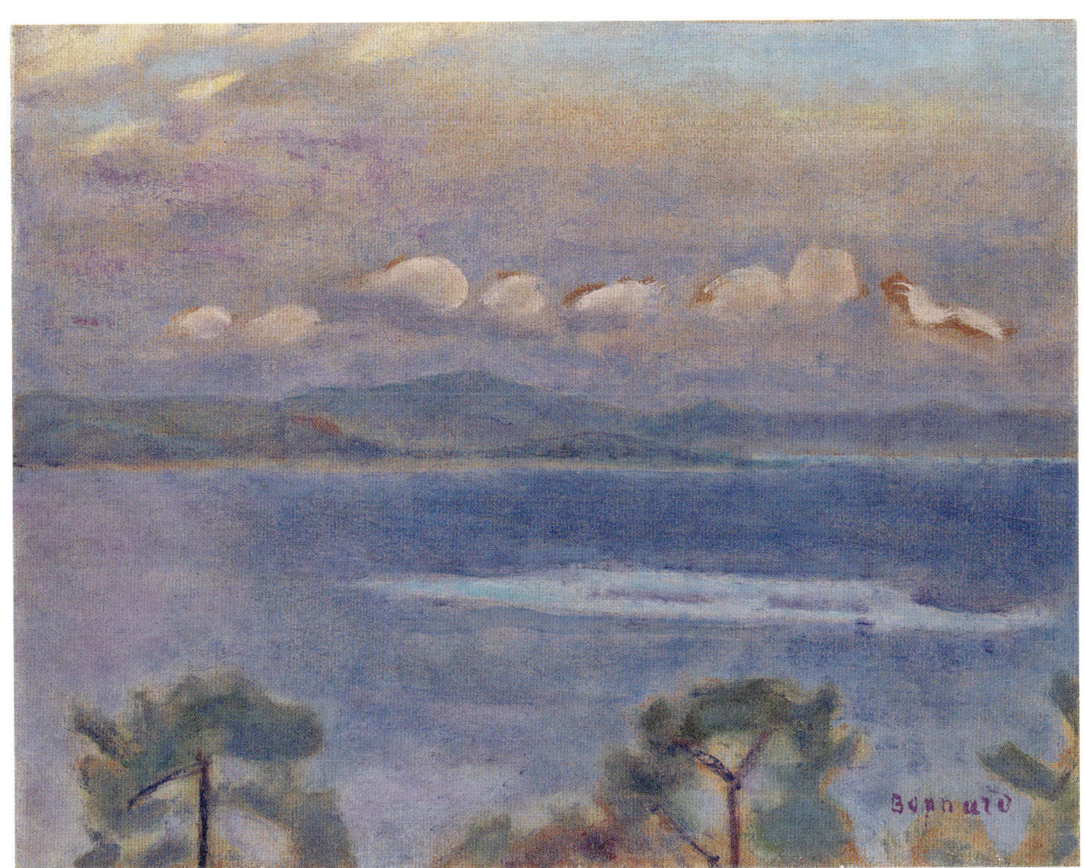

Cat. 31

Paysage du Midi par temps de mistral ou *La Tranchée au Cannet*, 1922

Huile sur toile
49 × 62 cm
Musée Bonnard, Le Cannet
Acquis avec l'aide du Fram et de l'État, 2013
Inv. 2013.2.1
D. 1116

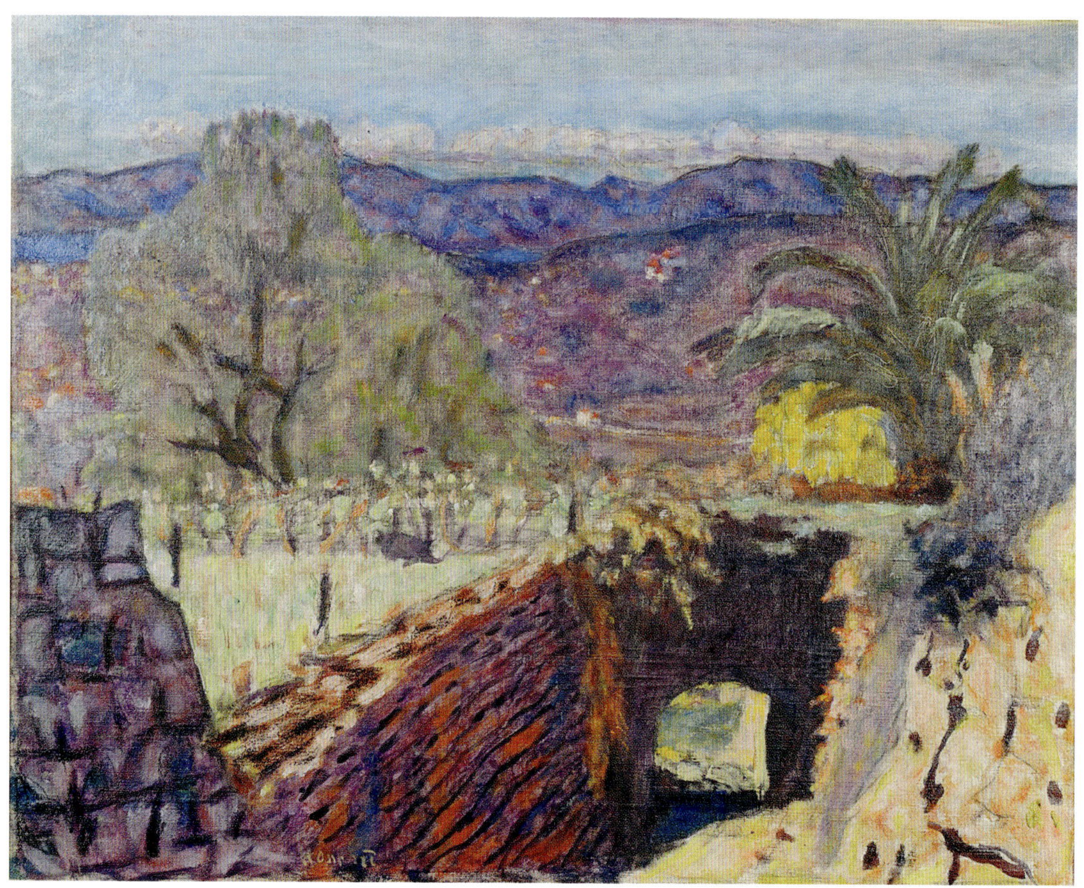

Cat. 32

Paysage, soleil couchant [Le Cannet], vers 1923

Huile sur toile
59 × 72 cm
Musée Bonnard, Le Cannet
Dépôt au musée d'Orsay, 2011 - don à l'État de la Fondation Meyer pour le musée Bonnard
Inv. 2011.1.1
D. 1177

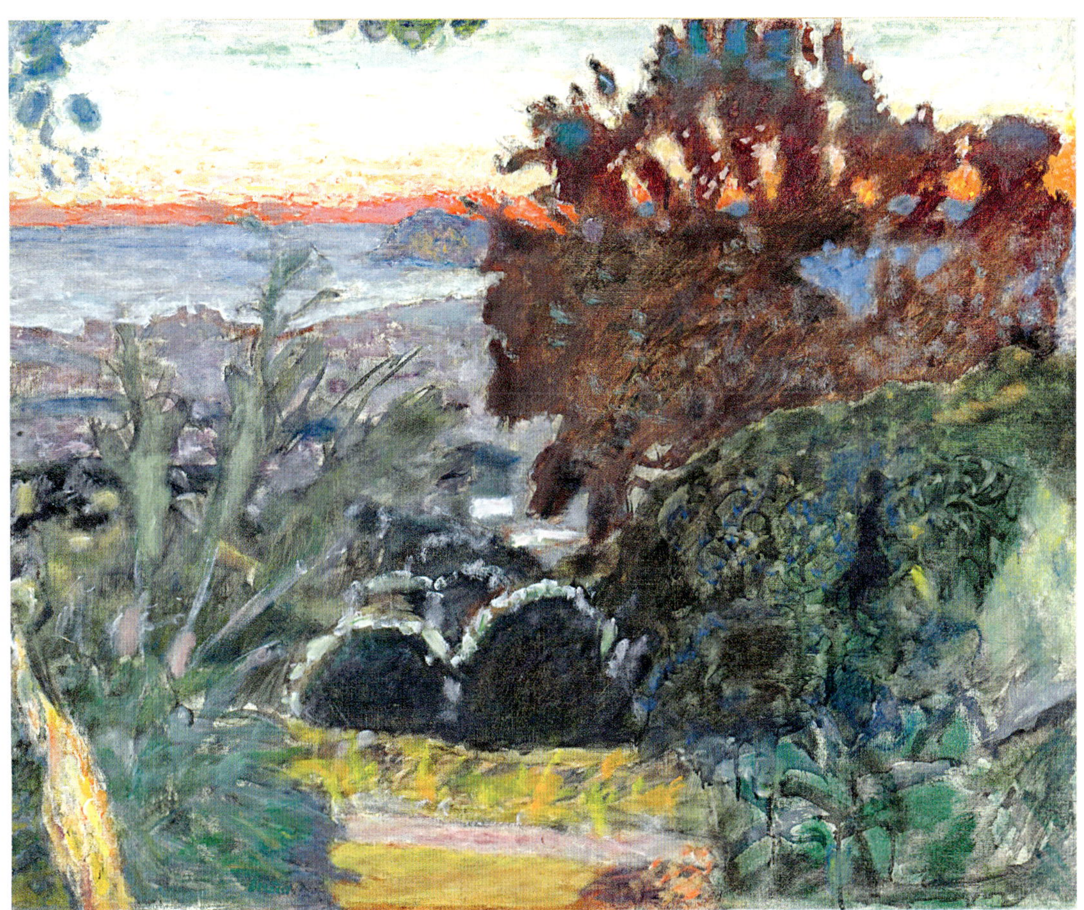

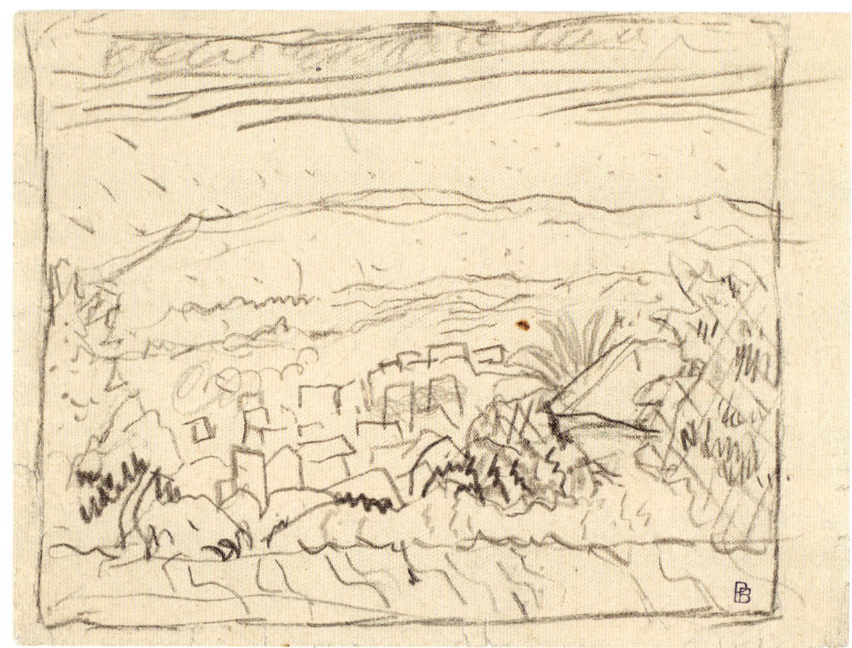

Ill. 1 Pierre Bonnard, *Paysage du Cannet*, 1935, crayon sur papier, 11 x 15 cm, musée Bonnard, Le Cannet, inv. 2009.0.14

« vision première » et ne pas se laisser enfermer par le motif. En cela sa pratique du dessin est essentielle et constitue la part la plus spontanée de son travail. (ill. 1) « Il s'agit de se souvenir de ce qui vous a saisi, et de le noter le plus vite possible ... » déclare-t-il encore[5]. La peinture de Bonnard ne peut se concevoir sans cette première approche sensible retravaillée dans l'atelier, pour donner le tableau. Ses dessins ont une écriture qui diffère en fonction du sujet et de l'émotion qui préside à toutes ses créations ; tantôt le geste est léger, tantôt appuyé : des hachures, virgules, lignes, griffonnages, points, emplissent l'espace de la feuille : « lignes calmes, lignes véhémentes, lignes pures, lignes accidentées, mouvementées, tremblées » souligne le peintre dans un carnet[6] (ill. 2 et 3) Bonnard a beaucoup dessiné tout au long de sa vie. La gouache *La Maison dans les collines* (cat. 35) est une alternative entre travail de la couleur et du dessin. Les grandes lignes de la composition sont d'abord réalisées au crayon, la couleur venant ensuite les renforcer et créer l'harmonie générale. La vibration de la lumière portée par les verts et le rouge de la petite maison confère à cette œuvre une grande maîtrise chromatique. Au Cannet, Bonnard faisait quotidiennement une promenade à pied dans les environs du *Bosquet* qui était alors au milieu de collines préservées. Ce motif de la petite maison au bord d'un chemin est souvent repris par Bonnard dans ses peintures (D. 1668, 1669) mêlant un bonheur coloré à une mélancolie sous-jacente.

Ses œuvres réalisées au Cannet traduisent une expression picturale de plus en plus détachée de la réalité, de plus en plus livrée aux infinies combinaisons de la couleur et de la lumière. Le violet et ses dérivés y ont une place de choix (cat. 31, 32, 33).

Paysage du Midi par temps de mistral (cat. 31) a été probablement réalisé lors du premier séjour de Bonnard au Cannet en 1922. Acheté dès novembre 1922 par Bernheim-Jeune, son marchand depuis 1906, ce tableau est toujours resté dans la même famille jusqu'à la préemption du musée Bonnard en vente publique en 2014. Dans ce paysage aux forts contrastes colorés et aux plans nettement marqués, la nature devient chez Bonnard d'un lyrisme presque radieux ; le peintre appréciait tout particulièrement la nature luxuriante et sauvage, le moins possible façonnée par la main de l'homme. Émerveillé par le site, il écrit : « j'ai tous mes sujets sous la main. Je vais les voir. Je prends des notes. Et puis je rentre chez moi. Et puis avant de peindre, je réfléchis, je rêve[7]. » Presque de la

Cat. 33

La Route rose, 1934

Huile sur toile
59 × 61 cm
Musée de Saint-Tropez, L'Annonciade
Dépôt du musée national d'Art moderne, legs de G. Grammont, 1959
D. 1518

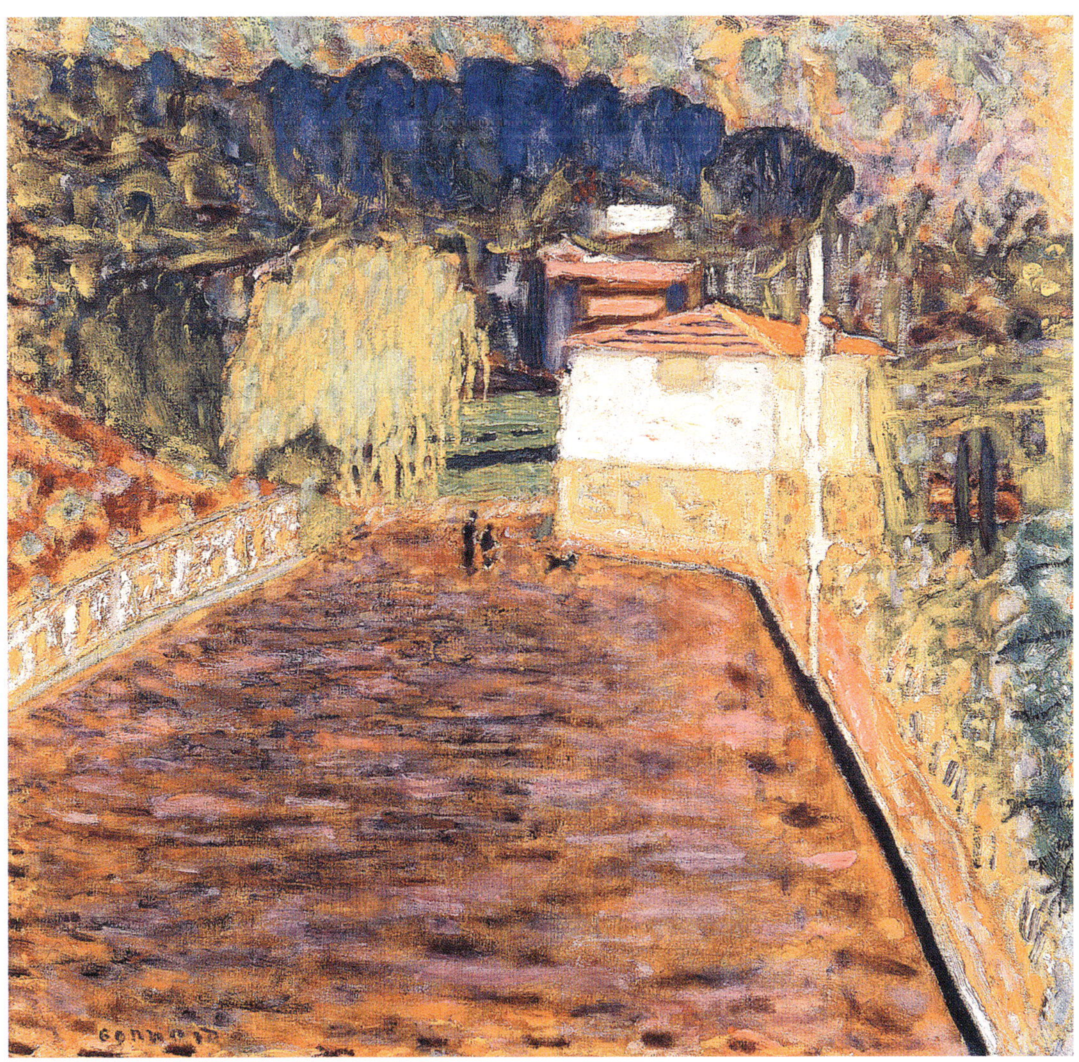

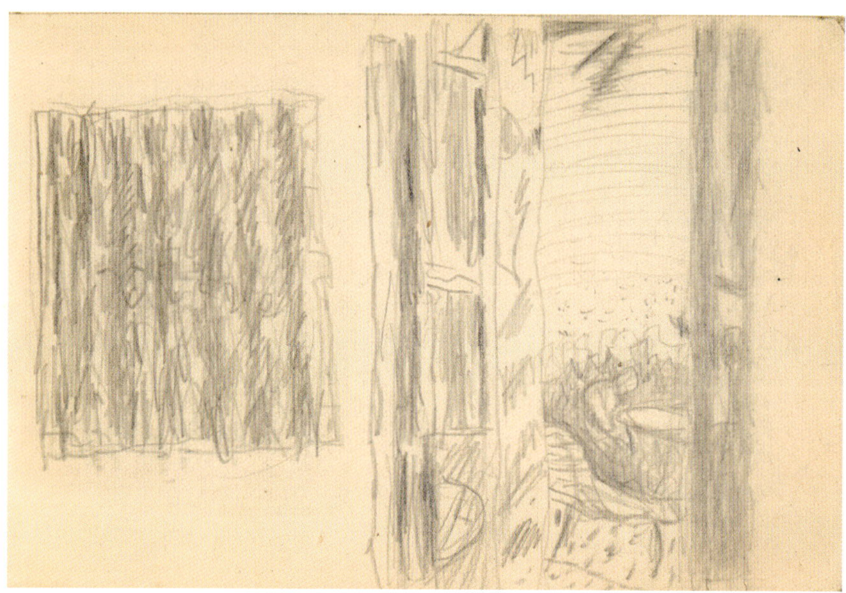

Ill. 2-3 Pages du *Carnet Verve*, 1943-1945, crayon gras sur papier, 13,5 x 9 cm, musée Bonnard, Le Cannet, acquis avec l'aide du Fram, 2016, inv. 2016.2.9

même année, *Paysage, soleil couchant*, (cat. 32)[8] est un superbe exemple dans lequel Bonnard fait vibrer l'intensité de la lumière du soleil déclinant, laissant dans un puissant contre-jour un ensemble d'arbres traités dans des tonalités sombres alors que certaines zones de la composition sont largement éclairées.

Bonnard, écrit Antoine Terrasse, « envisage désormais la nature comme un être en-soi, entretenant avec elle un échange qui lui est nécessaire. Monde vivant, habité, dont il ne sépare jamais la présence de l'homme[9]. » Pour autant, cette présence n'est pas toujours dominante, réduite souvent à des silhouettes ou des figures spectrales - mystérieuses - qui se fondent dans la richesse colorée. Le jeu entre présence et absence crée l'univers si particulier de ses tableaux. Dans *La Route rose* (cat. 33), la présence de l'homme si infime soit-elle, est au centre du point de fuite vers lequel le peintre nous entraîne, seul comptant le rendu de la lumière sur la couleur. Ce tableau aux riches et puissantes variations colorées constitue un jalon important dans le processus de simplification formel que l'artiste met en place pour aboutir au merveilleux *Baigneurs à la fin du jour* (cat. 40, p. 109).

«La peinture
de Bonnard,
c'est un goûter.
Mais un vrai :
Bonnard fond
sur la langue.»

Stanislas Fumet, 1944

«La peinture
de Bonnard,
c'est un goûter.
Mais un vrai :
Bonnard fond
sur la langue.»

Stanislas Fumet, 1944

Cat. 34

Paysage du Midi, vers 1942

Huile sur toile
46,7 × 34,4 cm
Musée Bonnard, Le Cannet
Inv. 2009.0.26
D. 1616

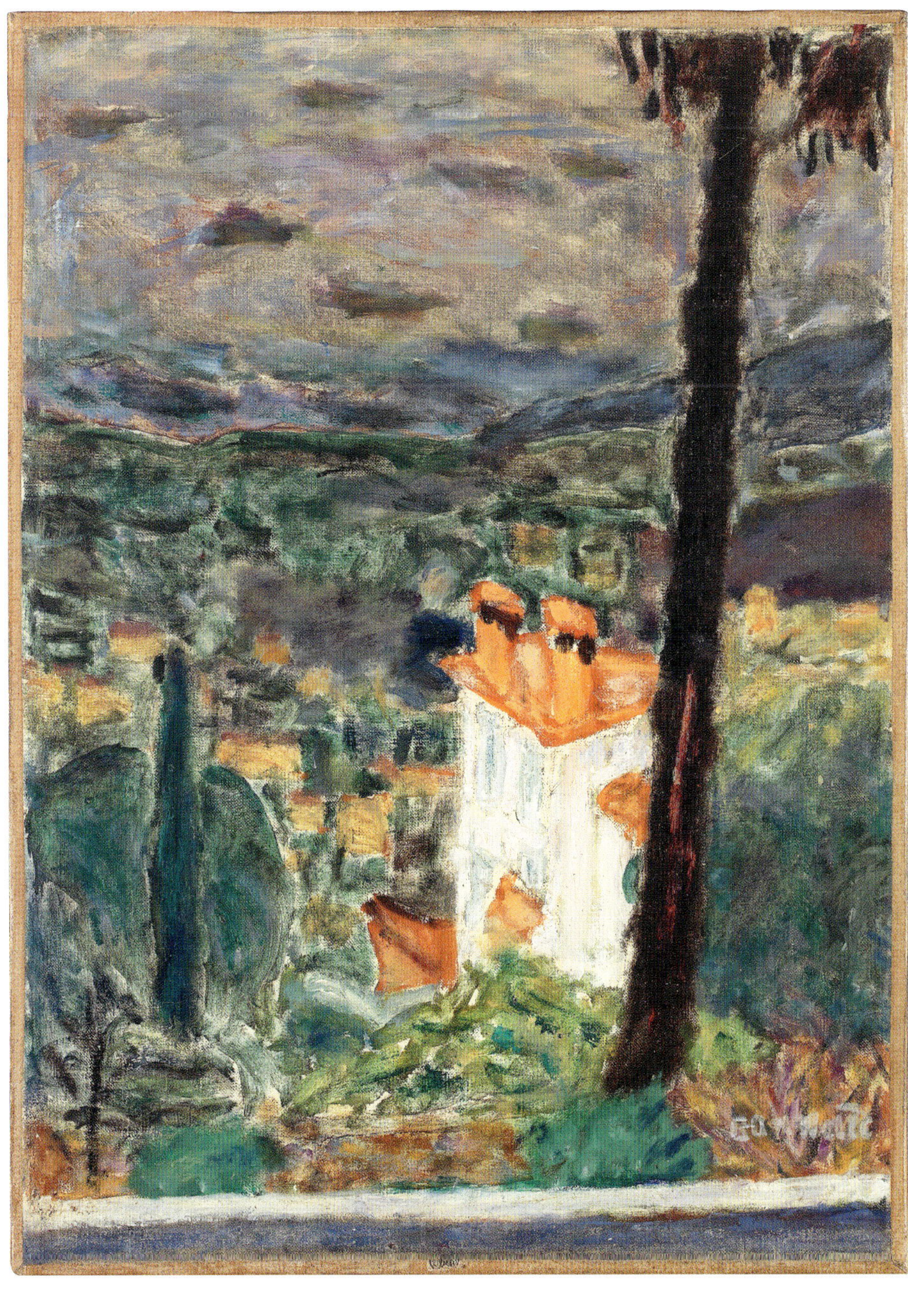

L'humble maison du *Bosquet* et le jardin magnifique dont elle est ceinte, comme ses environs, Bonnard les a révélés au monde entier par ses tableaux ; ils lui ont inspiré des œuvres qui traduisent une expression picturale de plus en plus détachée de la réalité, livrée aux infinies combinaisons de la couleur et de la lumière. Aucun visiteur n'a pu revenir indemne d'un pèlerinage au Cannet. Dès 1945, Pierre Courthion écrit : « La peinture de Bonnard est avant tout matière de suggestion. [...] je vais au jardin. Je me sens étrangement réceptif. L'air bourdonne autour de moi. J'ai la sensation confuse que, dans l'espace, quelque chose me salue et me nomme. [...] si je suis peintre, [...] je délivrerai tout ce qui en moi attendait de s'unir à cet instant sacré. Ces pouvoirs magiques, Bonnard me semble le seul peintre d'aujourd'hui qui les ait retrouvés d'instinct. [...] Il se trouve dans une identification émerveillée avec l'univers dont il réconcilie en lui les parties[10]. » L'univers de la maison, aujourd'hui encore préservé, se prête au recueillement. On y ressent la paix que Bonnard a su y trouver, le sens qu'il a mis dans sa peinture et la force du rêve qui l'a habité, à commencer par la lumière.

[1] Propos de Pierre Bonnard, cité par Anatole Jakovsky, *Arts de France*, n° 11-12, 1947.
[2] Jean Bazaine, « Bonnard et la réalité », *Formes et couleurs*, numéro spécial Bonnard, n° 2, 1944, p. 39.
[3] Ingrid Rydbeck, *Chez Bonnard à Deauville*, L'Échoppe, Paris, 1992, n.p. (paru dans la revue *Konstrevy*, Stockholm, 1937).
[4] Angèle Lamotte « Le Bouquet de roses », « Couleurs de Bonnard », *Verve*, vol. V, n° 17-18, 1947, n.p.
[5] Pierre Bonnard, cité par Antoine Terrasse, préface, cat. exp. *Bonnard*, galerie Claude Bernard, Paris 1977.
[6] Bonnard, *Carnets*, cité par Antoine Terrasse, in cat. exp. *Bonnard*, galerie Claude Bernard, Paris 1991.
[7] Pierre Bonnard, janvier 1942.
[8] Ce tableau est le premier don en 2006 de la Fondation Meyer à l'État en faveur du musée Bonnard. Ce geste fondateur garantit dès le début l'appellation « musée de France » accordée au futur musée Bonnard la même année.
[9] Antoine Terrasse, *Bonnard, la couleur agit*, Gallimard, Paris, 1999, p. 69.
[10] Pierre Courthion, *Bonnard, peintre du merveilleux*, Lausanne, éd. Marguérat, 1945, p. 111-115.

Cat. 35

La Maison dans les collines, vers 1943

Crayon, gouache et aquarelle sur papier
14,5 × 22,5 cm
Musée Bonnard, Le Cannet
Inv. 2010.1.2

Cat. 36

Paysage. Harmonie verte, arbre bleu, vers 1944

Huile sur toile
38 × 46 cm
Musée Bonnard, Le Cannet
Inv. 2009.0.3
D. 1639

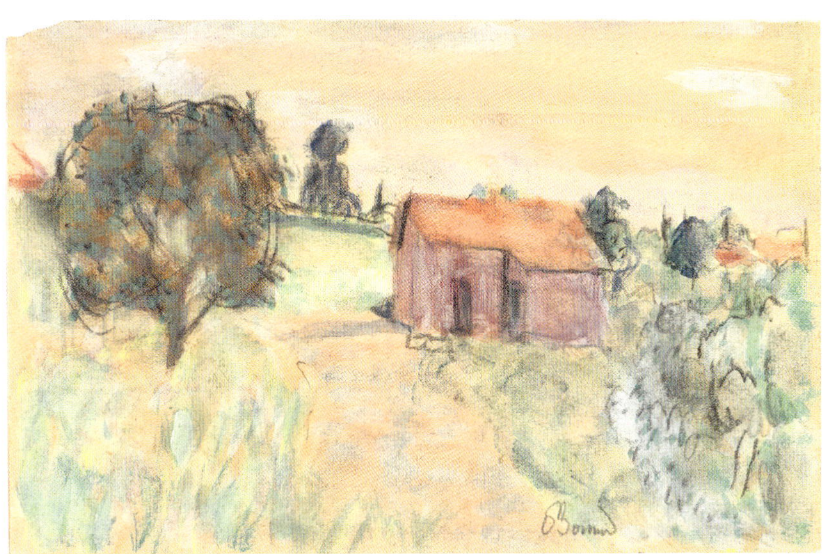

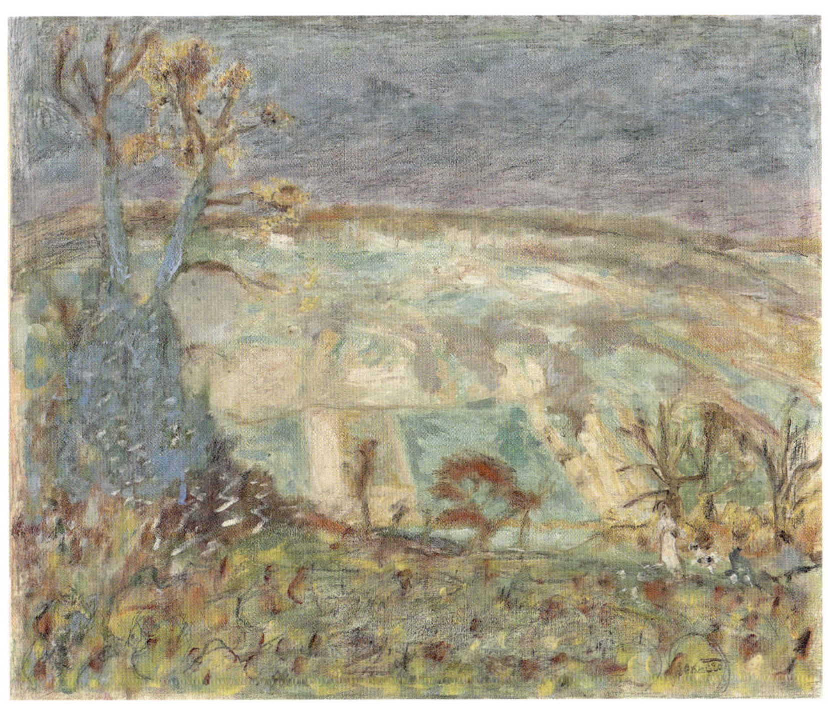

Cat. 37-39
PAYSAGES DU CANNET

Bonnard découvre le Midi méditerranéen vers 1907-1908, à la faveur d'une invitation de son ami Henri Manguin à Saint-Tropez ainsi que par Paul Signac qui a attiré là une importante communauté d'artistes[1]. Dans cette exploration intérieure, Le Midi et en particulier l'univers en-soi que constitue *Le Bosquet* portent le message d'une exacerbation qui conduit le peintre à voir autrement, au-delà du visible même (voir cat. 40, p. 109). Les propos si souvent repris, « J'ai eu un coup des Mille et Une Nuits. La mer, les murs jaunes, les reflets aussi colorés que les lumières… », évoquant le souvenir de ce moment magique de la découverte, datent en fait de 1944[2].

Les paysages du Cannet, dans l'environnement de sa maison du *Bosquet*, ont longtemps fasciné le peintre qui n'a eu de cesse de scruter chaque jour la nature et la végétation luxuriante, de repenser les cadrages ou de noter l'incidence de la lumière sur la couleur ; ses dessins à l'encre ou au crayon sont des laboratoires à idées et de véritables aide-mémoire. Le travail à l'encre est différent de celui au crayon souvent employé dans des dessins de plus petites dimensions, au format des carnets dont le peintre ne se séparait jamais[3]. Aussi, avec *Paysage du Midi, Le Cannet* (cat. 39), l'usage de l'encre et le format de la feuille incitent à penser que le dessin a été réalisé dans son atelier et non en plein air ; l'encre a l'avantage de donner une écriture plus détaillée et en même temps plus contrastée. Bonnard n'aime pas la vision trop immédiate du motif, ses carnets lui servent de notations utiles pour son travail en atelier. Bonnard dessine en effet abondamment au crayon, un crayon si court nous dit George Besson, « qu'un paysage ou un

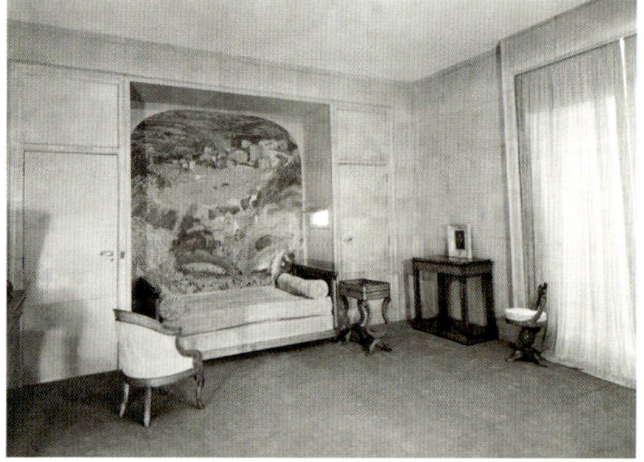

Ill. 1 La *Vue du Cannet* dans l'hôtel particulier de la famille Reichenbach, construit en 1930-1932 par l'architecte Jean-Charles Moreux

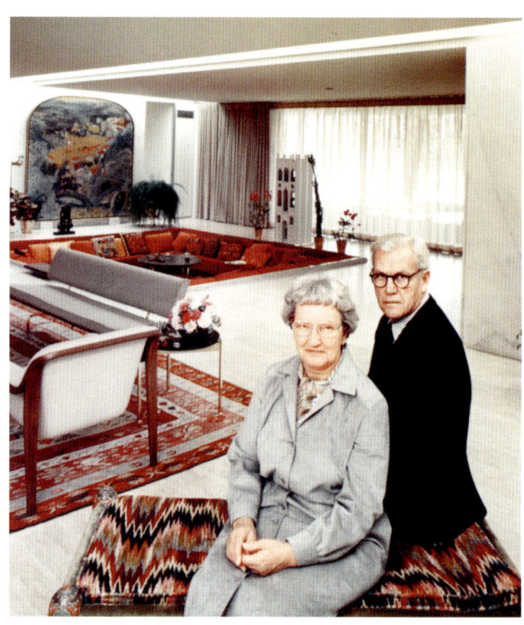

Ill. 2 Xenia et Joseph Irwin Miller dans leur salon avec la *Vue du Cannet*, sans date, Miller House and Garden Collection

Cat. 37

Vue du Cannet, 1927

Huile sur toile
233,6 × 233,6 cm
Musée Bonnard, Le Cannet
Dépôt du Musée d'Orsay, Paris - don à l'État de la Fondation Meyer pour le musée Bonnard au Cannet, 2008
Inv. D.2011.1.2
D. 1373

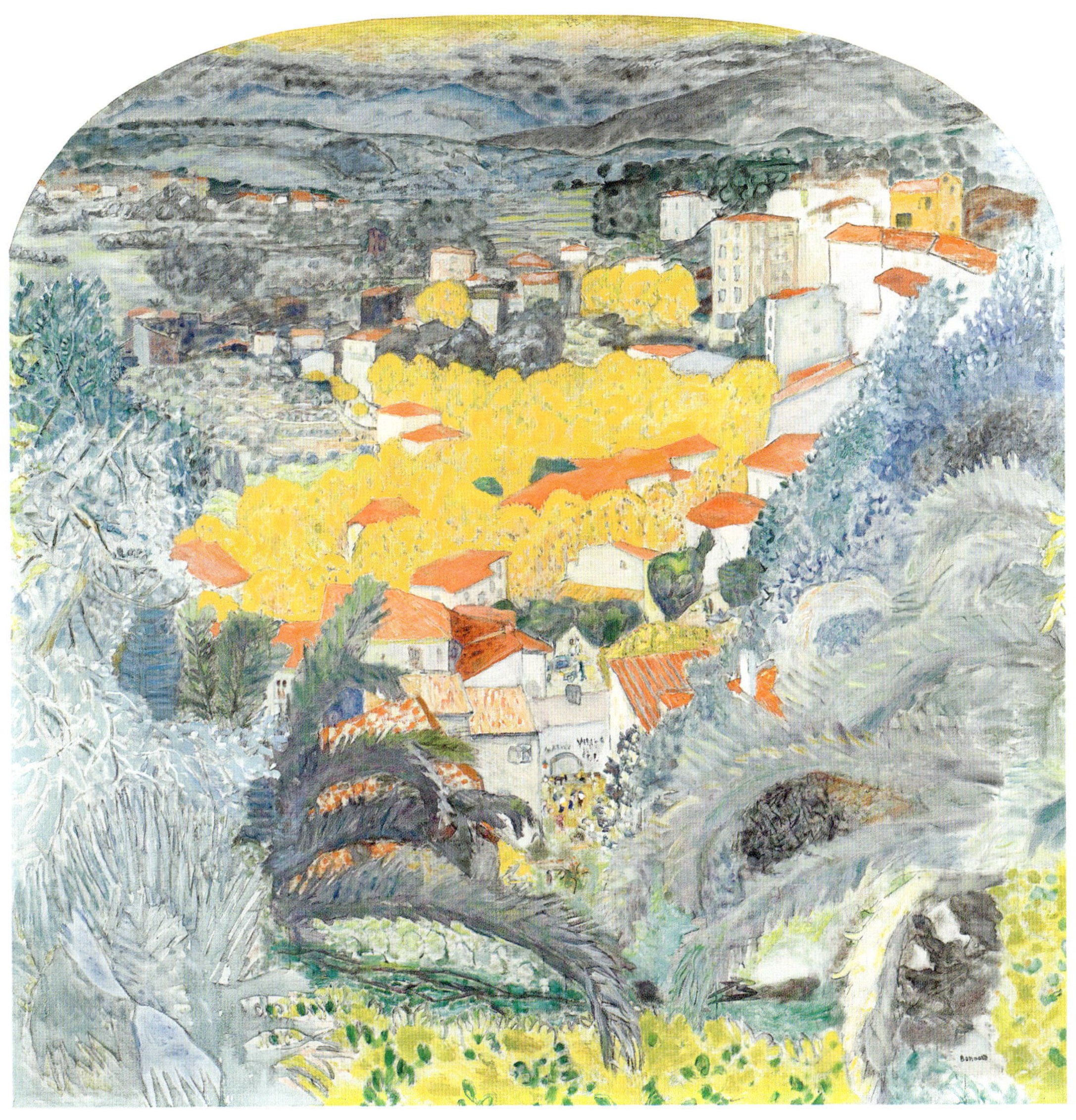

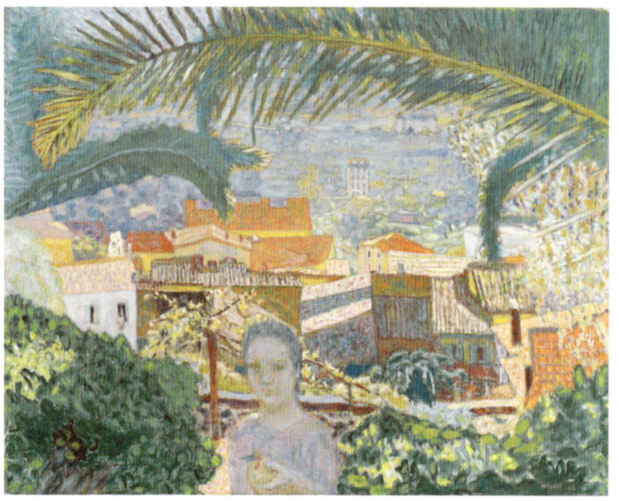

Ill. 3 Pierre Bonnard, *La Palme*, 1926, huile sur toile, 53 x 56 cm, Collection Phillips, Washington D.C. (D. 1342)

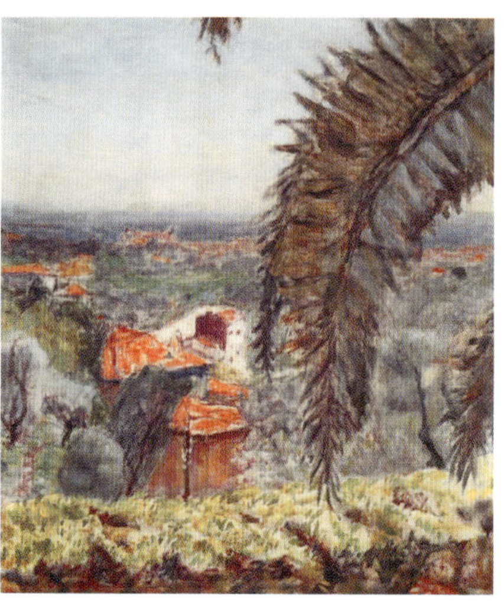

Ill. 4 Pierre Bonnard, *Paysage à la palme*, 1923, huile sur toile, 56 x 53 cm, collection particulière non localisée (D. 1165)

nu semblait surgir de trois doigts bossus, crispés sur une pointe invisible[4]. » Le travail à la gouache aussi, proche de la technique de l'huile, satisfait le peintre dans son approche du paysage ; l'écriture particulièrement libre que Bonnard donne de cet autre *Paysage du Cannet* (cat. 38) en fait un contrepoint essentiel aux autres œuvres conservées dans le fonds graphique du musée. Son format vertical et son cadrage audacieux en font une pièce majeure. Le travail au crayon pose les bases de la composition (comme Bonnard a coutume de le faire) soutenue par l'emploi de la couleur assez dense par endroits. Cette gouache est très proche dans sa composition et sa palette d'une peinture intitulée *Paysage à la palme*, 1923 (ill. 4) ainsi que du célèbre tableau conservé à la Phillips Collection de Washington - *La Palme*, 1926 (ill. 3). Ces éléments incitent à dater cette œuvre de la même époque, soit le milieu des années 1920.

Avec la spectaculaire *Vue du Cannet* (cat. 37) Bonnard renoue avec son goût pour les arts décoratifs. Avec ses amis nabis, l'artiste a participé dans sa jeunesse à l'essor des objets de décoration ; la peinture de chevalet n'était pas pour eux l'unique moyen d'expression. Paravents, grands décors, venaient ainsi « meubler » les intérieurs bourgeois afin que l'art envahisse le quotidien[5].

Ce tableau, dont on avait perdu la trace depuis sa présence dans une exposition en France en 1952, réapparaît près de cinquante ans plus tard à la faveur de la vente d'une grande collection américaine à Londres en 2008[6]. Son histoire - de sa création à son arrivée dans les collections du musée Bonnard, est passionnante à plus d'un titre.

La forme, le format et le traitement du tableau posent inévitablement un ensemble de questions qui confirme l'idée d'une œuvre de commande. En 1927, Bonnard vient d'emménager au *Bosquet* après plusieurs mois de travaux. Il passe de longs mois dans cette nouvelle destination pour lui mais n'a pas rompu pour autant avec ses amis de jeunesse comme les Natanson, qu'il continue de voir en Normandie ou à Paris. Thadée et Reine en premier lieu ; leur nièce Bolette Natanson, fille d'Alexandre, que Bonnard a connue enfant, est devenue à cette époque une décoratrice reconnue. Elle travaille avec l'architecte Jean-Charles Moreux ; c'est probablement elle qui parle de l'œuvre de Bonnard à Moreux travaillant alors à la conception extérieure et intérieure d'un hôtel particulier pour la famille de Bernard Reichenbach dans le 16e arrondissement de Paris[7]. Le tandem fonctionne à merveille et l'architecte-décorateur conçoit, en plus du

Cat. 38

Paysage du Cannet, vers 1923-1926

Aquarelle, gouache et crayon sur papier
49,3 × 35,2 cm
Musée Bonnard, Le Cannet
Acquis avec l'aide du Fram, 2012
Inv. 2012.1.1

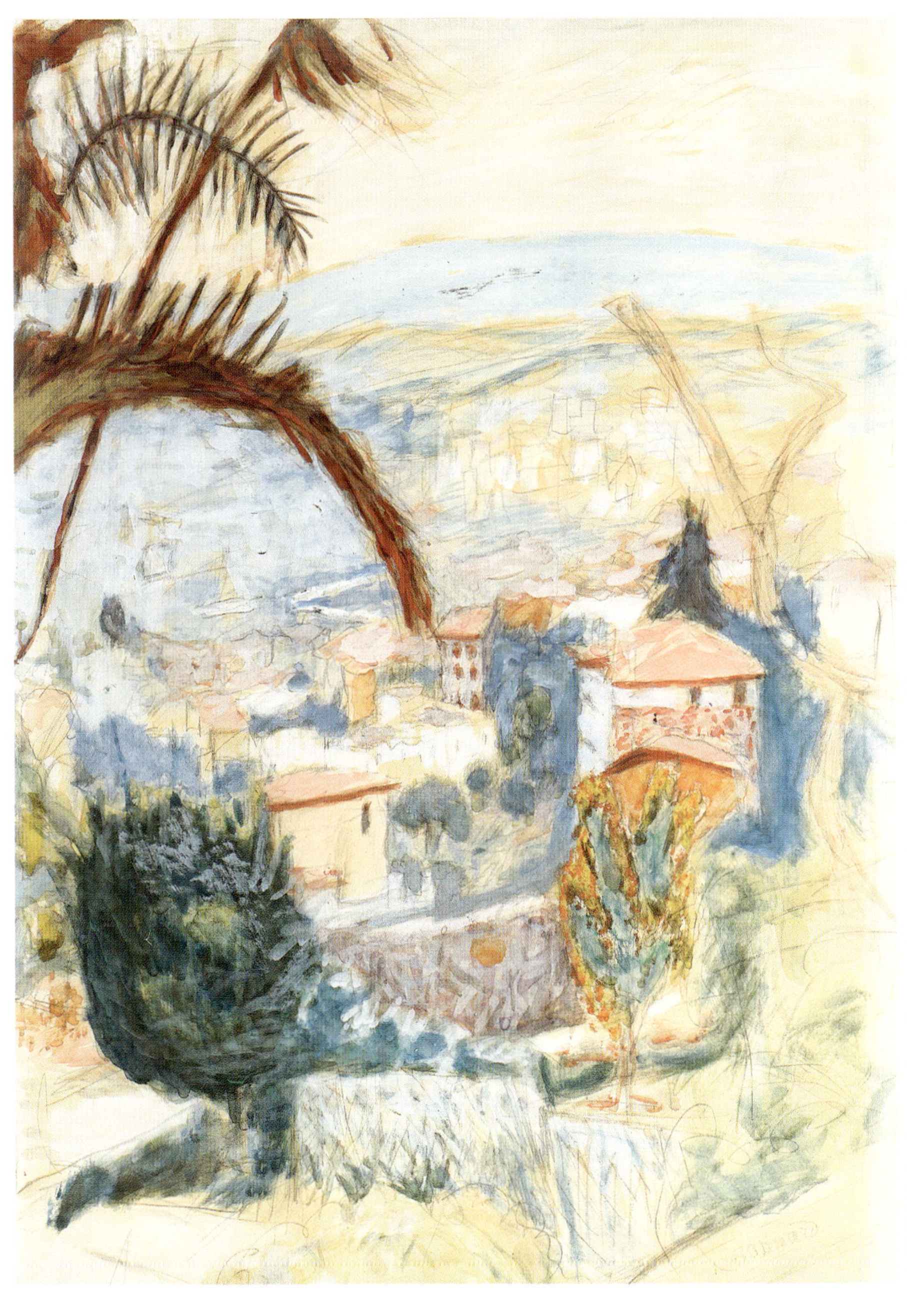

style épuré et moderne du bâtiment, le mobilier et conseille le propriétaire pour certaines commandes d'œuvres. Tout est prévu dans les moindres détails ; sur l'un de ses cahiers de chantier, où tout semble scrupuleusement consigné, est indiqué : « placer dans l'alcôve la composition de Bonnard. Prévoir applique au-dessus du lit pour la lecture[8]. » L'emplacement du tableau est prévu dès la conception et la seule photographie conservée de cette installation montre qu'il s'intègre parfaitement (ill. 1). Moreux appréciait particulièrement les feuilles de bois précieux - flexwood - alors très en vogue ; le commanditaire souhaitait un univers méditerranéen pour sa chambre à coucher et Moreux a poussé le raffinement jusqu'à harmoniser le tableau de Bonnard avec les murs blonds recouverts de feuilles de bois de citronnier, alors qu'ailleurs il emploie des essences différentes de chêne ou de frêne. L'hôtel particulier a été rapidement abandonné par la famille Reichenbach qui s'exile peu avant la déclaration de guerre en Suisse en emportant sa collection dont le Bonnard malgré ses dimensions. Après la guerre, Philippe Reichenbach, l'un des trois enfants, ouvre une galerie à Houston. C'est probablement par ce biais que le tableau est confié en 1957 à la célèbre galerie Knoedler de New York ; la même année le couple Miller l'acquiert pour sa maison de l'Indiana conçue par Eero Saarinen ; le tableau de Bonnard prend toute son ampleur dans les immenses volumes et le style avant-gardiste de l'architecte finlandais (ill. 2).

À première vue, le tableau de Bonnard semble utiliser les codes de la tapisserie, tant le rendu décoratif et stylisé du paysage est prégnant. L'œuvre apparaît comme un concentré de la Côte d'Azur : végétation luxuriante, les toits rouges du Cannet, la mer et les collines au loin. On imagine Bonnard peignant cette vaste composition qui fonctionne comme une fenêtre ouverte dans son atelier exigu du Cannet[9] ; l'encadrement végétal de palmes aux riches tonalités de bleus et de verts encadre le dédale des maisons aux toits de tuiles, typiques du pays. Bonnard a stylisé ce paysage en ajoutant des détails (la placette où jouent des enfants, une petite voiture, des animaux, etc.) qui

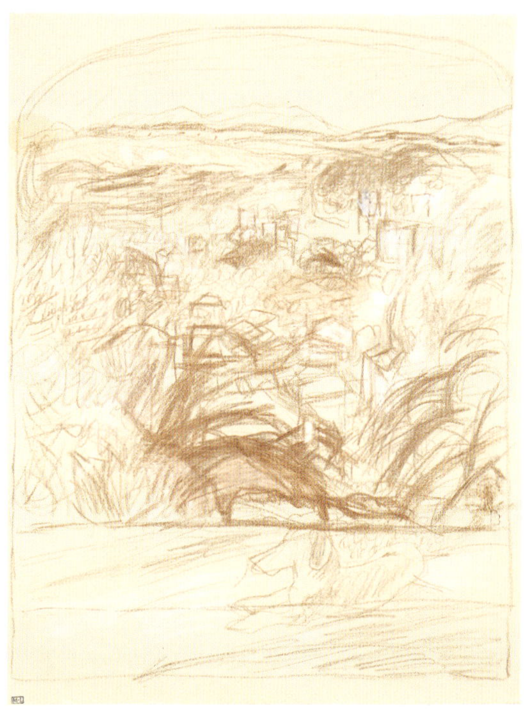

Ill. 5 Pierre Bonnard, Étude pour la *Vue du Cannet avec chien au premier plan*, 1927, sanguine, rehauts de craie sur papier, 32,6 x 24,8 cm, musée d'Orsay, Paris, don de Zeïneb et Jean-Pierre Marcie-Rivière, 2016

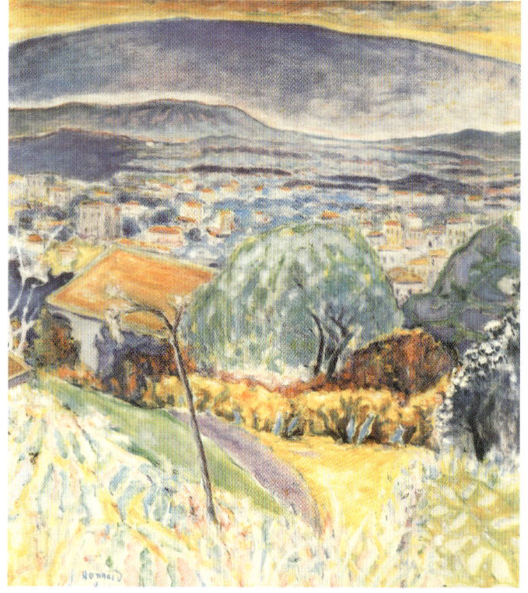

Ill. 6 Pierre Bonnard, *Paysage du Cannet*, 1928, huile sur toile, 73 x 66 cm, collection particulière (D. 1397)

Cat. 39

Paysage du Midi, Le Cannet, vers 1924

Encre et rehauts de gouache sur papier
16,5 × 27,3 cm
Musée Bonnard, Le Cannet
Don de Pierre, Claude et Hercule-Auguste Bérend, 2015
Inv. 2016.1.1

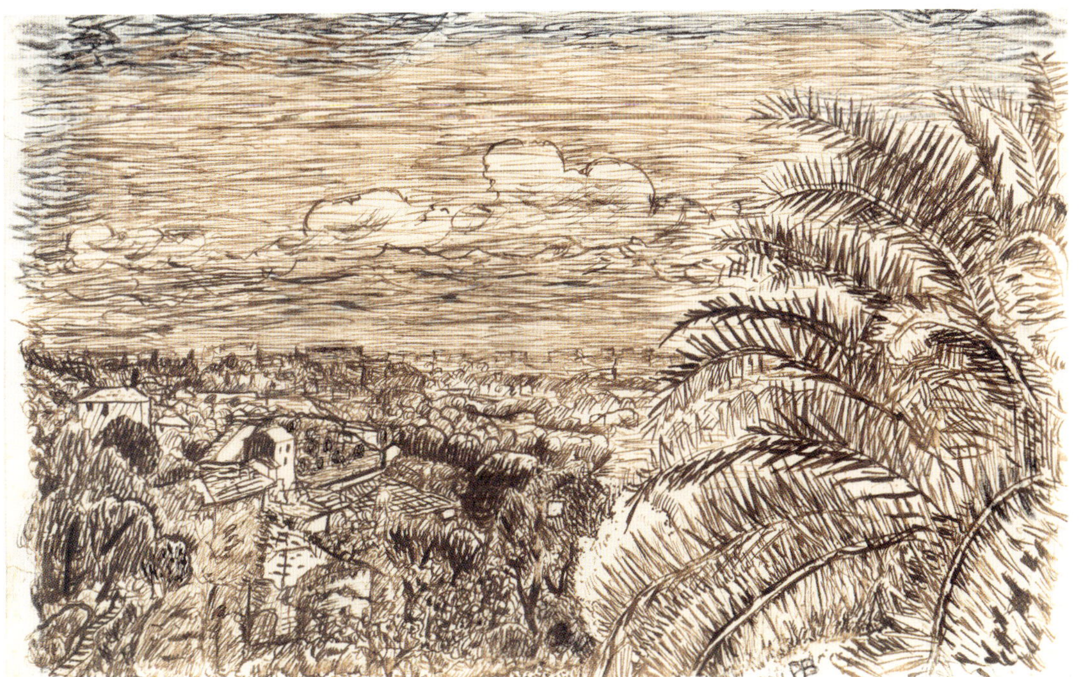

sont autant de points colorés qui retiennent l'attention. Le sujet principal reste néanmoins la couleur, magnifiée par la grande coulée jaune au centre de la composition (probablement une allée de platanes en automne), même si le dessin et la ligne sont excessivement présents. On connaît d'ailleurs un dessin préparatoire (ill. 5) qui donne l'idée première de l'artiste. La forme en arc est déjà là mais le premier plan avec un chien confirme l'idée de la vue depuis une terrasse, renforçant l'impression de fenêtre ouverte. À cette époque, Bonnard multiplie dans ses tableaux sa vision émerveillée de la lumière méditerranéenne (ill. 6).
À la périphérie de l'œuvre, le peintre joue avec la couleur en faisant naître des oiseaux d'un jaune mimosa qui ajoutent une note de poésie à l'ensemble monumental d'une impressionnante luminosité.

[1] Voir Véronique Serrano, « 1907-1913. Entre forme et couleur. L'héritage de Cézanne, l'amitié de Bonnard », cat. exp. *Manguin ou l'exaltation de la couleur*, musée Bonnard, Le Cannet, 2015, p. 27.

[2] Pierre Bonnard, *Correspondances*, éd. Verve, Paris, 1944.

[3] Le fonds graphique du musée Bonnard conserve un nombre important de ces croquis au crayon réalisés lors de ses promenades sur les collines ou le long du canal de la Siagne au Cannet.

[4] George Besson, *Bonnard*, Maison de la pensée française, Paris 1955, p. 6.

[5] Voir notamment les 4 panneaux des *Femmes au jardin* 1890-1891 (musée d'Orsay) ou les décors pour la salle à manger de Misia, 1906, musée d'Orsay.

[6] Vente de la Collection J. Irwin et Xenia S. Miller d'Indianapolis, Christie's Londres, 24 juin 2008, lot 26. C'est au cours de cette vente que Vincent Meyer, président de la fondation du même nom, achète le tableau en mémoire de son frère Philippe, pour qu'il soit déposé au musée Bonnard à son ouverture. On pourra visionner avec intérêt le documentaire précis consacré à cette œuvre dans l'émission *Enquête d'art* par Françoise Docquiert en 2012, Eclectic Production.

[7] Hôtel Reichenbach, 18 rue Alfred Dehodencq, Paris, 16e arrondissement - construit entre 1929 et 1932 par Jean-Charles Moreux en collaboration avec Bolette Natanson. Détruit en 2009 ; voir Susan Day, *Jean-Charles Moreux, architecte décorateur paysagiste*, Institut français d'architecture, éd. Norma, Paris, 1999.

[8] Archives Moreux, Institut Français d'Architecture, Paris cote 171 IFA.10.

[9] L'atelier de Bonnard au Cannet est modeste mais son éclairage zénithal comme son orientation au nord ont été choisis par le peintre lui-même qui fit rajouter cette pièce à la maison, souhaitant avoir pour travailler la meilleure lumière possible. Sa mezzanine lui permet de modifier son point de vue et de voir les œuvres en cours à distance afin d'affiner chaque détail, de près ou de loin.

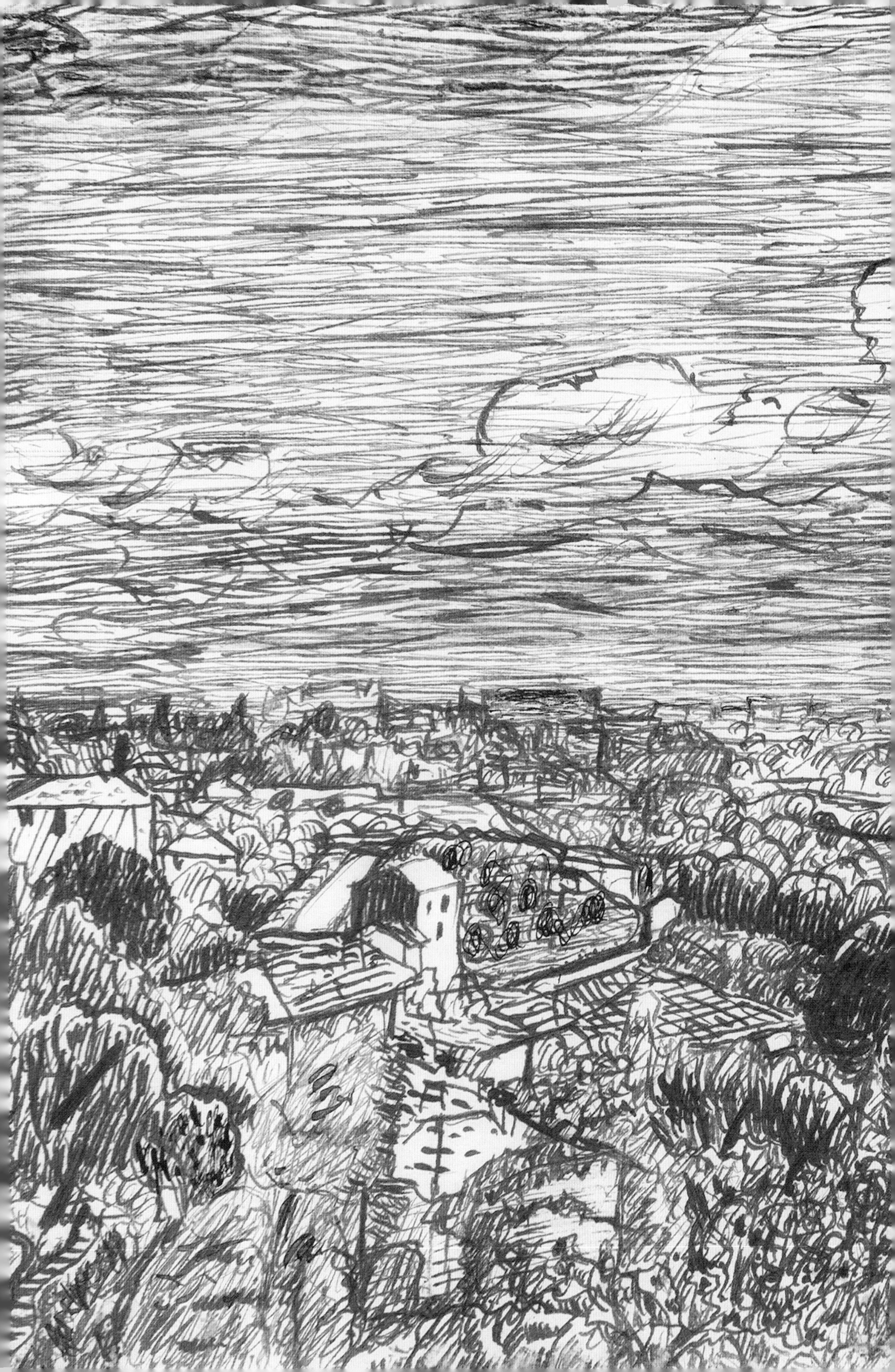

Cat. 40

Bonnard vit difficilement ses années de guerre retiré au Cannet, éprouvé par les malheurs qui touchent son pays et lui-même ; depuis le 26 janvier 1942, le peintre est plus seul que jamais. Sa femme Marthe vient de mourir sans qu'il en avertisse par pudeur ses amis. Il ferme sa chambre à clef en y condamnant l'accès. Sa nièce Renée passe quelques semaines de réconfort avec lui, et son neveu Charles vient à son tour dès qu'il le peut ; presque tous ses amis et proches ont disparu ; Vuillard en 1940, son frère Charles en 1941 puis Maurice Denis en 1943 alors qu'il projetait un voyage au Cannet.

Néanmoins, Bonnard reçoit la visite régulière des plus grands photographes, historiens comme de jeunes artistes[1] venant en pèlerinage rendre visite à l'un des derniers grands peintres français vivants.

Il a surtout aussi des amis fidèles : les Hahnloser viennent moins régulièrement mais continuent à le soutenir moralement et financièrement durant ces années difficiles ; ses relations avec Matisse qui est à Nice deviennent plus intenses[2] ; sa relation amicale avec Marguerite et Aimé Maeght qui ont une boutique-galerie à Cannes reconstruit le lien familial qui lui manque ; le peintre partage en effet avec eux de nombreux moments intimes ; le témoignage de l'historien Jean Leymarie, venu lui rendre visite en août 1946, est à ce titre chargé d'émotions : « nous étions un groupe de jeunes en vacances à Cannes [...] et Bonnard venait parfois nous rejoindre sur la plage et observer nos jeux. Marguerite et Aimé Maeght qui gardaient leurs attaches locales et dont les débuts doivent tant à l'amitié que leur voua spontanément Bonnard, organisèrent en son honneur une fête aux îles de Lérins. Il y avait, pour l'entourer dans ce site

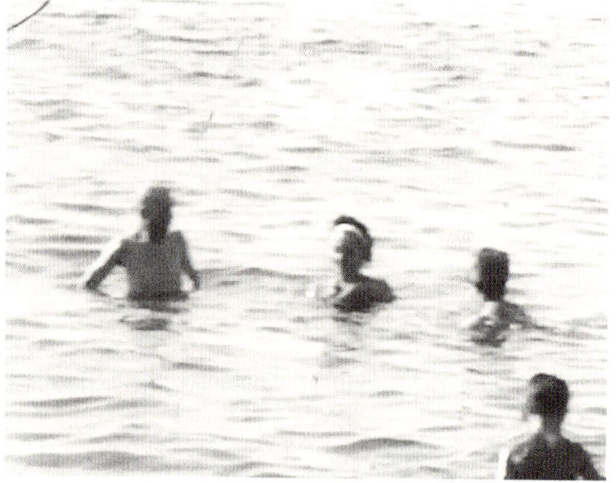

Ill. 1 Adrien Maeght, plan du film réalisé aux îles de Lérins, été 1946 – Bonnard dans l'eau entouré d'amis

enchanté, d'autres peintres, des poètes, des amateurs, saisis par sa gentillesse et sa simplicité, des femmes gracieuses dont il goûta la compagnie avec un tact exquis, le professeur Jedlicka, qui composa tout un livre sur cette journée. Je revois aussi, [...] chacun de ses gestes, sa baignade, un peu à l'écart, corps d'ascète oriental sous le feux du soleil, sa promenade parmi nous, à pas vifs et feutrés, [...], les sens en alerte, humant les odeurs, palpant la transparence de l'air, sa dégustation experte du repas, sa sieste légère sous les arbres, l'œil mi-clos du rêveur et du chat aux aguets, j'entends, à travers les années, sa conversation retenue et subtile, d'une ouverture entière[3]. »

Ne pourrait-on pas imaginer que ce soit ce type d'après-midi qui ait inspiré à Bonnard ces magnifiques et saisissants *Baigneurs à la fin du jour* ?

Ce tableau puissant et unique dans la production de Bonnard constitue un jalon important dans son

Cat. 40

Baigneurs à la fin du jour, 1945

Huile sur toile
48,5 × 59,5 cm
Musée Bonnard, Le Cannet
Achat avec la participation du Fonds du patrimoine et du Fram, 2008
Inv. 2009.0.44
D. 1655

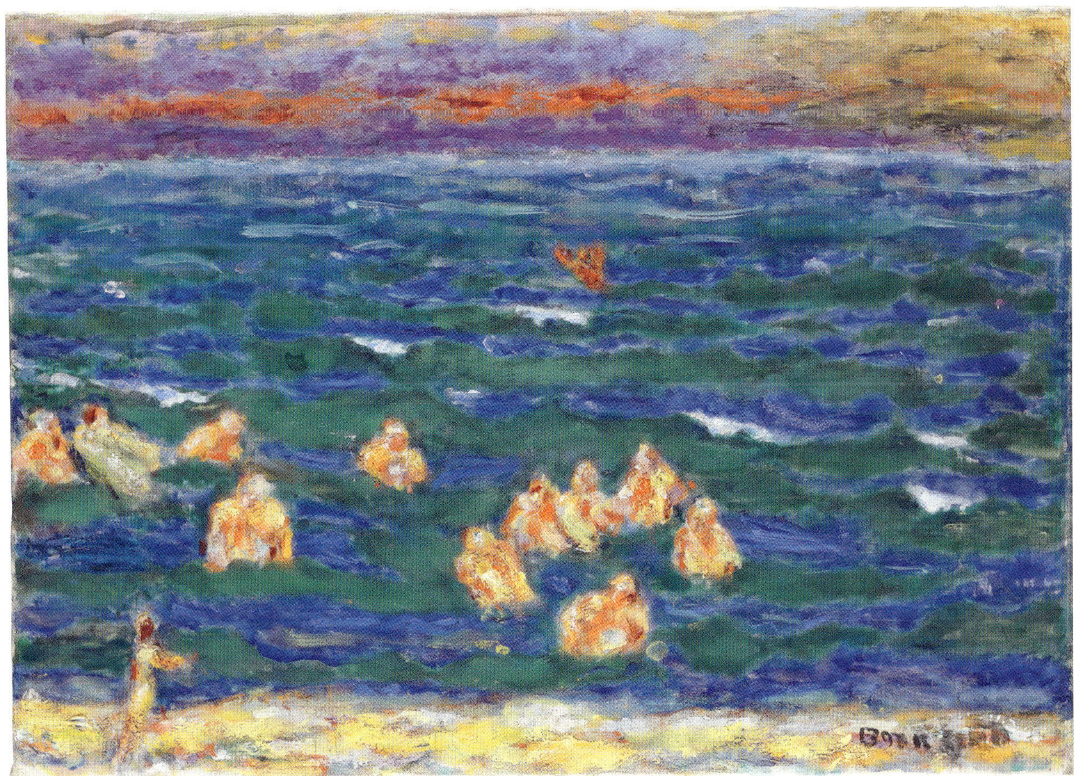

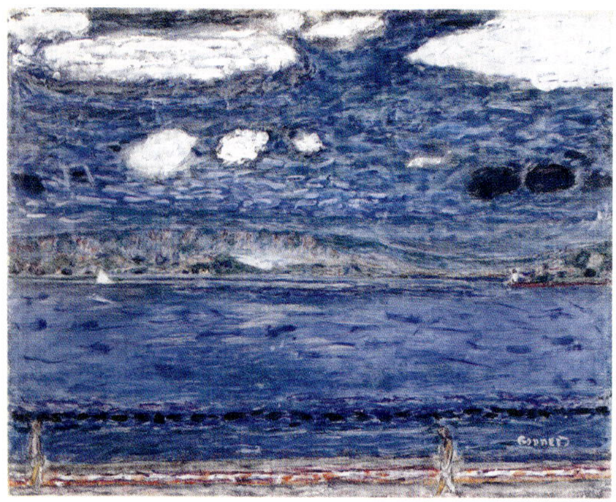

Ill. 2 Pierre Bonnard, *Méditerranée*, 1941-1944, gouache et crayon sur papier, 48,3 x 63,2 cm, musée d'Orsay, Paris

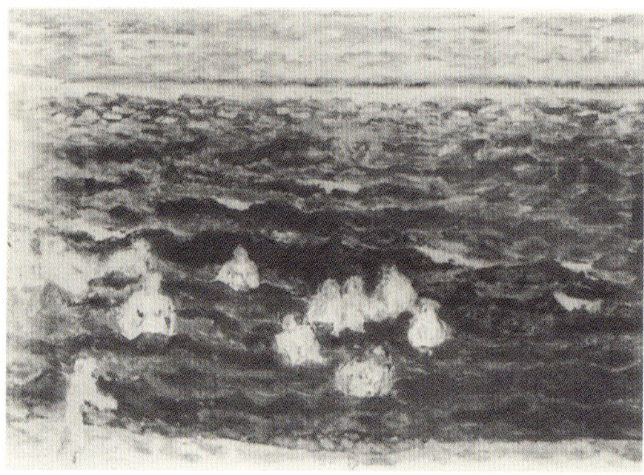

Ill. 3 Pierre Bonnard, *Baigneurs à la fin du jour* en cours d'achèvement, in F.J. Beer, *Bonnard*, éd. Française d'art, Marseille, 1947, p. 138

œuvre, arrivée à près de 80 ans à une expression de la couleur et de l'espace extrêmement libre. Sa quête le mène dans ce paysage maritime aux limites de la représentation telle qu'il l'avait déjà formulée dans la magnifique gouache *Méditerranée* du musée d'Orsay (ill. 2).

La composition s'organise en bandes horizontales, la mer occupant la majeure partie de la toile. Si la plage est formalisée par un mince liseré jaune, la ligne d'horizon à peine marquée se fond presque avec la mer dans laquelle un groupe de baigneurs est réduit à de simples taches, à de la matière pure. Le ciel incandescent fait rougeoyer le corps d'un baigneur isolé imprimant ainsi une certaine tension. L'atmosphère dans ces tableaux ultimes est « vibrante jusqu'au mirage » écrit François Joachim Beer[4]. Les *Baigneurs à la fin du jour* sont reproduits en cours d'achèvement dans son ouvrage paru bien des années après sa visite au maître (ill. 3). Le tableau n'y est pas signé et le peintre accentuera visiblement la fusion entre figure et fond. Toujours en proie au doute, Bonnard écrit comme un aveu à Matisse : « Je vois chaque jour des choses différentes, le ciel, les objets, tout change, on peut se noyer là dedans. Mais cela fait vivre[5]. » Les *Baigneurs à la fin du jour* expriment de manière magistrale cette métaphore du doute et de soupçon d'espérance.

Jamais, en effet, le peintre en extase devant la nature ne se privera du réel qu'il ne cessera de transposer : « Si on oublie tout, il ne reste plus que soi, et cela n'est pas suffisant. Il est toujours nécessaire d'avoir un sujet, si minime soit-il, de garder un pied sur terre » écrit l'artiste en 1945[6].

Dans le même temps, Bonnard travaille à la demande de son ami Tériade[7] à un numéro exclusif de la revue *Verve* qui sortira finalement à sa mort[8] ; par ailleurs, de nombreux hommages lui sont rendus dans des expositions et des revues[9].

Au-delà de cette sensibilité qui apparaît en surface se cache un Bonnard bien plus intellectuel et plus conquérant qu'il n'y paraît, bien peu agnostique, panthéiste assurément. Il introduit dans sa peinture une problématique spatiale inexplorée d'une richesse colorée inaltérée et qui compte dans l'histoire de la peinture « pour aujourd'hui et pour demain », pour reprendre les mots de Matisse à son égard.

Dans les paysages du Midi, ce « continuum coloré » sera porté avec un lyrisme inégalé et des espaces d'une infinie complexité. Le peintre porte un regard de plus en plus attentif sur la nature et les effets atmosphériques : il consigne chaque jour dans ses agendas de poche, ses rendez-vous avec la lumière, composante essentielle de son équation personnelle : « beau », «nuageux », « froid », « violet dans les gris. Vermillon dans les ombres orangées par un jour froid de beau temps ». La merveilleuse connaissance des couleurs que Bonnard révèle n'est pas théorique comme celle d'André Lhote[10] ; elle est le fruit d'une incessante observation de la poésie du corps de la nature dont il rêve le devenir en peinture.

« Ne peut-on pas affirmer que Bonnard [...] a continué à transcrire cet accord magique, à tenter de saisir cette énigme insondable qu'est le rapport de l'homme et de la nature originelle ? La puissance de son paradis terrestre, qui est partout dans sa peinture, vient de cet accord parfait entre réalité poétique et réalité rêvée, avec une peinture-matière qui communie avec la nature qu'il est capital d'enchanter[11]. »

[1] Viendront par exemple les photographes Ostier, Brassaï et Cartier-Bresson, les historiens Pierre Courthion ou Jean Leymarie et les artistes tels que Camoin qui viendra à plusieurs reprises avec sa fille Anne-Marie alors âgée de 10 ans. Celle-ci aujourd'hui encore, reste marquée par cette rencontre.

[2] Voir *Bonnard/Matisse Correspondance*, présentée par Jean Clair et Antoine Terrasse, Gallimard, Paris, 1991.

[3] Jean Leymarie, in cat. exp. *Bonnard dans sa lumière*, Fondation Maeght, Saint Paul de Vence, 1975, p. 11-12 ; Adrien Maeght alors âgé de 14 ans, film ces moments d'harmonie (ill. 1).

[4] François-Joachim Beer, *Pierre Bonnard*, éd. Française d'art, Marseille, 1947 ; le Dr Beer rendra visite à Bonnard au moins le 6 janvier 1941 mais son essai ne paraîtra qu'en janvier 1947 dans ce livre ; les photographies qu'il prendra du peintre à cette occasion paraîtront dans le n° 24 de *Le Point* en 1943.

[5] Bonnard à Matisse, [fin février-début mars] 1940, *Correspondances*, *op.cit.*, p. 68.

[6] Agenda, 1945, Bibliothèque nationale de France, Paris.

[7] Efstratios Eleftheriades dit, Tériade (1897-1983) crée la revue *Verve* en 1937 ; proche des artistes, il s'intéresse à Bonnard dont il recueille les propos en 1942, et à sa suite sa collaboratrice Angèle Lamotte, viendra interviewer le peintre en 1943 au Cannet ; Tériade résidera pendant la guerre non loin de là à Golfe Juan.

[8] « Couleurs de Bonnard », *Verve*, n° 17-18, Paris 1947 ; le carnet de travail de ce numéro est dans les collections du musée Bonnard (inv. mb 2016.2.9, ill. 23, p. 98).

[9] Des expositions lui sont consacrées aux États-Unis en 1942 et 1943 ; à Paris la galerie Pétridès montre un grand nombre de ses toiles et Pierre Bérès organise en 1944 une exposition de ses œuvres graphiques, tout comme Jacques Rodrigues-Henriques en 1945. La revue *Le Point* en 1943 fait paraître un numéro sur lui, les éditions du Chêne présentent un album de *Seize peintures 1939-1943*, préfacé par André Lhote ; la même année, un texte sur lui par le jeune peintre Jean Bazaine paraît dans la revue *Formes et couleurs* avec d'autres auteurs.

[10] André Lhote, *Traités du paysage et de la figure*, édition revue et augmentée, Grasset, Paris 1962, p. 41 (1re éd. en 1948 chez Floury).

[11] Véronique Serrano, in *Le Nu de Gauguin à Bonnard. Ève icône de la modernité ?*, musée Bonnard, Le Cannet/Silvana Editoriale, Cinisello Balsamo, 2013, p. 44-45.

Cat. 41-44
LA PART DE L'OMBRE

L'autoportrait est récurrent dans l'histoire de la peinture, mais peu de peintres se sont prêtés à cet exercice difficile de manière aussi intense que Dürer ou Rembrandt lequel en compte plus de cent. Plus récemment, chez Bonnard qui en a peint bien moins que Van Gogh[1] encore, la problématique de l'introspection inhérente au sujet lui-même, n'en demeure pas moins essentielle dans son œuvre. En effet, pour beaucoup, à tort ou à raison, Bonnard est le « peintre du merveilleux[2] » son œuvre étant souvent apparentée à une vision enchantée du monde à travers ses paysages ou ses nus ; toutefois, ses autoportraits comme certains de ses intérieurs constituent une part d'ombre qui fait de lui un artiste bien plus complexe qu'il n'y paraît. Ne déclare t-il pas en 1939, « À l'instant où l'on dit qu'on est heureux on ne l'est plus[3] » ?

Quatorze autoportraits sont identifiés dans le catalogue raisonné de son œuvre entre 1889 et 1946, sans compter ses apparitions dans des compositions à plusieurs personnages, avec une intensité et une régularité au fur

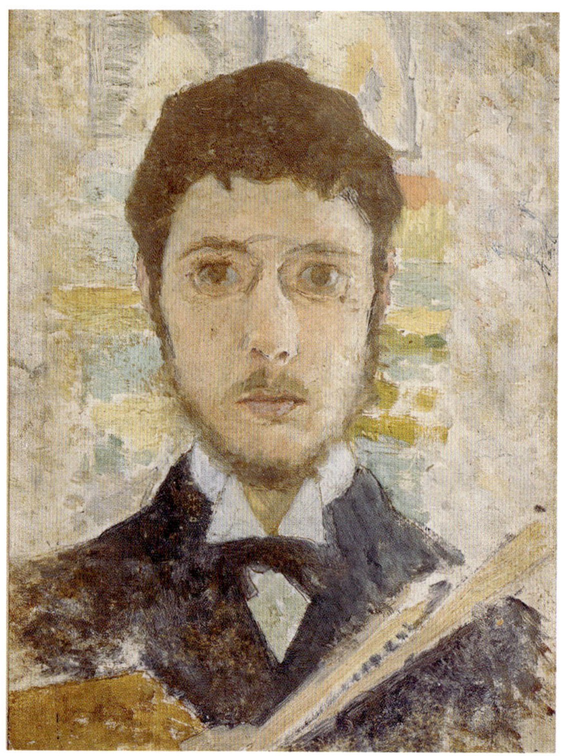

Ill. 1 Pierre Bonnard, *Autoportrait* 1889, huile sur carton, 21,5 x 15,8 cm, collection particulière (D. 9b)

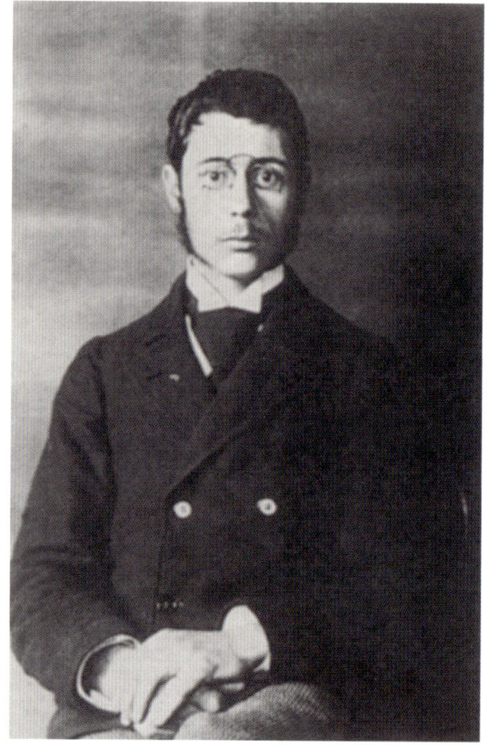

Ill. 2 Anonyme, *Pierre Bonnard en 1889*, photographie collection particulière

« Toujours
au courant
de tout.
Toujours
à contre-courant.
Pour demeurer
lui-même. »

Antoine Terrasse, 1967

«Toujours
au courant
de tout.
Toujours
à contre-courant.
Pour demeurer
lui-même.»

Antoine Terrasse, 1967

Cat. 41

Autoportrait, 1889

Encre de Chine et crayon sur papier
11,5 × 9 cm
Collection particulière

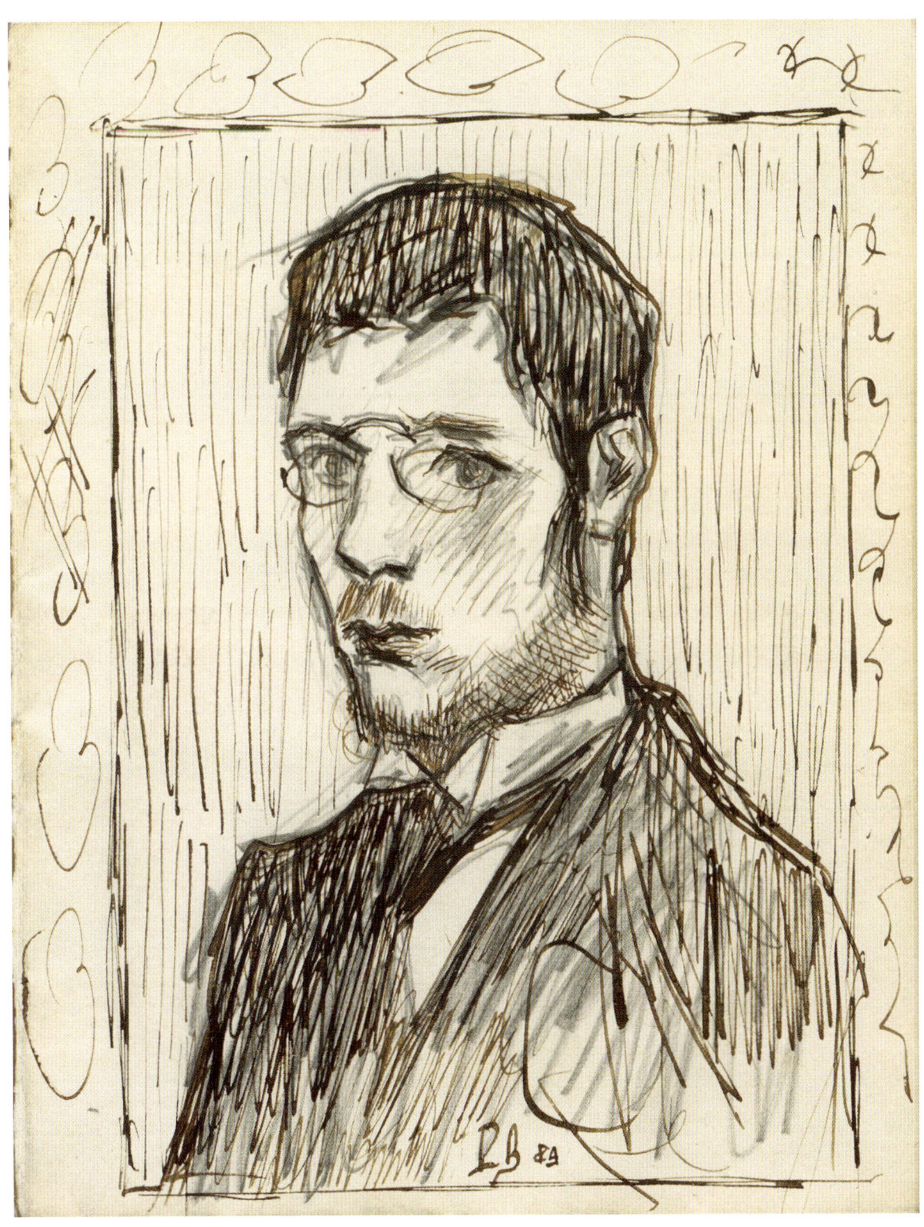

et à mesure que le peintre se rapproche de l'éternité. Ainsi, Bonnard en peint 4 sur un arc de 6 ans (entre 1940 et 1946), alors qu'en 34 ans - entre 1905 et 1939 - il n'en peint que 9, mis à part son tout premier daté de 1889 (ill. 1). Dans la fabrique de ses autoportraits, il faut distinguer deux approches qui correspondent dans un premier temps à l'environnement intellectuel de sa jeunesse et dans un second temps à celui de sa maturité, à partir des années 20, alors que sa réflexion gagne en épaisseur et s'individualise.

Bonnard s'est représenté pour la première fois à l'âge de 22 ans (ill. 1), la palette et les pinceaux à la main, affirmant son choix ferme d'embrasser la vie d'artiste, abandonnant ainsi la carrière juridique dont son père rêvait pour lui. Rien d'anodin dans sa démarche, son regard est franc et direct, comme un défi qu'il se lance à lui-même. Il s'en expliquera bien des années plus tard dans un entretien accordé à Raymond Cogniat : « Je ne sais pas si le mot vocation est exact en ce qui me concerne. Je ne me rendais pas très exactement compte, alors, si je voulais être peintre. Il me semble bien que, à cette époque, ce qui m'attirait, ce n'était pas tellement l'art mais plutôt la vie d'artiste avec tout ce qu'elle comportait, dans mon idée, de fantaisie, de libre disposition de soi-même. Certes, depuis longtemps, j'étais attiré par la peinture et par le dessin, mais sans que ce fût

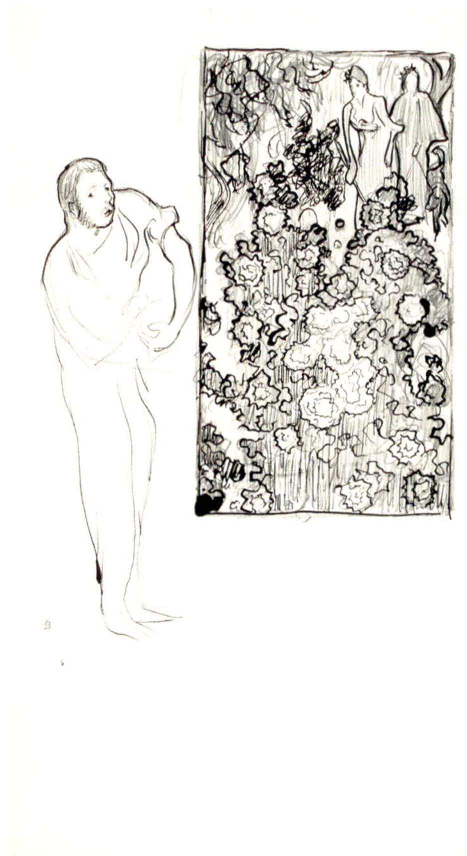

Ill. 3 Pierre Bonnard, *Projet d'affiche avec autoportrait aux manches relevées*, 1892,
encre de Chine et crayon sur papier,
30 x 19,5 cm,
musée Bonnard, Le Cannet,
dépôt d'une collection privée

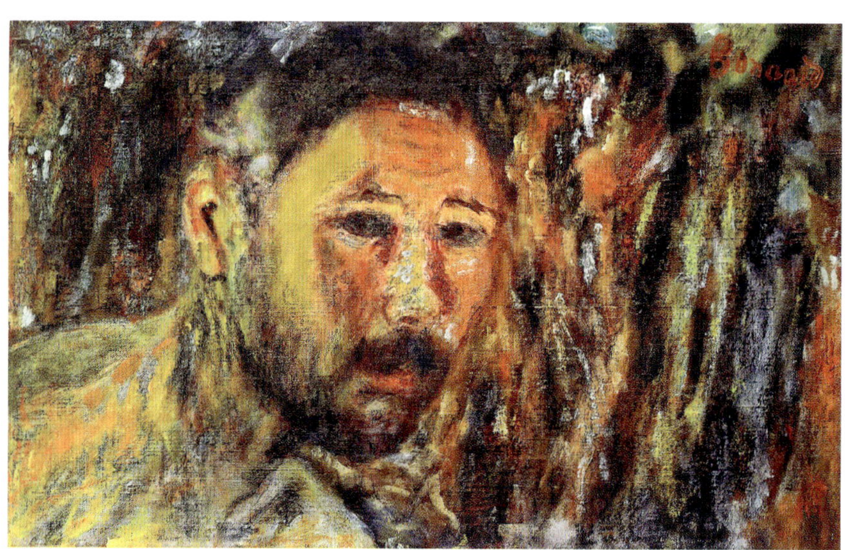

Ill. 4 Pierre Bonnard, *Autoportrait à la barbe*, 1920,
huile sur toile marouflée sur panneau,
29,5 x 45,7 cm,
collection particulière
(D. 1025)

Cat. 42

Autoportrait sur fond de papier à fleurs, vers 1923

Huile sur toile
45 × 33 cm
Collection particulière
D. 1208

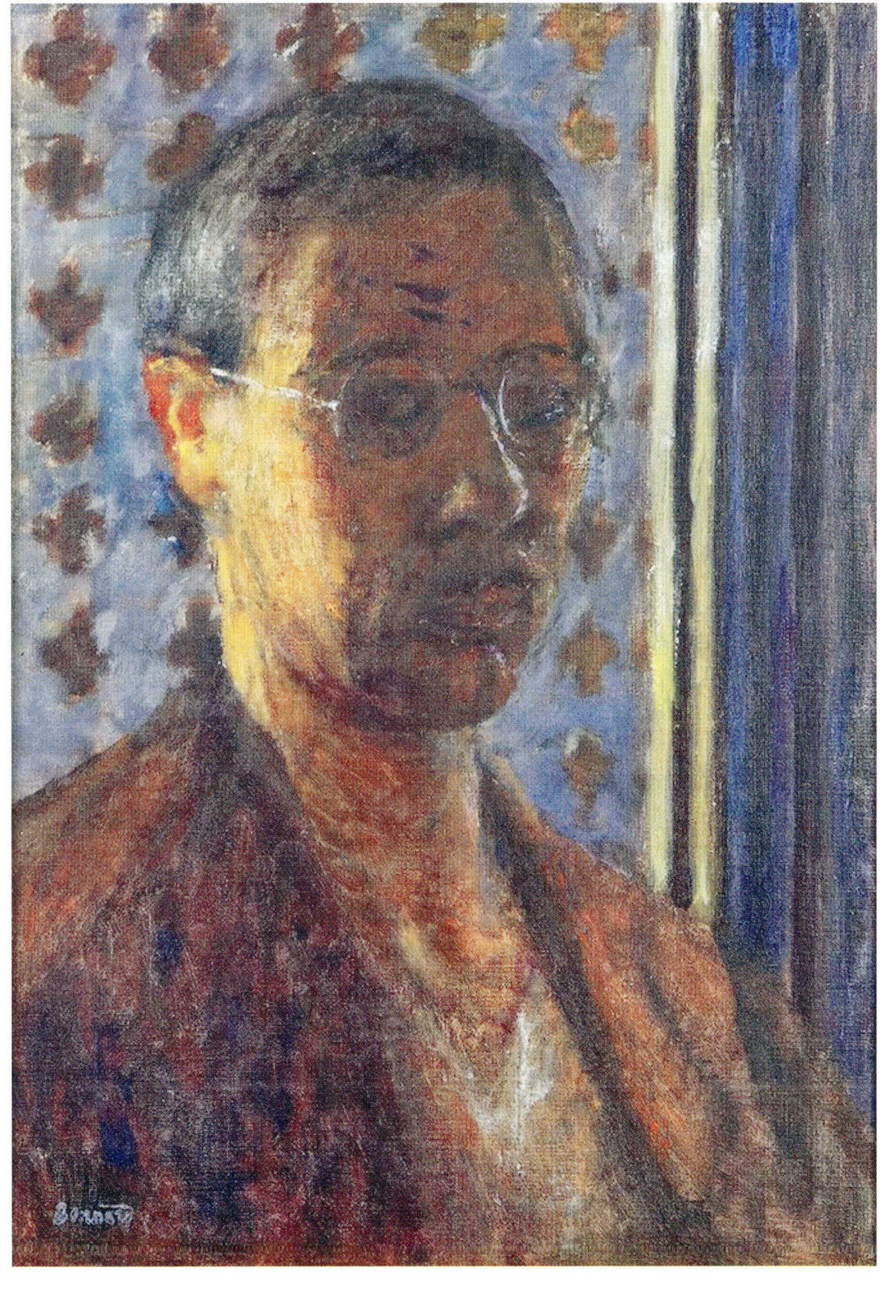

une passion irrésistible, tandis que je voulais à tous prix échapper à la vie monotone[4].

C'est dans ce désir de liberté assumée, qu'il crée avec d'autres jeunes peintres de l'Académie Julian ou de l'École des Beaux-arts - Maurice Denis, Paul Ranson et Vuillard notamment - non pas une nouvelle école mais une nouvelle manière de voir le monde en faisant pénétrer l'art et la peinture partout. Le massier de l'école n'est autre que Paul Sérusier qui montre à Bonnard et à ses amis, une peinture qu'il a réalisée sous la dictée de Paul Gauguin. Cette pochade qui deviendra leur talisman[5] pose les principes picturaux qui vont les conduire à se réunir malgré leurs différences sous le nom de Nabis. Les couleurs sont alors posées en aplats, souvent cernées, la priorité étant donnée à la ligne toute en arabesque.

L'étude à l'encre de ce premier autoportrait (cat. 41), quoique plus classique, est aussi moins axiale ; l'artiste se représente en buste légèrement de trois quart, dans un cadre de volutes et d'arabesques, fidèle à l'esthétique nabie, reflétant l'image sérieuse d'un dandy encore sous influence de ses études juridiques. Une photographie du jeune artiste à la même époque en est probablement l'inspiration (ill. 2).

Pendant longtemps, le peintre apparaît au sein de ses propres compositions sans trop de sérieux, de manière plutôt désinvolte (ill. 3) ou au contraire comme le figurant un peu maladroit d'une scène intime (ill. 1, p. 56).

Les autoportraits des années 20 marquent une réelle étape chargée d'intensité (ill. 4, cat. 41, 42). Le peintre n'a plus les préoccupations du débutant et cela se voit. Il projette dans ces images reflétées de lui-même sa fragilité, ses doutes, l'expression du temps qui passe inéluctablement, sans rien concéder à des orientations picturales qui ne seraient pas voulues. Bonnard a 56 ans dans cet *Autoportrait sur fond de papier à fleurs* (cat. 42). À cette date, il est un homme comblé, aimé de plusieurs femmes - Marthe, Renée et Lucienne - mais n'en demeure pas moins habité par sa peinture qui est alors d'une grande richesse où « la couleur agit[6] » comme par miracle et qui réjouit de nombreux amateurs. Tout ce que Bonnard peint se transforme en magie colorée. Pourtant, le visage du peintre est grave, pénétré, laissé dans l'obscurité de sa chambre à coucher. Le papier peint qui lui sert de décor et dont les fleurs semblent se métamorphoser en étoiles viennent auréoler son visage de manière inattendue. Les bandes verticales à droite, probablement le chambranle d'une porte, accentuent cette impression décalée. Les tonalités sombres de brun et de bleu contrastent assurément avec les paysages solaires qu'il peint au même moment.

Le portrait de la Fondation Bemberg (cat. 44) est avec celui du Centre Pompidou (ill. 5) l'une de ses dernières représentations, et sans doute aussi l'une de plus poignantes. Méconnaissable, amaigri et le crâne lisse, Bonnard apparaît tel un sage oriental dans le reflet de la glace de la salle de bains du Cannet. Image impitoyable que cette effigie dont il est le centre. Les carreaux de faïence ne reflètent plus la lumière incandescente de la série des nus au bain peinte dans le souvenir de belles journées ensoleillées. Ici une lampe électrique dont on distingue les effets au centre supérieur du tableau, diffuse une lumière spectrale. « Le peintre sait, écrit Guy Cogeval que le cabinet de toilette peut être à la fois le lieu des extases involutives et des catastrophes intimes[7]. » Bonnard sans ses lunettes a perdu tout espoir de voir autre chose qu'un trou noir à la place de ses orbites. Il peint avec de subtiles masses colorées cette « vision aveugle » de la nuit au rendu légèrement irisé, dressant ainsi une barrière visuelle contre le désespoir. Le lourd rideau d'un noir bleuté de la fenêtre toute proche, participe à la structure géométrique des surfaces horizontales qui tiennent à distance le peintre.

Cet autoportrait est aussi l'un des deux que Bonnard a accepté de reproduire de son vivant[8]. Ainsi ce dialogue permanent que Bonnard a entretenu toute sa vie entre lui et la nature, entre lui et la peinture, n'en finit pas de nous émouvoir. Là où l'amandier nourrit l'espoir du renouveau dans ce rapport animique à la nature que Bonnard n'a pas cessé de rechercher, la force et la profondeur de ses

Cat. 43

Autoportrait, 1924

Encre de Chine sur papier
11 × 6 cm
Collection particulière

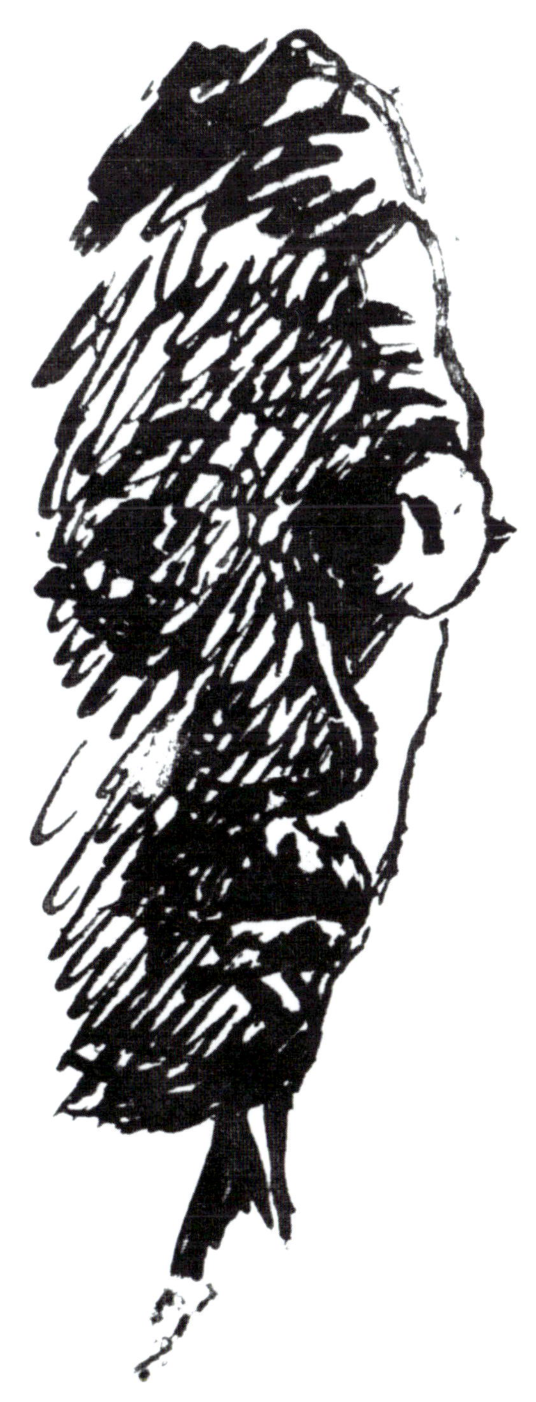

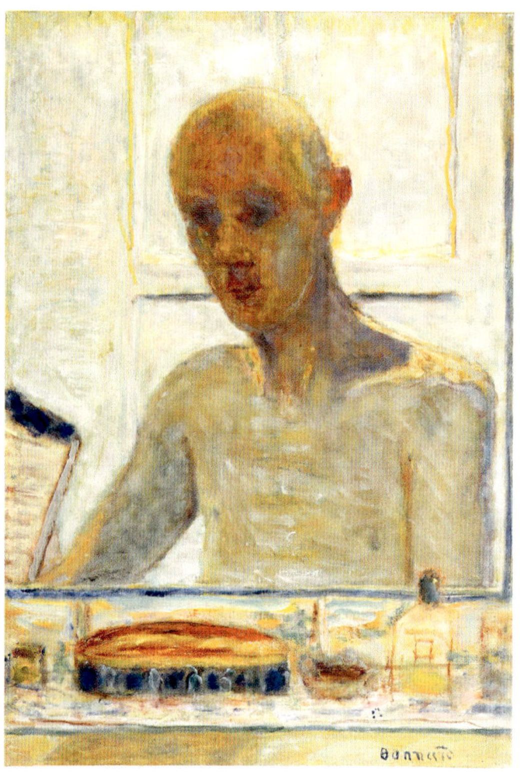

Ill. 5 Pierre Bonnard, *Autoportrait dans la glace du cabinet de toilette*, 1939-45, huile sur toile, 73 x 51 cm, musée national d'Art moderne-Centre Pompidou, Paris (D. 1664)

derniers autoportraits suffisent à eux seuls à ce que l'on cesse de le définir comme le peintre du bonheur. Lui-même se défendait déjà de ces apparences trompeuses en déclarant en 1944 : « Celui qui chante n'est pas toujours heureux[9] .»

[1] Son catalogue raisonné en comptabilise 37.
[2] Formule empruntée à Pierre Courthion.
[3] Pierre Bonnard, Agenda, 12 février 1939, Bibliothèque nationale de France, Paris.
[4] Raymond Cogniat, *Bonnard*, éd. Fernand Nathan, collection Miniature Hypérion, Paris, non daté, p. 6.
[5] Le tableau est aujourd'hui conservé au musée d'Orsay : Paul Sérusier, *L'Aven au Bois d'amour*, dit *Le Talisman*, 1888, huile sur bois, 27 × 21,5 cm.
[6] Terme de Bonnard rapporté par le peintre Charles Camoin dans une lettre qu'il lui envoie.
[7] Guy Cogeval, *Bonnard*, éd. Hazan, Paris, 2015, p. 140.
[8] Notamment dans le livre du Dr Joachim Beer écrit en 1941 mais publié plus tard, *Pierre Bonnard*, éditions françaises d'art, Marseille, 1947, planche XXIV, p. 149.
[9] Pierre Bonnard, Agenda, 17 janvier 1944, Bibliothèque nationale de France, Paris.

Cat. 44

Portrait du peintre par lui-même, 1945

Huile sur toile
56 × 46 cm
Fondation Bemberg, Toulouse
D. 1663

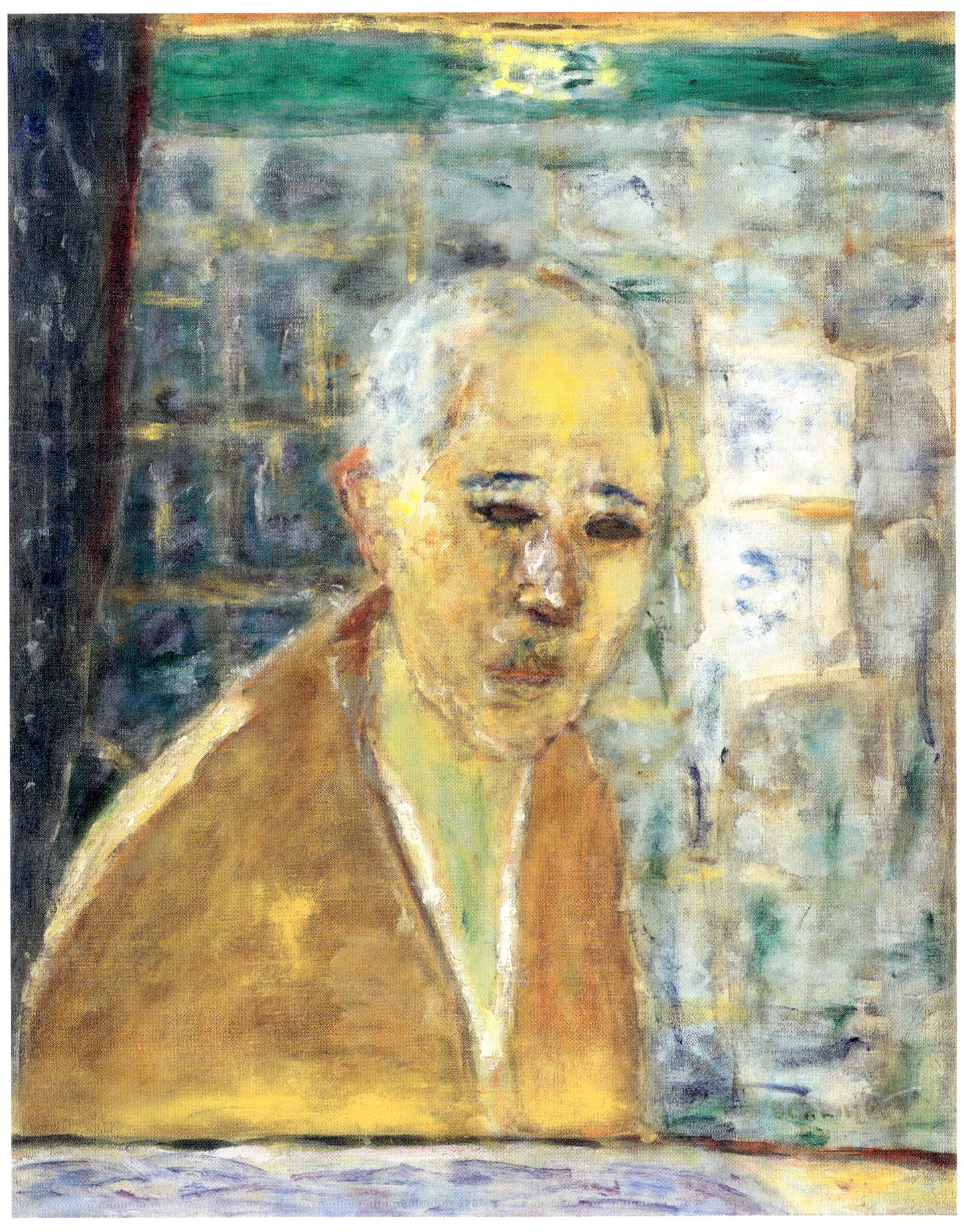

Cat. 45-46
ANIMISME

« J'ai vu aujourd'hui le premier amandier en fleur et les mimosas commencent à faire des taches jaunes », écrit Bonnard à Matisse en 1941[1] comme pour insister sur la *présence* d'une nature qu'il ne cesse d'interroger et qui l'aide à définir son cap. Avant lui, Van Gogh aussi avait été fasciné par cet arbre qui est le premier à fleurir à la sortie de l'hiver, à faire éclore ses fleurs d'un blanc rosé avant ses feuilles et qui bénéficie en cela d'un supplément symbolique et sacré, célébré par de nombreuses civilisations, et dont le livre de l'Ecclésiaste rappelle le message de renouveau : « Tandis que l'amandier est en fleur, que la sauterelle s'alourdit et que le fruit du câprier éclate; alors que l'homme s'en va vers sa maison d'éternité, et que déjà les pleureuses rôdent dans la rue » (Ec 12,5).

Dans une célèbre photographie de Brassaï qui rend visite au peintre en août 1946, Bonnard travaille à plusieurs tableaux en cours dont la version conservée au Centre Pompidou (ill. 3). Le peintre, comme il s'en était confié à Pierre Courthion, détestait les dimensions données d'avance et travaillait sur des formats imposés de manière à être plus libre quant à sa composition qu'il pouvait ainsi modifier comme il l'entend : « ce procédé m'est utile, surtout pour le paysage. Dans tout paysage, il faut une certaine quantité de ciel et de terrain, d'eau et de verdure, un dosage des éléments que l'on ne peut pas toujours établir au départ[2] »

Ainsi, l'amandier dans la peinture de Bonnard revêt un sens tout à fait particulier lié à l'attrait profond de son jardin enchanté du Cannet et de son environnement dont la connaissance le conduit jour après jour à ressentir un sentiment d'harmonie profond avec la nature. Pour nombreux de ses exégètes, ses amandiers sont la projection de lui-même dans un sentiment animique d'une rare puissance.

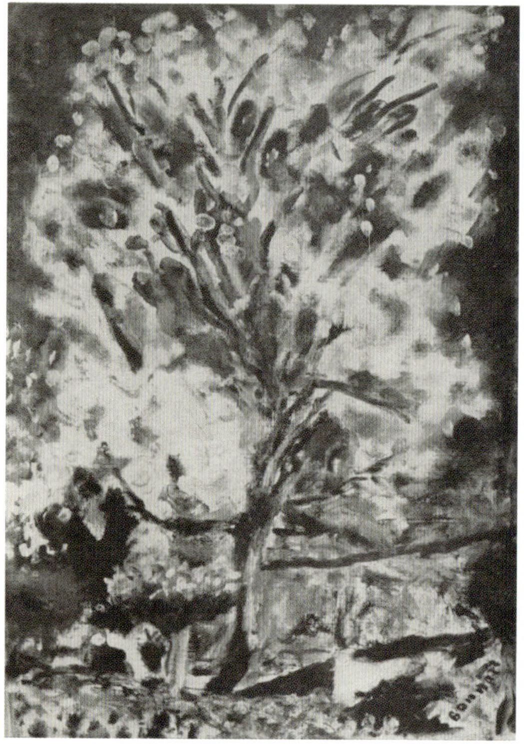

Ill. 1 Pierre Bonnard, *L'Amandier*, vers 1940, huile sur toile, 46 x 33 cm, localisation inconnue (D. 1585)

Bien qu'il semble que l'artiste ait souvent peint cet amandier qui se dresse face à sa chambre et qui, de son propre aveu, « le force à le peindre chaque année[3] », peu d'œuvres sont parvenues jusqu'à nous ; trois sont référencées entre 1930 et 1947 dans le catalogue raisonné[4] (cat. 45-46, ill. 1) si l'on excepte celui de la collection

Cat. 45

L'Amandier, vers 1930

Huile sur toile
51,1 × 39,4 cm
Musée Bonnard, Le Cannet
Don de la Fondation Meyer, 2013
D. 1420

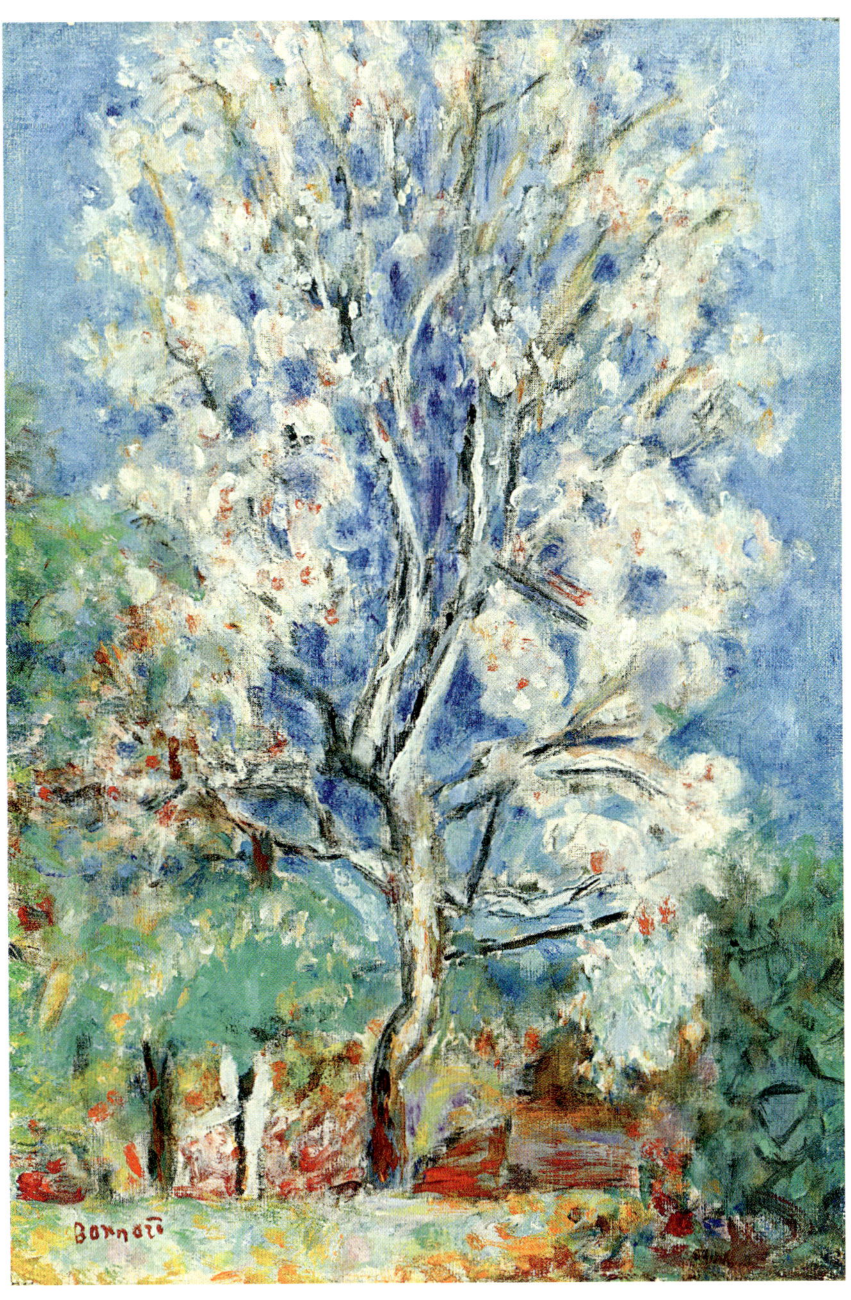

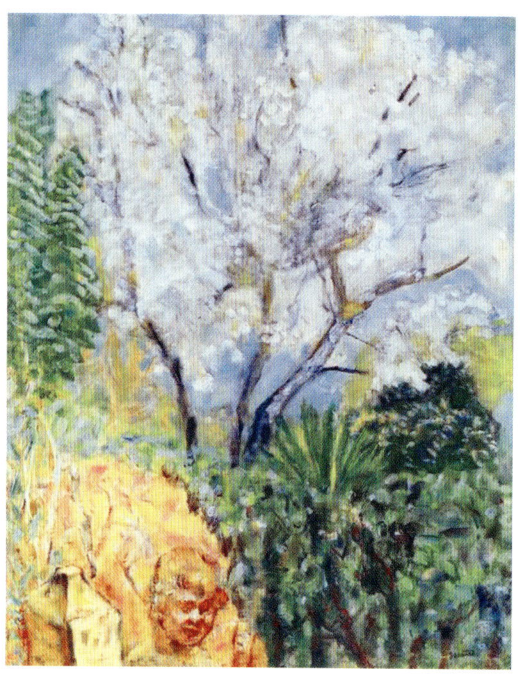

Ill. 2 Pierre Bonnard, *Amandiers en fleur, cactus et figure d'enfant*, vers 1942, huile sur toile, 70 x 55,5 cm, Collection Nahmad (D. 1614)

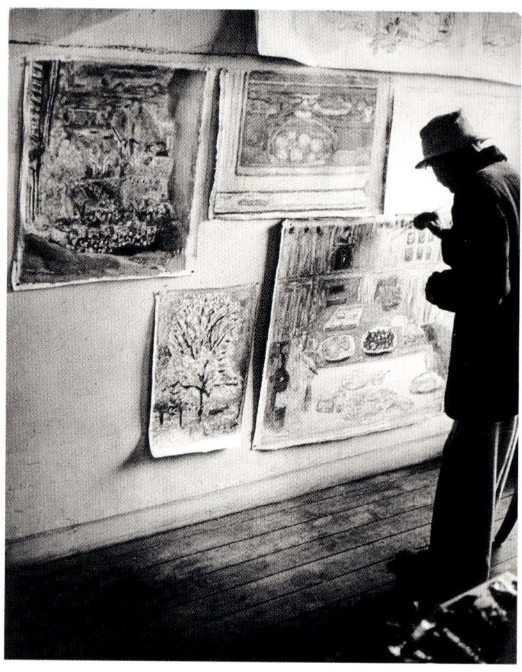

Ill. 3 Halasz Gyula Brassaï, *Bonnard peignant ses quatre toiles dont* L'Amandier, 1946, épreuve gélatino-argentique, collection particulière

Nahmad (ill. 2) beaucoup plus grand, dont l'approche est différente et qui fait moins « portrait », l'associant de surcroit à la figure d'un enfant et une sorte de coffre rappelant la forme supposée de l'arche d'alliance.

Dans les deux œuvres qui sont exposées, d'un format quasi identique, tout comme celui qui est dans une collection inconnue (ill. 1) l'amandier qui célèbre la renaissance de la nature, l'arbre « sacré » occupe la quasi totalité de la surface de la toile, de manière à en dresser comme un portrait. Dans le tableau du musée Bonnard (cat. 45), plus ancien, la matière apparaît comme plus légère et les couleurs plus claires. Sa floraison blanche est moins contrastée grâce à la présence de mauve et de rose. L'harmonie des couleurs qui se fondent entre elles donne à cette peinture un réel sentiment de paix et d'harmonie.

Son neveu Charles, témoin malheureux des derniers moments du peintre, livre cet émouvant témoignage à propos de son ultime tableau - *L'Amandier en fleur* (cat. 46) au moment de la donation de celui-ci par un célèbre collectionneur américain : « Un amandier fleurissait dans son jardin, presque sous la fenêtre de sa chambre. Il s'épanouissait à la fin de l'hiver. Au-dessus de son tronc noir, ses fleurs s'élevaient, sur un ciel souvent bleu sombre, en une gerbe d'un blanc éclatant. Cet arbre le ravissait. [...] Presque chaque année, il peignait son amandier en fleur.

Jamais peut-être l'arbre ne se vêtit d'une robe plus somptueuse qu'en ce printemps-là, [...]. Bonnard le peignit une fois encore avec fougue, avec enthousiasme. [...] L'artiste, on le sait, revenait le plus souvent sur ses tableaux. Sa peinture, qui pourrait paraître facile, a toujours été faite difficilement, avec retours, repentirs, à de longs mois d'intervalle. 'Le pinceau d'une main, disait-il, le chiffon de l'autre.' [...] Il en fut de *L'Amandier* comme de ses autres œuvres : Bonnard le mit de côté, puis le retoucha, et enfin le signa. Cependant il y songeait. Il le considéra encore, - et c'était en janvier 1947. Il était à bout de force. Il finit par dire : 'ce vert,

Cat. 46

L'Amandier en fleur, 1946-1947

Huile sur toile
55 × 37,5 cm
Musée national d'Art moderne, Centre Pompidou, Paris
Dépôt du musée d'Orsay, don de M. et Mme Charles Zadok, 1964
D. 1692

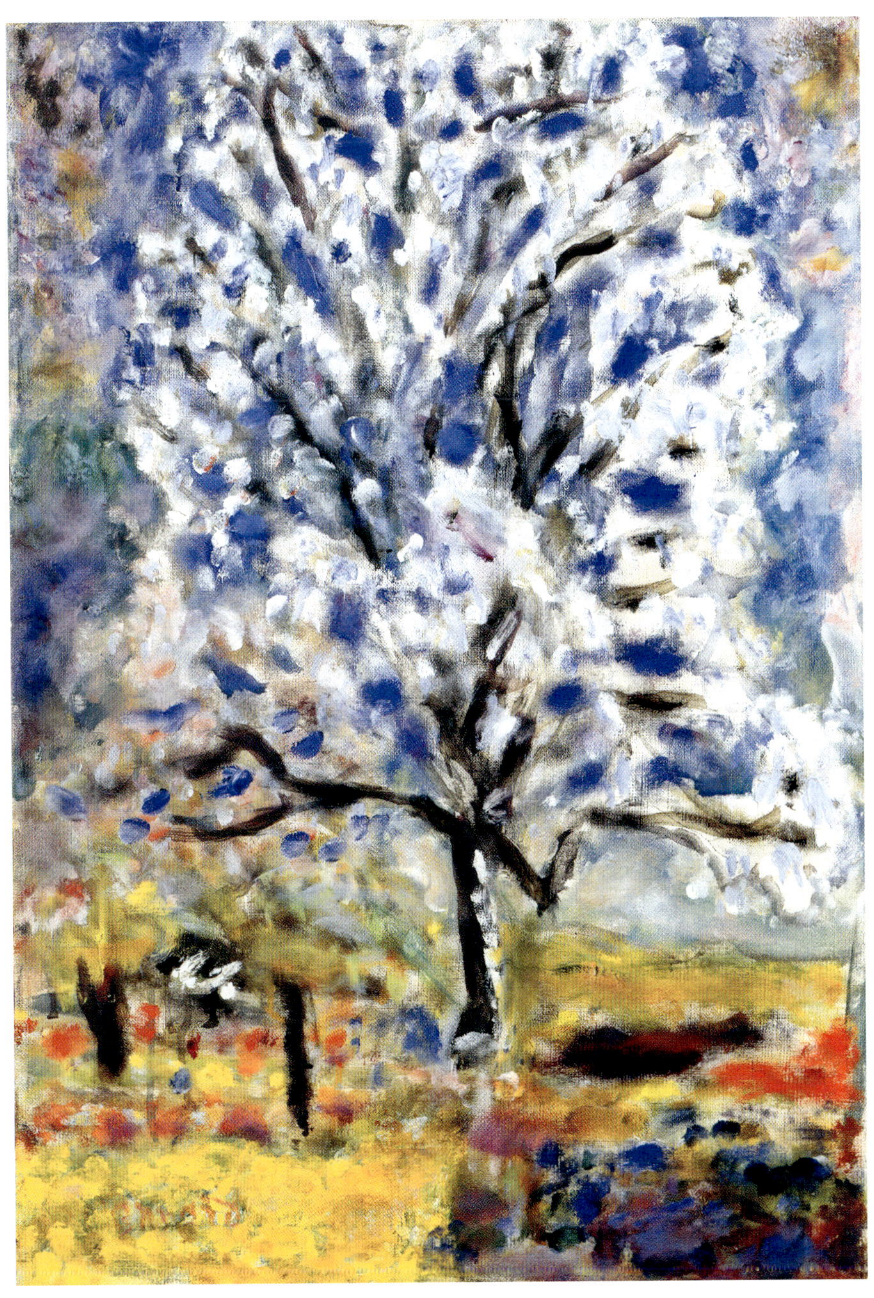

sur ce peu de terrain en bas à gauche, ne va pas. Il faut du jaune ...' Il me demanda de l'aider à couvrir de jaune ce peu de terrain, c'est-à-dire d'or. Quelques jours encore et Bonnard n'était plus.

L'Amandier en fleur est son dernier tableau. C'est un tableau petit ; mais, dans ses limites étroites, il n'est point de bornes à son ampleur. Dans ce jaillissement de blanc qui s'élève dans le ciel comme un hymne, on peut voir le suprême témoignage de gratitude et d'amour offert par Bonnard à la Nature[5]. »

Ce dernier tableau est un ultime hommage de Bonnard à la Nature, « au lien secret » écrit Guy Cogeval, « qui mêle création et nature, à travers l'image fort discrète du renouveau de la vie[6]. »

[1] Le Cannet [fin février 41], repr. in *Bonnard/Matisse. Correspondance*, présentation de Jean Clair et Antoine Terrasse, Gallimard, Paris, 1991, p. 88.

[2] In Pierre Courthion, *Bonnard peintre du merveilleux*, éd. Jean Marguérat, Lausanne, p. 1945.

[3] Propos de Bonnard rapportés par Marguerite Maeght, in Kober Jacques, *Hommage, Derrière le miroir*, Paris, Galerie Maeght, 1947.

[4] Dauberville n° 1420, 1585, 1614, 1692.

[5] Charles Terrasse, « L'Amandier en fleur de Bonnard », *La Revue du Louvre et des Musées de France*, n° 3, 1964, p. 144.

[6] Guy Cogeval, in cat. exp. *Le Temps des Nabis*, musée des Beaux-arts de Montréal, 1998, cat. n° 37, p. 95.

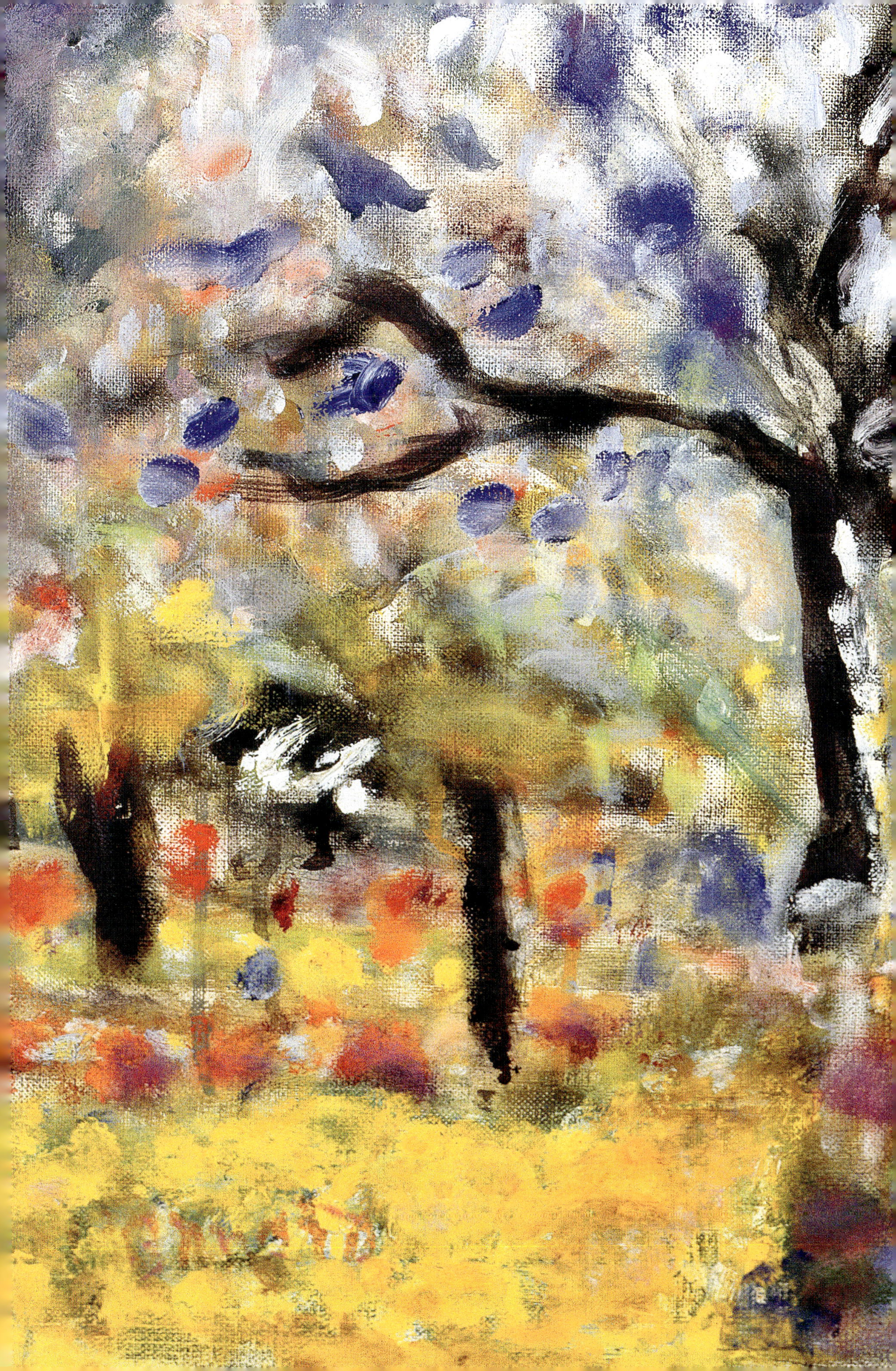

ENGLISH TEXTS

“I love the man,
I admire the painter.”

Auguste Renoir

“He charms,
he unsettles,
he scandalizes.
At times his painting
lets us in without resistance,
as we please, at times it
stays still, resisting
exegesis.”

Maurice Denis, 1943

“Bonnard’s painting,
is like a snack. But a real one:
Bonnard melts
on the tongue.”

Stanislas Fumet, 1944

“Always abreast
of everything
and always
in opposition
so as to remain
true to himself.”

Antoine Terrasse, 1967

The 150th anniversary of the birth of Pierre Bonnard is an event of such importance for the cultural heritage of France as to be included among the official national commemorations for 2017.
It was Musée Bonnard's duty, as the only museum in the world devoted exclusively to the great artist, to mark the occasion by offering an exceptional programme throughout the year. During the spring and all of the summer, this featured the presentation to the public of the extraordinary Marcie-Rivière donation, on loan from our partner institution Musée d'Orsay.
This gave the public the opportunity to admire seldom exhibited masterworks by Bonnard and his close friend Vuillard.
In this symbolic year, we are proud to present a second major event with the exhibition A Tribute to Bonnard: His Masterpieces. *It is an exceptional selection of works on loan from leading French museums and collections alongside the municipal collection, which has kept growing thanks to institutional partnerships, sponsorship and now also crowdfunding, making it possible to purchase* Les Grand Boulevards, *exhibited for the first time in our museum.*
The second event organized by Musée Bonnard presents major works that illustrate every stage in the career of Pierre Bonnard, who is regarded by the foremost experts as having reached his artistic peak when he fell in love with the light and landscapes of the Riviera and decided to settle definitively in Le Cannet.
We cannot imagine a finer tribute to the painter whose memory illuminates our heritage and contributes so much to the renown and dynamism of our town.

Yves Pigrenet
Mayor of Le Cannet

Michèle Tabarot
Member of Parliament
Member of the Town Council of Le Cannet

Bonnard Forever

Véronique Serrano

"Those who wish to write their dreams
must be infinitely awake."
Paul Valéry

When he was very young, Bonnard had a dream: to be a free and independent man who "seeks only to do something personal".[1] He realized that the only way for him to accomplish this was to live the life of an artist. This started with the Nabis in 1888, when Bonnard was 21 years old.
His impassioned quest never ceased to enrich the way he viewed his surroundings as a man filled with wonder and wholly at the service of the "requirements of emotion".[2] As he stated, "Emotion arises in a moment. The shock is instantaneous and often unforeseen."[3] Bonnard sought unceasingly to understand the magic of light and colour through art rather than reality, producing some of the most poetic but also the most melancholy work of his time.
Musée Bonnard pays homage to the artist on the 150th anniversary of his birth by presenting the

major works from its own collection together with a series of masterpieces on loan from important public and private collections across France, including those of Musée d'Orsay and Musée national d'Art moderne in Paris. We are most grateful to these museums for their faithful support and to all the other lenders of works for this exhibition.

The selection presented is designed to highlight the painter's original approach, contrary to the long-established image of him, and his ability to follow the course he set himself in 1888, when he decided to take up painting in the same spirit as one who embraces a religion, without ever deviating despite the criticisms and doubts, which, if anything, made him more pugnacious. Was he not one of the last artists to have what he described with his highly characteristic humour and detachment as an "outmoded passion for painting"?[4]

He lived through all the schools of painting of the late 19th century and the first half of the 20th, including post-Impressionism, Fauvism, Cubism, Surrealism and abstract art, taking part in one of them along the way as a member of the Nabis. If his work moves us even more today than in the past, it is because the hope of his painting is a response to disenchantment with modernity. We discover that Bonnard was far more complex than he may appear at first sight, concerned with depth while the avant-garde was exploring a different terrain. A pioneer, Jean Clair put his finger on Bonnard's "secret" by presenting "the adventures of the optic nerve" as the primary axis of the rereading of his work in 1984. Bonnard's vision is radical because it draws from the subject the very essence of its existence. The absence of a subject is an illusion and its presence is an effective stratagem to lead us astray in the nooks and crannies of everyday life. We see Bonnard no longer as the painter of sentiment his critics took him for. His painting is magical. His work never ceases to enchant with its innovative compositions, extraordinarily rich colour palette and simplicity of subject matter. Landscape and the magnetism of the figure were to be his twin obsessions in an effort to restore the lost harmony between man and nature.

Our interview with Guy Cogeval and Isabelle Cahn, curators of the magnificent Bonnard retrospective at Musée d'Orsay,[5] helps us better understand the place occupied by this "rare bird"[6] on the ever-moving chessboard of modern art. While his career spanned two centuries, his work is an integral part and indeed an essential point of reference of the 20th, where it arrived in silence and "with no cracks", with the lightness and delicacy of a butterfly's wings.

No better conclusion could be found than this description by Antoine Terrasse, who devoted his life to studying the work of his great-uncle: "Always abreast of everything and always in opposition so as to remain true to himself."[7]

[1] Pierre Bonnard, 1891. Quoted in Antoine Terrasse, *Bonnard*, Skira, Geneva, 1964, p. 98.

[2] "When you cover a surface with colours, you have to be capable of indefinitely renewing your game and endlessly finding new combinations of forms and colours that respond to the requirements of emotion." Diary, 1945, quoted in Alain Lévêque, *Pierre Bonnard, Observations sur la peinture*, L'Atelier contemporain, Strasbourg, 2015, p. 52.

[3] Pierre Bonnard, quoted in Terrasse, *Bonnard*, op. cit., p. 14.

[4] Letter to Charles Terrasse, February 1933. "I'm working a lot, more and more deeply entangled in this outmoded passion for painting. I may be one of the last survivors together with a few others. The main thing is that I am not bored."

[5] *Bonnard. Peindre L'Arcadie*, held at Musée d'Orsay, Paris, in 2015. Later shown in Mapfre Foundation in Madrid and Legion of Honor Museum in San Francisco.

[6] "The painter of sentiment produces a closed world, namely the painting, which is a bit like a book, and transports his interest wherever it is placed. This artist can be imagined spending a lot of time doing nothing but looking around himself and into himself. He is a rare bird." Pierre Bonnard, quoted by Jean Leymarie, in *Bonnard dans sa lumière*, exh. cat., Saint-Paul de Vence, 1975, p. 11.

[7] Antoine Terrasse, *Bonnard*, Flammarion, Paris, [1967] 1988, p. 92.

Bonnard, this "Rare Bird"

Conversation with Guy Cogeval, honorary curator general of Musée d'Orsay, and Isabelle Cahn, chief curator of Musée d'Orsay

Véronique Serrano, chief curator of Musée Bonnard

Veronique Serrano: You are the curators of the last major Bonnard retrospective, held at Musée d'Orsay in 2015, and both great experts on the Nabis. This year marks the 150th anniversary of Bonnard's birth. The view of his work has now changed and the time has inevitably arrived for some reassessment. How do you see the position of Bonnard's work in the 20th century and in relation to contemporary art in general?

Guy Cogeval: I am less inclined to describe Bonnard as a hedonist. I think that his work was developed in far more detail and depth, and we can see that. He was not simply a seaside painter, a Sunday painter who set off with his canvas and painted from life. He is really somebody who reconstructed the world in his studio.

VS: This is certainly one of his great contributions to modernity, but not the only one. We shall speak of his crucial approach to space and colour in a minute. What about you, Isabelle? How do you see Bonnard's place in painting today? Even though contemporary art - or a certain kind of contemporary art - no longer appears to accord painting the predominant position it once had.

Isabelle Cahn: Bonnard's work is constantly being reassessed. Most critics initially regarded him as the last of the classics, but there is a desire today to compare and contrast his painting with modernity, for example in the *Bonnard/Matisse* exhibition in Frankfurt.[1] This investigation is carried out through his friendships and his dealers, like Josse and Gaston Bernheim-Jeune, who exhibited Bonnard, Matisse and the Fauves. Many painters today love Bonnard for his extraordinary work on colour. Unlike Matisse, Bonnard was not a painter of immediacy, as the 2015 Musée d'Orsay exhibition showed. The colour that delights us in his painting is in fact the result of the highly complex construction of his works, which artists never tire of looking at.

VS: In Matisse there was in fact an apparent facility, about which he spoke on various occasions, and which of course was not real. In Bonnard, this is just as evident. A great deal has been written on the matter because of the simplification of figures, which become marks. Effacement requires a certain mastery. In my view, something similar happens with Bonnard, according to the same principle. He works on slowness in a state of tension. The question of time is essential in his art. To return to the question of Bonnard's legacy, which strikes me as fundamental and is relevant to the situation of contemporary art in general, I would like us to address the problem of Picasso's position with respect to Bonnard.
What do you think of Picasso's attitude, recalling his offensive remarks on their meeting? Is it due to some misunderstanding of Bonnard's work or because Bonnard represented, along with Derain for example, the idea of a certain kind of French painting? It is all very complex. I am fascinated by this attitude on Picasso's part, which I find quite puzzling. I believe Yve-Alain Bois has put forward a tentative explanation.[2]

GC: It is true that Picasso was a cheerful painter but he was also someone haunted by death. I think it is for this reason that Bonnard was regarded as less serious. Compared with the rock represented by Picasso, he had the wings of a butterfly, as he himself said. This obsession with death does not exist either among the French or in Bonnard's painting. This is the great difference with respect to Picasso.

VS: But Picasso was very critical of Bonnard's painting when he described it as a "potpourri of indecision". He was not so scathing about Derain, and of course still less about Matisse, even though he was in some respects the force to be reckoned with, and as you say, he was the possible leader of this school of painting which was being produced in France but had international appeal.

IC: There is perhaps also a form of jealousy, because Picasso sometimes envied the artists he criticized. Bonnard himself said at a certain point that he needed to regain control because colour was taking him too far towards the dissolution of form. This great battle between form and colour is also echoed by the critics of the time. Those who supported Cubism and Picasso hardly took an interest in Bonnard. They are the ones who attach labels but can also change their minds.

VS: But if his painting was so insignificant, why did Zervos, Picasso's close friend, raise the question of whether Bonnard was a great painter so shortly after his death? As you know, one of the very few who immediately came to Bonnard's defence was Matisse: "Yes, I guarantee that his painting is important for today and for tomorrow." This is not the statement of a painter in favour of a friend but of an artist who placed him above all others in the 20th century: "Bonnard is the best among us." This is what he had already declared to Duncan Philips.

GC: It is true that Matisse is also a painter of joy, whereas Picasso is not really.

VS: They were all in the South of France. Picasso was in Mougins, Juan-les-Pins, at the time. He did not visit Bonnard, who was nearby in Le Cannet, or indeed, I believe, Matisse, who was in Nice.

GC: On the other hand, Picasso did like Vuillard very much. He had a lot of his works, and some very fine ones, in his collection.

VS: How do you explain this attraction for an artist who pursued the same aims as Bonnard?

GC: I can't explain it.

IC: There was also a form of "clannishness" amongst dealers. Those interested in Picasso did not like Bonnard. Bernheim, who championed Bonnard, also loved Matisse and the Fauves. The line of descent is evident here. Commercial circuits are important for the recognition and handing down to posterity of artists.

VS: We are also always surprised by Bonnard's farsightedness, which you referred to a few moments ago in connection with the image of the butterfly: "I hope that my painting will endure without cracking. I would like to arrive before the young painters of the year 2000 with the wings of a butterfly."
When he said this in 1946, he had always been very unassuming. His words appear crystal-clear today. Wouldn't you agree that he was aware of being a little before his time?

GC: I find the image of the butterfly wings very Art Deco, indeed Art Nouveau! So it would be a return to the age of Art Nouveau, of which he was in any case one of the most evident and convinced representatives at the time.

VS: The fact of thinking about the young painters of the year 2000 in 1946 for me is indicative of his long-term vision. I think he was aware that he had gone a long way in the exploration of visual fields and space through colour. For those who did not regard Bonnard as modern, this remark is evidence to the contrary.

GC: I agree.

VS: Leaving aside these problems, how do you explain the fact that Bonnard's work took so long to emerge? Renewed interest in his work and in-depth study of it did not start until the mid-1980s. Then in 2006 there was the exhibition organized by Suzanne Pagé and more recently your exhibition and the creation of Musée Bonnard.

GC: I'm delighted. it's wonderful. I went to organize a Bonnard exhibition at the art museum in Montreal but it was cancelled because of the one by Sarah Whitfield at Tate in London in 1998, which completely ruled out any complementary event. I waited and I was right to wait, as time is always on my side.

IC: The last few years have seen a public demand for Bonnard and the 2015 exhibition proved very successful. It offered an opportunity for rereading Bonnard's painting through a non-strictly chronological approach.
Musée Bonnard is also involved in a rereading of the painter's work through his friendships and his aesthetic relationships.

VS: Is Bonnard's long stay in purgatory now over? First in his own day, then after 1947 with the campaign of denigration orchestrated by Zervos, and finally the long lawsuit over his estate, which not only divided his heirs but also led to most of his work being put away for twenty years. The effects of this are still being felt today. Archive research is therefore essential. There is still a great deal to know about Bonnard, as the private archives have not been fully explored or are not easily accessible.

IC: There is also part of his work still to be discovered.

GC: There was the staggering experience of seeing his *Vue panoramique du Cannet* [*Panoramic View of Le Cannet*] (ill. 2) in a well-known American gallery.

IC: Yes, when preparing for our exhibition, we were able to see various masterpieces still in private hands and therefore generally inaccessible.

VS: Paintings not seen in France since the mid-1980s. The artist's catalogue raisonné also requires thorough revision. The dating of certain works should be reconsidered, and reassessment is needed of the identity of the people involved in his life, in light of the seventy years that have gone by since his death - starting with the studies carried out in this time. We at Musée Bonnard have set ourselves the difficult task of creating the most complete possible database with images. This is one of one of the main tasks of the resource centre I am in the process of setting up. With his work soon to come into the public domain, accessibility will be greatly facilitated. The catalogue raisonné published by Galerie Bernheim will certainly remain the essential cornerstone but it is also one of the museum's tasks to work on the collection and of course on Bonnard's oeuvre with reference to a whole series of related archives, like those of Vollard, Signac, Vuillard and others.

IC: A team has to be set up, as Guy did for the Vuillard catalogue raisonné, to carry out an analysis and not simply the cataloguing of the works, as one is useless without the other.

VS: When did you meet and develop your common passion for Bonnard's work?

GC: I think we really met in 1984 at the Jean Clair exhibition at Centre Pompidou.

IC: Yes.

VS: That exhibition was a shock for many of us. It marked the real start of the examination of his work as anchored in the 20th century, going far beyond the Nabi artist.

IC: The exhibition gave us a more rounded vision of Bonnard's work. His pieces from the Nabi period were kept in Palais de Tokyo but their presentation did not have the same strength. It was a sudden and complete revelation of his painting, including the large decorative works and the nudes in bathrooms.

GC: Jean Clair knew next to nothing about the Nabi period, which he was not interested in. He had instead developed a more intellectual vision of Bonnard's painting and especially his mature work through a new approach to his compositions.

VS: Everyone remembers that 1984 exhibition. Jean Clair's rereading was crucial. There had been nothing of note since 1967, the centenary of his birth. It is true that there were very few pieces from the Nabi period in his exhibition. Jean Clair, real name Gérard Régnier, was a teacher at École du Louvre at the time and focused more on Bonnard's space and colour than on his Nabi period. Do you see Bonnard the Nabi as an artist who was still finding his way or was he already the master of his destiny?

GC: I think Bonnard is one of the great artists who makes a path of his misgivings, someone who comes at length to doubt whether he is on the right track but presses on with determination. I find this extraordinary.

IC: Yes, that's exactly it. He is himself from the very outset and full of doubt at the same time. There is a great difference between his early works and those that follow. Bonnard is initially influenced by Japan, with arabesques and flattened perspective, but then he constructs his paintings through colour with joyful energy. The impression of happiness that emerges is a mental construct.

VS: By the age of 25, when he painted *Crépuscule* [*Twilight*], also known as *La Partie de croquet* [*The Croquet Game*] (cat. 4), he was already a great artist. This is even more evident with hindsight. The construction of his work was already most interesting. The Nabis soon broke up, as you know, but the friendship between the artists survived. Bonnard, who was keen to be independent, remained a close friend of Vuillard's, as their correspondence shows, but the gap widened in pictorial terms.

GC: There was a downward slope but not a complete halt in Vuillard's work. It was the period during which he painted the *Place Vintimille* panels, one of his most splendid works. It is one of the most radiant and joyful things Vuillard ever produced, and too seldom seen because it is in Washington. He also painted *La Biblioteque* [*The Library*], one of his most tactile and virtuoso works, intellectual and very beautiful. He was completely in love with the American lady in the centre of the composition. Vuillard was always in love.

VS: This is what so astonishing, this amount of detail, this similarity with Bonnard. This is clearly evident in the splendid and highly impressive Marcie-Rivière collection. There are paintings very similar to one other, with the same predominant atmosphere. Only an expert can distinguish Bonnard from Vuillard in that period.

The question of the format arose for these two artists, and indeed for all the Nabis of this period. Bonnard appears to have wanted very early to work on supports of various kinds and sizes. Has your research allowed you to determine when Bonnard really started to work on canvases with no stretcher? This approach to the space of the canvas is of great importance in his work. Photographs of his studio reveal canvases with stretchers but no easel. Do you know of any other artist who worked in a similar way to Bonnard?

GC: No. I think he is one of the rare painters with a central vision that never alters but a peripheral vision that can change at will.

IC: His vision of a simultaneously continuous and discontinuous space is in fact characteristic of an effort to move away from a naturalistic vision. Despite his doubts, Bonnard had great artistic determination and always followed the same direction in his compositions. This mysterious path took shape as a succession of compartmentalized spaces, sometimes with the presence of mirrors, coloured screens, open windows... Bonnard, like Vuillard, is one of the most fascinating painters of his time. His charm lies in the presentation of psychological and sentimental subjects. The imagination also plays a role in Bonnard's art, but his compositions are defined primarily in artistic terms.

VS: There is another point that may appear anecdotal but is nevertheless important in Bonnard's life and work. Can you tell me how you see Pierre and Marthe as a couple? Do you think Marthe's personality influenced significantly the evolution of his work? Since their meeting, do we not have the emergence of something different?

GC: I think you'd better ask Isabelle, as she takes a kinder view of Marthe than I do.

IC: Well, I think I'll have to agree. We know little about the subject other than from the testimony of close friends like Matisse, who said this after Marthe's death, "Bonnard is completely different. He is finally free of his wife." Bonnard always feared that something awkward might to happen with Marthe, who did not have his education. Then he was prisoner of her illness, which isolated him. At the same time, this situation probably suited him, as it enabled him to work in his studio.

VS: I agree. The presence of Marthe with her way of isolating him, consciously or otherwise, allowed him to concentrate on his work. Bonnard appears to have focused more on his work and wasted less time than he would have in Paris, having conversations in the studio or going to see the work of others. This is how I believe this woman, and indeed wifes in general, can have a considerable impact on an artist's work. While it is true that he was free afterwards, she was always there. Look at the nudes in the bath. Even though this is a transposed image - because, as you know, Marthe was not the model for all the nudes - she is always *there*.

IC: It may not have all been fun and games with Marthe but she was a faithful and supportive wife. She was a *presence*. I also wonder to what extent Bonnard needed her mental illness in order to paint and to create for himself an imaginary world. In any case, he was not always faithful to her.

VS: Bonnard married her in 1925, over thirty years after they met. This marriage remains a puzzle because he had the young and pretty Renée Montchaty at his feet. It was perhaps blackmail. In any case, we know the tragic ending.[3] There was Lucienne Dupuy de Frenelle too.

GC: Antoine Solomon was always saying that he knew a boy who was the son of Bonnard and Lucienne Dupuy de Frenelle. According to him, he was the spitting image of Bonnard.

IC: His daughter, who contacted us and Musée Bonnard, makes no particular claims but would like to know whether her father really is the son of Bonnard and Lucienne, her grandmother.

VS: Antoine Terrasse also met this person, to whom he gave a copy of the only photograph he had of Lucienne with Bonnard. She also informed me that Lucienne had been hospitalized in Cannes and died there in 1927, the year Bonnard moved to Le Bosquet. Bonnard's life and work are full of surprising events, it would make a great subject for a novel or film interweaving art with love and tragedy.

IC: What strikes me is that his affairs took place simultaneously. A photograph with Renée Montchaty, Lucienne and Marthe was published for the first time by Antoine Terrasse in the catalogue of the 2015 exhibition.

VS: Musée d'Orsay today holds the world's largest collection of works by Bonnard and the Nabis. It has works from nearly all stages in his career, with a particular focus on the Nabi period, one of his finest self-portraits, and so on. But is there any work that you feel is missing and still dream of obtaining, without considering the Hays collection? Is there a painting you really think necessary to complete this already magnificent and ideal collection?

GC: There is one work I find mesmerizing, the portrait of Andrée Bonnard with cyclamens and a beautiful piano (ill. 4). It is a magnificent, spectacular work.

IC: Perhaps a large nude in the bath, even though these paintings are really too late for being included in Musée d'Orsay's period of focus.

VS: Bonnard's work never ceases to amaze us. As "Bonnardians", we know that despite the major work already completed by Musée d'Orsay and our young Musée Bonnard, there is still so much to know and discover. This is a rare thing for an oeuvre of similar importance.

IC: The public is now familiar with Bonnard and aware of the existence of Musée Bonnard in Le Cannet. It is an exceptional place where the landscapes and light of Bonnard's paintings can be seen all around. This place is almost a fixed feature of Bonnard's work. There are indeed many discoveries to be made as regards both new works and new research.

VS: To coincide with the exhibition *Peindre l'Arcadie*, Guy, Hazan brought out a new edition of your book on Bonnard from 1993. Your study does not seem outdated today, as back then you already took a new approach to Bonnard. You brought it up to date with an introduction to the new edition but otherwise there were only minor changes. Your vision has unquestionably evolved but its foundation remains the same.

GC: Similarly, I am astonished to see that my thirty-year-old book on post-Impressionism is about to be republished in Italian. In fact, all the works that I included in it, like *La Sorcière au chat* [*The Witch and the Black Cat*], have been since bought by Musée d'Orsay.

IC: You anticipated a vision of art that marked our generation. Today the Nabis are known all over the world and recently, on the occasion of an exhibition of works from Musée d'Orsay at Mitsubishi Ichigokan Museum in Tokyo, we saw the enthusiasm of the Japanese public for painters they had not even heard of just twenty years ago.

VS: It is true that today there is no longer the need to explain to the general public who the Nabis were. While the group is not as well known as the Fauves, the Cubists and certainly the Impressionists, people are aware of their existence. Your work has made this possible. We can now say that Bonnard is receiving due recognition in Paris at Musée d'Orsay and in Le Cannet at Musée Bonnard, dedicated entirely to him.

Paris, June 2017

1. *Bonnard/Matisse Vive la peinture !*, Städelmuseum, Frankfurt, 13 September 2017 - 14 January 2018.
2. In 2006 in *Bonnard. Un arrêt du temps*, exh. cat., Musée d'Art moderne de la Ville de Paris, pp. 51-63.
3. Renée committed suicide in September 1925, a few weeks after Bonnard's marriage.

WORKS

Texts by Véronique Serrano

Cat. 1-3
The First Lithographs

Cat. 1

France-Champagne, 1891

Poster, three-colour lithograph
79 × 59,5 cm
Musée Bonnard, Le Cannet
Inv. 2009.0.36

Cat. 2

Poster for *La Revue blanche*, 1894

Four-colour lithograph
80 × 62 cm
Musée Bonnard, Le Cannet
Inv. 2009.0.37

Cat. 3

Les Peintres graveurs, poster, 1896

Four-colour lithograph
80 × 62 cm
Musée Bonnard, Le Cannet
Loaned from private collection
D. 2010.1.36

The year 1891 saw an intense period of work for the young artist, who took part for the first time in the Salon des Indépendants with no fewer than five paintings and the four panels of *Femmes au jardin* (*Women in the Garden*). Bonnard was then 24 and his enthusiasm can be seen in the effervescence of his creativity. During the same year he produced a poster to advertize a popular brand of champagne - *France-Champagne* (cat. 1) - commissioned two years earlier by E. Debray, the owner of vineyards in Tinqueux-lez-Rheims. This poster was also his first printed work and involved several preparatory drawings, some of which have survived (ill. 1 and 2). It was followed by the cover of a concert programme (ill. 3) for the same client with a similar concise decorative design.[1]
Thanks to Bonnard's correspondence with his mother, we can date the poster to late March or

April 1891. On 13 March, he wrote the following: "I'm going to the printing works for the poster this afternoon. I've already seen a proof in black, all that is left to do is to print the colours. It may be ready in time for my departure."[2] And a few days later: "I will not see my poster up on the walls. It won't be ready until the end of the month."[3]

The poster, with its innovative colouring and composition, proved a success. Renowned actor Coquelin Cadet, a friend of Aurélien Lugné-Poe, wanted one,[4] and this comment by critic Felix Fénéon appeared in the magazine *Le Chat Noir*: "A poster superior to the products of Appel and Lévy but - at last! - without being by Chéret or Grasset. [Bubbles] cascade inexhaustibly from the glass proffered by a plump waitress with equally frothy hair and eyes crinkled in laughter." His friend Octave Mirbeau underlined its crucial importance a few years later in 1908: "The first printed poster to explode joyfully on the walls of Paris since Daumier, so different from the delightful illuminations of Chéret, this *France-Champagne*, now almost impossible to find, is the work of Bonnard... It inaugurated a revival of lithography, the art that Toulouse-Lautrec was to take to the heights of sophistication and mastery now familiar to us."[5]

Bonnard chose to depict his enticing and effervescent cousin Berthe Schaedlin[6] holding a glass of champagne in a daring composition. The foam overflows to the point of covering a third of the poster, thus offering a blank surface for the text. What is new here is the adoption of simplified colours with no relief and the sinuosity of the lettering and the female figure, already displaying the artist's keen interest in the Japanese prints that were in fashion at the time. A further feature is the broad black outline enclosing each element in an interplay of arabesques, a hallmark of the painter's work all through his Nabi period.[7]

Aside from the fact that the poster enabled Bonnard to reach financial independence,[8] this had a less-known impact on Toulouse-Lautrec. His great surprise on seeing *France-Champagne* is attested by witnesses like Thadée Natanson, Annette Vaillante, and Bonnard himself.[9] Introduced by the latter to his printer Edward Ancourt and firmly convinced of the creative potential of the poster, Lautrec would take up the medium with the success we all know of.[10] Bonnard produced about ten posters, nearly all during his Nabi period, and recognized the superiority in this field of his friend, who would produce three times as many.

During this boom period for printing, Bonnard produced large numbers of drawings and illustrations, above all for Thadée Natanson's magazine *La Revue blanche* and for Ambroise Vollard. The Parisian dealer had a passion for prints and artist's books on costly paper in limited editions, and was determined to play a major part in the production of graphic art in France. The long neglected colour lithograph rose to a high level of technical excellence through the skill of engravers Edward Ancourt and Augustin Clot.

The poster Bonnard produced in the autumn of 1894 (cat. 2) announces the monthly publication of *La Revue blanche* in the new format inaugurated in 1893.[11] It was exhibited from 10 May to 10 June 1895 in the magazine's gallery at 20 Rue Laffitte, where copies were sold for five francs. As in the case of *France-Champagne*, the lettering played a key part in the poster's great modernism. Painted in white in different sizes, the letters stand out boldly against the black silhouettes in the foreground. Opinions are divided on the identity of the mysterious woman with the piercing gaze. Some regard her as Misia, not only the muse of the Nabis, a woman whose devastating charm made her the centre of attention, but also and above all the wife of Thadée Natanson, one of the magazine's three directors.[12] Others identify her as Marthe, whom Bonnard had just met and saw as the embodiment of the ideal new woman with her enigmatic allure. Both suggestions are indeed quite plausible.

In any case, the artist presents the image of an elegantly clad Parisian lady with a disdainful, mysterious expression, a "modern" woman embodying the new spirit of a magazine with a modern layout and content, open to Symbolists and Nabis, to artists like Bonnard, Vuillard, Vallotton and Denis, commonly referred to at the time as the *Revue blanche* painters, to writers like Mirbeau, André Gide and Mallarmé, and to musicians like Gabriel Fauré and Claude Debussy.

Various preparatory drawings are known as well as a very small sketch in watercolour and Indian ink (ill. 4) that captures the essence of the composition in embryonic form, the pose of the female model but above all the intriguing shape in the background, As Bonnard explained to his mother in a letter, the "bat" was in actual fact "the top hat of a large gentleman seen from behind".[13] The importance of the magazine was not yet underscored by the figure of the urchin pointing its thumb at its name, which appeared in the final lithograph. A large poster-sized drawing containing everything, down to the detail of the repetition of the title, was unquestionably the last but one design before the engraving of the lithographic plates. Natanson was well satisfied with the result: "No less surprising is the diversity of the figures in this narrow rectangle, from the back of the book lover and the silhouette of little lookout with his cupped hand to the female figure, surprised but confident of her charms, in this season's outfit."[14] This is probably the best known of all his posters and rightly regarded as one of his lithographic masterpieces. After Bonnard, Toulouse-Lautrec was to give the magazine a different image while preserving the model of the elegant lady encapsulating its spirit, namely Misia.

Known for his support of the Impressionists, in particular Cézanne and Renoir, Ambroise Vollard also decided to publish lithographs and commissioned original prints from Bonnard and other artists in 1896, 1897 and 1898 to make up portfolios. As he wrote in his memoirs, "I have always loved prints. [...] My idea was to commission engravings from artists who were not professional engravers. What might have appeared a gamble proved a great artistic success."[15]

Before designing the cover of the second portfolio, *Album d'estampes originales*, Bonnard produced the lithograph *La Petite blanchisseuse* (*The Little Washerwoman*) for Vollard's first *Album des peintres graveurs* in 1896. This appeared at the same time as the inauguration of the new premises of Galerie Vollard, for which Bonnard designed the poster of a lady seen from behind gazing at the print in her hands (cat. 3, ill. 5). The universe of prints is symbolized here by the portfolio, well-known to aficionados, on which part of the text is painted. The close-up view of the figure and the abundant use of brown and black focuses attention on the engraving with its white margins, subliminally reinforcing Vollard's advertisement for his trade in prints. The composition closely reflects the artistic concerns of Bonnard and the other Nabis, who were influenced by the innovative layout of the Japanese prints in vogue at the time. The painter was to remain faithful all his life to the technique of lithography, which he considered invaluable training for a painter.[16]

[1] Bonnard was paid 100 francs for the poster and 40 francs for this second commission. According to a letter from his mother, the artist's father "danced in the garden" on hearing the news. He also gave Bonnard permission to devote all of his energies to his passion. Archives Terrasse, 1890.

[2] Bonnard had arranged to go and stay with his sister Andrée in Arcachon, where she had just moved with her husband, composer Claude Terrasse, after their marriage a few months earlier (on 25 September 1890 at Le Grand-Lemps). Archives Terrasse.

[3] Letter of 19 March 1891, Archives Terrasse.

[4] Letter from Bonnard to his mother, 21 May 1891, Archives Terrasse.

[5] Quoted in the catalogue *Les Peintres graveurs*, Galerie Berès, Paris, 2002, n.p.

[6] Bonnard's sketchbooks from this period are full of pencil or ink drawings of his beloved cousin Berthe, who had a cheerful, mischievous disposition. Berthe and his sister Andrée were Bonnard's favourite female models until he met Marthe in 1893.

[7] Attention should also be drawn to the official stamp, which had been made obligatory by the law of 29 July 1881 on the freedom of the press: "by freeing posters from all public restrictions other than the revenue stamp and protecting it from the meddlesome control of certain mayors, [the law] made this growth possible". Marc Martin, *Trois siècles de publicité en France*, Odile Jacob, Paris, 1992.

[8] See note 1.

[9] Bonnard, letter to Claude Roger-Marx, 7 January 1923, quoted in Claude Roger-Marx, *Bonnard lithographe*, Andre Suaret, Monte Carlo, 1952, p. 11; Thadée Natanson, *Le Bonnard que je propose*, Pierre Cailler, Geneva, 1952, p. 19; Annette Vaillant, *Bonnard ou le bonheur de voir*, Ides et calendes, Neuchâtel, 1965, p. 166.

[10] In June 1891 Bonnard worked on another poster for the Moulin Rouge, an establishment well known to Toulouse-Lautrec, who was awarded the commission. See also the letter from Mme. Eugène Bonnard to her daughter Andrée, 25 June 1891, Archives Terrasse.

[11] The first issue of *La Revue blanche*, initially bi-monthly and published in Belgium, appeared on 1 December 1889. It became a monthly in 1890, starting with the fifth issue, and moved its headquarters to Paris in 1891, where it was run by the brothers Alexandre, Thadée and Alfred Natanson. Between 1891 and 1903, it published 237 issues plus three issues of the supplement *Nib*.

[12] See *Misia reine de Paris*, exh. cat. (Musée d'Orsay, Paris, and Musée Bonnard, Le Cannet), Gallimard, Paris, 2012.

[13] Letter from Bonnard to his mother, quoted and reproduced by Antoine Terrasse in *Au temps des Nabis*, exh, cat., Galerie Huguette Bérès, Paris, 1990, p. 23.
[14] Quoted by Terrasse in *Au temps des Nabis*, op. cit., p. 22.
[15] Ambroise Vollard, *Souvenirs d'un marchand de tableaux*, Albin Michel, Paris [1937] 2007, p. 277.
[16] "I learned a great deal about painting by producing colour lithographs. You discover a lot of things when you have to work on the relations of tone by superimposing or juxtaposing only four or five colours." Pierre Bonnard to André Suaret, quoted by Antoine Terrasse in *Bonnard*, Gallimard, Paris, 1988, p. 48.

Cat. 4

Crépuscule (La Partie de croquet) (Twilight or The Croquet Game), 1892

Oil on canvas
130 × 162,5 cm
Musée d'Orsay, Paris
Gift of Daniel Wildenstein through Société des Amis du Musée d'Orsay, 1985
Inv. RF 1985-8
D. 38

Owned for a long time by the painter's family,[1] this ambitious work of mysterious charm is, together with *Femmes au jardin* (*Women in the Garden*), the prime example of Bonnard's Nabi period. Aged just 25 in 1892 but already an experienced artist, Bonnard and his friends in the movement shared a new idea of art extending far beyond the easel painting. He had indeed already produced his first posters (cat. 1-3), stage scenery for Lugné-Poe, furniture designs and illustrations (*Le Petit solfège illustré*) displaying a decorative approach influenced by Gauguin and Japonism.

After the presentation of *Femmes au jardin* the previous year, he obtained renewed success at the Salon des Indépendants of 1892 with seven paintings including *Crépuscule* (*Twilight*) (cat. 4), subsequently renamed *La Partie de croquet* (*The Croquet Game*). The modern approach of this work was noted there by critics as acute as Gustave Geffroy: "Monsieur Bonnard seeks to lead his supple and decorative painting down modern pathways and presents a *Twilight* where women sway in an exquisite dance on a lawn against the background of a landscape almost plunged into darkness."[2] Clearly impressed by the composition, his friend Maurice Denis rightly wrote in *La Revue blanche* of Bonnard's very personal form of Japonism,[3] while Thadée Natanson was instead disconcerted by the work's originality and described it as "still rigid with theory".[4]

While the subject, a scene of leisure activities in the countryside (ill. 1), is certainly Impressionist, Bonnard effects a radical departure through great compositional freedom with respect to traditional perspective, pursuing real decorative aims through the effect of superimposed planes, a still unusual format, the stylization of forms and the fluid interplay of arabesques.

This is not a simple outdoor scene. It owes its particular atmosphere to the artist's tonality, the richness of his nuanced palette, above all the endless shades of green, at twilight.[5] Dusk can be regarded as marking the transition not only between day and night but also, by extension, between reality (the foreground) and the imaginary world (the dream-like dance of five girls in a circle). This "elegiac tonality", to quote Guy Cogeval,[6] lies at the heart of the mental attitude of the young Bonnard, imbued with Symbolist poetry. The strange scene, with an atmosphere that is somehow stifling despite the outdoor setting, is just as important as the fluidity of the poses and forms. For Cogeval, this recalls to a slightly lesser degree the suffocating and even disturbing world of Maeterlinck's Symbolist drama.[7]

At the same time, the painter of these bucolic scenes on the family estate of Le Grand-Lemps in Isère, where he loved to take part in harmonious moments of family life, is playing with reality here. It is easy to recognize his father Eugène Bonnard sitting in the foreground on the left, his brother-in-law Claude Terrasse standing behind him, his sister Andrée facing us in white, the focal point of the foreground. The second female figure, seen from behind, is probably his cousin Berthe, a constant presence in that period.

The painting is divided into two planes and indeed two worlds. The first, which occupies two thirds of the composition, contrasts strongly with the other in the background, bathed in an unnatural light that endows the apparently ordinary round dance with particular overtones. It is this scene that most concerned the painter,

who also addressed it in a watercolour (ill. 2) focusing on the dancer seen from behind, who seems to be floating in the air. This initial study for *Crépuscule* displays attention to the sinuous outlines, a feature borrowed from Japanese prints. The influence of Japonism is still more evident in the foreground, especially in the decorative handling of the garments, where Bonnard plays with the checked and speckled patterns of the fabrics. Andrée wears a dress with puffed sleeves that seems to be borrowed from the figure seen from behind in the well-known *Peignoir* (ill. 3), painted the same year.[8]
The figures are like cut-out silhouettes pasted onto a background of greenery with a richness of graphic detail that endows the whole with incomparable radiance.
For all these reasons, this charming painting can unquestionably be seen as a demonstration of the young painter's skill and his essential contribution to the aesthetic vision of the Nabis.

[1] The work was still part of the artist's estate in 1947; see the catalogue *Bonnard*, Paris 1947. It left French territory in 1963 and disappeared shortly afterwards for nearly twenty years before resurfacing in international exhibitions in 1983 and 1984. It was then donated to Musée d'Orsay in 1985 by Daniel Wildenstein (who had made an verbal promise to this effect in 1964) through Société des Amis du Musée d'Orsay (Archives Documentation du Musée d'Orsay).
[2] Gustave Geffroy, "Les Indépendants 29 mars 1892", *La Vie artistique*, 2nd series, XX, Paris, 1893, pp. 372-73.
[3] Pierre Louis [Maurice Denis], 'Les Indépendants', *La Revue blanche*, 1892, pp. 233-34.
[4] Thadée Natanson, *Le Bonnard que je propose*, Pierre Cailler, Geneva, 1952, p. 216.
[5] The same atmosphere can be found in a very small work painted the same year (ill. 4).
[6] Guy Cogeval, *Romantisme, de Delacroix à Jannot*, exh. cat. (Lyon, 16 March - 17 June 1994), p. 136.
[7] Guy Cogeval, *Bonnard*, Hazan, Paris, 1993, p. 20; new edition Paris, 2015.
[8] Ursula Perucchi-Cetri also develops this idea in "Pierre Bonnard, le Nabi très japonard", *Bonnard. Peindre l'Arcadie*, exh. cat., Musée d'Orsay/Hazan, Paris, 2015, p. 65.

Cat. 5

Promenade des nourrices, frise de fiacres (Nannies' Promenade, Frieze with Carriages), 1897

Series of four five-colour lithographs making up a folding screen
Published by Molines, 20 rue Laffitte
191 × 144 cm (the four sheets)
Musée Bonnard, Le Cannet
Purchased with aid from FRAM
Inv. 2010.2.2

The fashion for screens reappeared in France in 1850, taking up a solid decorative tradition of the 18th century. Japonism helped strengthen this passion among the Nabis. In 1892 Bonnard was the first to produce various screens in which this influence is evident, not least in the Japanese *kakémonos* format. These include works like *Femmes au jardin* (*Women in the Garden*), *Le Peignoir* (ill. 3, p. 32) and *L'Enfant au pâté de sable* (*Child Making a Sand Castle*), as well as remains of dismembered or reassembled screens (all in Musée d'Orsay).
In 1894 Bonnard had the idea for this screen, a study for which in tempera on canvas was included in his first solo show (Galerie Durand-Ruel, January 1896) (ill. 1). It is likely the success of this work that prompted him to produce a lithograph of it the following year. The aesthetic vision of the Nabis was primarily based on the idea that painting should address the field of decorative art in order to bring art closer to life. This aim coincided with increasing demand on the part of enlightened art lovers, who supported these efforts to end the tyranny of the easel painting. As Verkade eloquently wrote, "At the beginning of 1890, a war cry resounded from one studio to another: No more easel paintings! Down with useless pieces of furniture! Painting must not usurp a freedom that isolates it from the other arts... There are no paintings, only decorations."[1] This watchword was taken up by Albert Aurier, a known champion of the Symbolists and the Nabis.[2]
In 1897,[3] in an effort to circulate his work and make it accessible to a larger public, Bonnard produced a lithograph printed in 110 copies. This serial approach was new for this kind of work and in line with the Nabis' philosophy that art should be everywhere, even though the limited edition still made the artwork a luxury item.
In a letter of 1894 to his mother, Bonnard suggests that the scene is set in the Tuileries by Place de la Concorde: "I am producing a screen for Champ de Mars [where the annual Salon was held]. It will

be the eighth wonder of the world, at least for a moment. I am very pleased with it and think it will attract more attention than the previous one if shown at Champ de Mars.[4] There are people instead of foliage and ducks. It shows Place de la Concorde, a young mother with her children, nannies, dogs and a line of carriages for hire as a border at the top, all this against an off-white background that is just like Place de la Concorde when it is full of dust and looks like a miniature Sahara."[5] Public parks were a frequent subject of Bonnard's painting and illustrations. The two panels on the right show a woman guiding the steps of a little girl and two boys playing with hoops. This group in motion contrasts with the two panels on the left and the static pose of the three nannies in the background. At the top, a frieze of harnessed carriages lends cohesion and continuity to the whole. The composition also takes into account the folding of the screen by connecting the panels with one another, especially by means of the children's hoops, which continue the movement apparently halted at the sight of a frisky little dog.
Bonnard displays wonderful mastery of contrast between full and blank spaces, between the winding lines and the blank surface of the paper left exposed to play a important part in the decorative structure of the whole. The painter uses his observation of children and poses to present an unadorned picture.
Over half of the edition was lost due to flooding in the premises of the Molines publishing house in Paris and there are probably no more than about thirty complete prints surviving, most of which in the United States. To the best of our knowledge, there are only two in the public collections in France, one in Musée Bonnard and one jointly owned by Musée d'Orsay and Bibliothèque Nationale de France.
Édouard Vuillard, the painter's friend and keen admirer, was to use the setting of Bonnard's screen on several occasions in portraits of subjects like Marcel Kapferer (ill. 3) and Jean Gosset during the 1920s as well as in his *Portrait de Mme Jean-Henri Adam* (c. 1936-37). All these works attest to the reputation of this work, copies of which were frequently found in the collections of art lovers of the period.

[1] Jan Verkade, *Tourment de Dieu*, Paris, 1923, p. 94, quoted in Claire Frèches-Thory and Antoine Terrasse, *Les Nabis*, Flammarion, Paris, 2001, p. 93.
[2] "Painting can only have been created to cover the mural banalities of human buildings with poems, ideas and dreams." Quoted in *Les Peintres graveurs*, exh. cat., Galerie Bérès, Paris, 2002, p. 41.
[3] Long dated 1899, the lithographic version of this screen was actually produced early in 1897, as attested by an article on the edition of prints of February 1897 in the magazine *L'Estampe et l'affiche*, 15 March 1897. The price given is 40 francs in separate sheets and 60 francs assembled to form a screen.
[4] This other screen he mentions is the one now in the Museum of Modern Art, New York, where green foliage predominates.
[5] Pierre Bonnard, letter to his mother, 1894, Archives Terrasse.

Cat. 6-10
Paris Life

Cat. 6

Les Chapeaux rouges (The Red Hats), 1894

Oil on canvas
28 × 33 cm
Private collection

Cat. 7

Les Grands boulevards, c. 1895

Gouache and India ink applied by brush on laminated paper
32.3 × 49.2 cm
Musée Bonnard, Le Cannet
Purchased with aid from FRAM and crowdfunding

Cat. 8

L'Omnibus, c. 1895

Oil on canvas
59 × 41 cm
Private collection
D. 100

Cat. 9

Personnages dans la rue avec tramway vert (Figures in the Street with Green Tram), 1905

Oil on paper lined with canvas
48 × 55 cm
Private collection
D. 1862

Cat. 10

Grande décoration, scène de rue (Large Decoration, Street Scene), c. 1905

Oil on canvas
157 × 173 cm
Private collection
D. 1890

Paris was a favourite subject of Bonnard and the Nabis around the turn of the century as well as a magnet for artists from all over Europe. For Bonnard, who chose Montmartre as his home, the city was a fascinating spectacle that fired his insatiable imagination. He proved to be an acute and witty observer of modern life. The carriages, the trams, the crowds bustling in the streets and the new places of entertainment, the mothers and children, the leisure activities and craftsmen, everything offered the young painter a pretext to sketch with incomparable charm and irony the world of the boulevards, the meeting place of dandies in top hats and elegant ladies with hats decked in flowers or feathers. As the critic Gustave Geffroy wrote in his review of Bonnard's first show, held at Galerie Durand-Ruel in 1896, "No one captures the appearance of the streets, the bustling silhouettes and the dashes of colour seen through the thin Parisian fog with greater finesse."[1]

Scenes of Parisian life constituted a key subject of his work until 1910. Between 1891 and 1896 Bonnard produced illustrated programmes and stage designs for theatres (the Théâtre Libre, Théâtre d'Art and Théâtre de L'Œuvre). At the same time, he did important work as a lithographer, reaching its peak in *Promenade des nourrices* or *Nannies' Promenade* (cat. 5, p. 35). Several small works were devoted to views of the city and crowds bundled up in overcoats, including *Grands Boulevards* (cat. 7), recently acquired by the museum.

This work in India ink and gouache on paper is indicative of Bonnard's interest in the innovative graphic techniques of Japanese engravers. The modernity of the approach can be seen in the frieze of figures in the background, silhouettes recalling the renowned *théâtre d'ombres* or shadow theatre of the Chat Noir cabaret and displaying the influence of Japanese prints in terms of layout. The setting barely outlined in the background provides a dimension of space and focuses attention on the subject. It is only the mother and the little girl placed slightly off-centre in the foreground who display some expression. Bonnard was to address this subject again in close up, focusing this time on the check pattern of a garment (ill. 1)

There are two other known studies of the same subject (ill. 2 and 3) with small variations. It is also probable that Bonnard was working on a lithographic project on urban subjects, like those commissioned by Vollard for the series *Quelques aspects de la vie de Paris* (*Some Aspects of Parisian Life*) (1899). The *Parisiennes* (*Parisian Ladies*) lithographs (ill. 5) and the poster for *La Revue blanche* (cat. 2) are, however, somewhat closer as regards the density of ink and use of close-up.

Painted in the same period, Bonnard's *L'Omnibus* (cat. 8) completely encapsulates the aesthetic of the Nabis and its characteristic concision in a radiant street scene that is one of his finest genre paintings. Possibly intended as part of a larger composition,[2] it constitutes a snapshot of vibrant Parisian life, a constant source of inspiration. The spectacle of the street, the contrast of façades and shop windows, and the colourful bustle of carriages, omnibuses and passers-by provided Bonnard with subjects for many paintings.

Isolated in the centre of this composition is the figure of an elegant lady in front of the bright yellow wheel of an omnibus. What could be the first three letters of the word Alesia,[3] the name of a district frequented by the artist most probably for its liveliness, stand out in red. The model captured from life is characteristic of the women whom Bonnard sketched here and there, filling the pages of his notebooks with their elegant figures. The young woman's face is set off by her white ruff. An impression of movement is conveyed by the pose of the young woman, who has a small dog on a lead that can hardly be distinguished in the swirling paint, a delightful detail that adds a touch of humour to the delicate work.

In this period Bonnard illustrated *L'Album de la Revue blanche*,[4] for which he designed the cover and produced the lithograph *Femme au parapluie* (*Woman with an Umbrella*) (ill. 6). This was to reappear years later in his *Grande décoration* (cat. 10), "a mountain of ideas" gathering together a host of familiar subjects: the fruit seller, the terraces and windows of cafés, children playing, the green tram that reappears from canvas to canvas, carriages and cars, signs of a modern, dynamic society undergoing transformation. Movement is indeed the primary characteristic of *Personnages dans la rue avec tramway vert* (*Figures in the Street with a Green Tram*) (cat. 9), which suggests a long take in a film that could change in the next scene (ill. 7). Bonnard preserves the image of the tram to establish the connection, as was customary practice in his painting at the time. The browns and blacks of the Nabi period are accompanied by dashes of bright colour, reds, yellows and greens, which demonstrate his close attention to the artistic developments of the time, when his new friend Matisse, together with Derain, had just invented Fauvism.

[1] Gustave Geffroy, *La Vie artistique*, 8 January 1896, quoted in Antoine Terrasse, *Bonnard*, Gallimard, Paris, 1988, p. 247.
[2] This idea was suggested by the owner of the painting, who examined the back and noted the presence of painting on one on the vertical sides but not the other.
[3] See Antoine Terrasse, *Bonnard*, op. cit., p. 46.
[4] Published in 1895 by L'Estampe originale with a front and back cover by Pierre Bonnard, *L'Album de La Revue blanche* is a portfolio of twelve lithographs in black and white or colour by artists championed by the magazine or associated in most cases with the Nabis, including Bonnard, Maurice Denis, Paul Ranson, Odilon Redon, J. Rippl-Rónaï, Toulouse-Lautrec, Vallotton and Vuillard. *La Femme au parapluie* was first published in *La Revue blanche* (no. 35, September 1894) before its inclusion. The complete portfolio is a recent addition to the collection of Musée Bonnard (inv. 2017.2.1–13).

Cat. 11
La Loge (The Box), 1908

Oil on canvas
90 × 120.6 cm
Musée d'Orsay, Paris
Bernheim-Jeune donation in lieu of taxes, 1989
RF 1989-32
D. 496

Though painted to order, this work is one of the masterpieces of the transition years, when Bonnard broke away from the Nabis with his large canvas *L'Après-midi bourgeoise* (*The Bourgeois Afternoon*) (1900, Musée d'Orsay). The period saw an increase in luminosity in works where colour plays an important part, such as *Nu à contre-jour* (*Nude Against the Light*) (1908, Musées Royal, Brussels).
It shows the two Bernheim-Jeune couples in their box at the Paris Opera but has nothing to do with classic society portraiture, attesting on the contrary to the close relations between Bonnard and his dealers and their wives.[1] The painter addresses the subject with great freedom and even a degree of irreverence that must have surprised his patrons, one of whom has the top of his head missing while the other is relegated to the background.[2] Bonnard chose to shock us in this composition by not showing the husbands and wives side by side. From the left we see Suzanne Bernheim de Villiers, Josse Bernheim-Jeune, Gaston Bernheim de Villiers, and Mathilde Bernheim-Jeune.[3]
The subject, which was very popular with the Impressionists, especially Renoir (ill. 1) and Mary Cassatt, was often addressed by the Nabis, including Vallotton in some scathing works (ill. 2), Bonnard generally preferred small theatres or cafés-concerts (ill. 3) to the splendours of the opera house. He appears to have accompanied the Bernheim-Jeune family to the Opéra only once so as to make a preparatory sketch of the two women. The painting is essentially a reflection on form and colour, as attested by the artist's great deployment of colour and insistence on the ladies' sophisticated dress.
The dimness of the foreground, where Gaston stands in the centre beside his sister-in-law, his head "mercilessly" cut in half,[4] contrasts sharply with the cosy, glowing background. The seclusion of the figures is accentuated by the interplay of the gilding and the heavy crimson velvet curtain, reminiscent of the closed settings of the Nabis. Eight years after his caustic *Après-midi bourgeoise*, a humorous portrayal of his own family, Bonnard produced this uncompromising society portrait as a satire on the high life of the class that was nevertheless his own and that he did not repudiate. The distinguished boredom we discern in the expressions of the two "very beautiful and very listless" women,[5] together with the unusual angle, is indicative of the irony and detachment with which Bonnard viewed this world, which he knew very well and would not allow to impair his freedom.

[1] Bonnard was "under contract" to the Bernheim-Jeune family from 1904 to 1940. They bought his *Après-midi bourgeoise* in 1900 and he exhibited work with his fellow Nabis at their gallery in 1900,1902, 1904 and 1907. His 1906 solo show was the first in a series held nearly every year until World War II. For the history of the Bernheims' gallery, see also cat. 20, p. XX.

[2] The painting remained in the possession of the Bernheim-Jeune family until 1989, when it was accepted as a donation in lieu of taxes.

[3] The Bernheim-Jeune brothers married the Adler sisters, Mathilde (1882-1963) and Suzanne (1883-1961), renowned for their elegance and beauty, in a double wedding in 1901. The couples lived the same house on Avenue Henri-Martin until 1929.

[4] Guy Cogeval, *Bonnard, les chefs-d'œuvre*, Hazan, Paris, 1983, p. 88.

[5] Gloria Groom, *Édouard Vuillard, Painter-Decorator*, New Haven, Yale University Press, 1993, p. 191; quoted in *Renoir au XXième siècle*, exh. cat., Grand Palais-RMN, Paris, 2010, p. 280.

Cat. 12-14

Cat. 12

Nu debout à sa toilette (Jeune fille nue debout) (Standing Nude at Her Toilette or Standing Nude), c. 1902

Bronze
28.5 × 8 × 10 cm
Cast in 12 copies by Susse frères
Musée Bonnard, Le Cannet
Gift of Mme Dominique Terrasse, 2010
Inv. 2010.1.7

Cat. 13

Baigneuse assise devant un rocher, le bras droit replié derrière sa tête (Bather Seated by a Rock), c. 1910

Bronze
16.2 × 11.3 × 13 cm
Cast by Léopold Rey in 24 copies
Musée Bonnard, Le Cannet
On loan from a private collection
D.2010.1.40

Cat. 14

Le Printemps (Deux baigneuses) (Spring or Two Bathers), 1904-05

Bronze
19 × 10,5 cm
Cast by C. Valsuami in 15 copies
Musée Bonnard, Le Cannet
Gift of Pierrette Vernon, 2011
Inv. 2011.2.1

While the well-known memoirs of the art dealer Ambroise Vollard[1] may appear far-fetched in places, they do provide precious information.[2] One example is an anecdote supposedly explaining how Bonnard took up sculpture: "One day, I saw Bonnard kneading a ball of bread. In his fingers it gradually took the shape of a little dog. I said, 'That looks like sculpture to me, Bonnard. [...] Why don't you make me some statuettes?' Bonnard didn't say no and, after a few trial runs, he began work on a large epergne. One afternoon, there was a noise like boiler-making from the basement of my shop. They asked me if I was having some work done down there. It was Bonnard hammering his bronze."[3]
By that time, Bonnard had already produced some important lithographs (ill. 1) for the celebrated dealer, thereby contributing to the revitalization of printmaking. Vollard wanted to help this art regain all its nobility by selecting young artists and exceptionally gifted engravers like Auguste Clot[4] to produce limited editions on high quality paper. He took the same approach to sculpture and was always on the lookout for the least sign of interest on the part of artists.[5]
As Anne Pingeot rightly recalls, however, Bonnard had already been attracted to sculpture before the anecdote related by Vollard.[6] We refer to his creation of marionettes for the production of Alfred Jarry's *Ubu Roi* at the Théâtre des Pantins in 1896. In any case, sculpture can be regarded as no more than a "parenthesis"[7] in his work, starting in 1902 with the first bronze, an epergne now in Musée d'Orsay, and ending in 1910, when he began to experiment in other fields.[8] As in his painting, his favourite subjects were his friends, acquaintances and family. The Arcadian atmosphere of his illustrations for *Daphnis et Chloé* (ill. 3) and his painting reappears in his small pieces of statuary. Marthe, who was the model for almost all his sculptures, is particularly recognisable in *Nu debout à sa toilette* (*Standing Nude Washing Herself*) (cat. 12), where the pose is based on a photograph taken by the artist around 1900-01 in the garden of the house they rented in Montval (ill. 2).[9] The painter had just finished the *Parallèlement* illustrations for Vollard and was starting on *Daphnis et Chloé*. There too, Bonnard used this

enticing image of his mistress, her hand resting delicately on her thigh and her head at an angle. It is harder to identify her in *Le Printemps* (*Spring*), *Deux baigneuses* (*Two Bathers*) (cat. 14) or *Baigneuse assise devant un rocher, le bras droit replié derrière sa tête* (*Seated Bather by a Rock with her Right Arm Behind Her Head*) (cat. 13), a subject also addressed in his painting (ill. 4). In any case, a new model began to appear in his nudes and portraits in 1905, marking the end of the exclusive focus on Marthe.[10]

Bonnard was not a painter-sculptor in the same way as Gauguin and Picasso. His small bronzes drew on his painting but offered nothing in return. Even if "he always liked to look at sculpture",[11] Bonnard was really interested in the art of museums like the Louvre, which he visited assiduously since his youth. He also bought a drawing from the great Rodin on 11 February 1910.[12]

Bonnard appears to have abandoned sculpture, like photography, before the end of World War I in order to concentrate on his highly demanding art in the conviction that, "when you paint, that's all you can do". As he remarked to his friend Matisse, "Painting means something only if you devote yourself to it completely."[13]

[1] Ambroise Vollard, *Souvenirs d'un marchand de tableaux*, Albin Michel, Paris, [1937] 2007.

[2] According to Thadée Natanson, who also wrote his memoirs, Vollard's book was "to be read with all kinds of precautions. When read as required, however, it constitutes a document that was well worth writing." Thadée Natanson, *Le Bonnard que je propose*, Pierre Cailler, Geneva, 1951, p. 76.

[3] A. Vollard, *Souvenirs d'un marchand de tableaux*, op. cit., p. 280.

[4] See Veronique Serrano (ed.), *L'Œil d'un collectionneur n° 2, Les Peintres graveurs Bonnard, Vuillard et les Nabis*, exh. cat., Musée Bonnard, Le Cannet, 2014.

[5] For example, Degas, Maillol and then Bonnard.

[6] Anne Pingeot, *Bonnard sculpteur, catalogue raisonné*, Musée d'Orsay/Nicolas Chaudun, Paris, 2006.

[7] This is how Charles Terrasse describes this stage in his uncle's work in *Bonnard*, Floury, Paris, 1927, p. 86.

[8] Anne Pingeot's meticulous study (*Bonnard sculpteur*, op.cit.) identifies eight models of original sculptures from which two series of bronzes were cast. The catalogue raisonné lists fourteen models of sculptures. Apart from at least two, the epergne (*Surtout*) and a *Printemps* (*Spring*), all the bronzes are posthumous.

[9] See Francoise Heilbrun and Philippe Néagu, *Pierre Bonnard photographe*, Réunion des musées nationaux / Philippe Sers / Vilo, Paris, 1987.

[10] From 1916, Representations of Marthe were mingled with representations of Renée Monchaty and Lucienne Dupuy de Frenelle. Bonnard had affairs with both these women.

[11] Antoine Terrasse, *Bonnard*, Flammarion, Paris, [1967] 1988, p. 87.

[12] In Pingeot, *Bonnard sculpteur*, op. cit., p. 34.

[13] Letter from Bonnard to Matisse, [September 1933], in *Bonnard/Matisse Correspondence*, ed. Jean Clair and Antoine Terrasse, Gallimard, Paris, 1991, p. 55.

Cat. 15-16
Early Nudes

Cat. 15

Jeune fille au tub se lavant les cheveux (Young Woman in the Bath Washing Her Hair), c. 1893

Oil on panel
27 × 16.5 cm
Private collection

Cat. 16

***Nu se reflétant dans une glace (Nude before a Mirror)*, 1907 [1900-01]**

Oil on panel
62 × 37 cm
Musée Bonnard, Le Cannet
Purchased with aid from FRAM, 2012
D. 1927

The nude made its appearance in Bonnard's painting (cat. 15) in 1893, just after he met Marthe, and went on to become a major subject through which he carried out his deepest investigations of the body, space and colour. He had, however, not yet reached this stage at the turn of the century. Three works indicative of his evolution - *L'Homme et la femme* (*Man and Woman*) (ill. 1), *L'Indolente* (*Indolence*) (Musée d'Orsay, Paris) and *La Sieste* (*Siesta*) (National Gallery of Australia, Canberra) - mark the end of his Nabi Japonism. Flat expanses of bold colour gave way to darker hues and mischievousness to deeper feelings. As his nephew Charles wrote, "Bonnard's art became not only warmer and more vibrant but also far more nuanced. The painter no longer proceeded through strokes of colour but through shades that acted upon, influenced and penetrated one another. And gleams heralding his imminent evolution towards colour appeared against the still sombre background."[1]

With their heavy, sensual atmosphere, these paintings are impregnated with his personal life and his interest in the Symbolist theatre of Ibsen and Maeterlinck, where middle-class feelings and drama reached their climax. The sombre eroticism of these scenes of ordinary life in almost oppressive closed settings is depicted with powerful sensuality and a tension that is both melancholy and dramatic. These characteristics are to be found in *Nu se reflétant dans une glace* (*Nude Looking into a Mirror*) (cat. 16). Even though officially later, by virtue of its chromatic range, composition and subject - a man and a woman - this work is unquestionably in the same vein as those of the 1900-01 period. Bonnard developed the scene in several variations at that time.[2] Here we find the same use of the mirror and the ambiguity of a reflected image, the angle and a closed space, which is probably the couple's apartment at 65 Rue de Douai. We recognize the same shades of scarlet on the walls, the same muted tonalities, the same juxtaposition of a man standing and a naked woman - undoubtedly Marthe - sitting in a sensual pose, her body still that of the woman he loved more than an element of the painting. Marina Ferretti-Bocquillon speaks in this connection of "a path leading from amorous desire to the passion of pure painting".[3] This is precisely what Bonnard sought: to see the model no longer, to disembody it, and finally to see it alone through colour, even though a starting point, a subject, was always essential for a painter so attentive to the laws of the world.

The man appears half-length, as in the *Étude d'homme nu* (*Study for a Male Nude*) (ill. 3), holding a towel through the transposed image of a reflection. His body stands out against an imposing blood red wardrobe. A few objects can be discerned in the foreground, above all a hat like the ones worn by Marthe, the reflection of which serves to conceal his total nakedness. This male figure is Bonnard himself, recognisable by his slender build despite an emphasis on the androgynous appearance of his anatomy. Examination of photographs Bonnard took of himself and of Marthe during the same period in the garden of the Montval house reveals striking similarities. No screen separates the couple here but the difference in scale between the two lovers is preserved, with Marthe sitting to the rear in a sensual pose that the painter was to capture repeatedly in his drawings and sculpture. The small white cat with a pink bow that we can see beside her is the same as the one in the *L'Homme et la femme* (ill. 1), the culmination of the series.

Between 1900 and 1910, Bonnard painted more than fifty nudes directly inspired by his private life while continuing to produce paintings based on drawings from life.

[1] Charles Terrasse, *Bonnard*, Floury, Paris, 1927, p. 80.

[2] See the catalogue raisonné, ref. Dauberville nos. 182, 224, 1804, 1828.

[3] Marina Ferretti Bocquillon, "Des coups de pinceau en plein coeur. Les nus de Bonnard", in *Bonnard, peindre l'Arcadie*, exh. cat. (Paris), Musée d'Orsay-Hazan, Paris, 1995, p. 131.

Cat. 17-18
Intimism & Intimacy

Cat. 17

Nu debout, vu de dos (Standing Nude Seen from the Back), 1913

Oil on canvas
80 × 51 cm
Private collection
Courtesy Galerie Bernheim-Jeune, Paris
D. 771

Cat. 18

Nu de profil (Nude in Profile), 1917

Oil on canvas
103 × 52 cm
Musée Bonnard, Le Cannet
Purchased with aid from Fonds
du Patrimoine and FRAM
Inv. 2010.1.1
D. 2129

"The charms of a woman can teach an artist a lot about his art", Bonnard observed at the end of his life.[1]

Brought up and supported by a mother and grandmother who left their imprint on him, throughout his life Bonnard was highly sensitive to the female universe of family life and intimate relations. The presence of women is thus an integral part of his life and work. The first recurrent representations are those of his sister Andrée and cousin Berthe during his youth. These soon gave way to Marthe, whom he met in 1893 and who was to share his life for nearly fifty years. His first nudes date from the time of this crucial meeting (cat. 15, p. 57). Then there were Renée and Lucienne, important presences who died respectively in 1925 and 1927, as well as other models who all remained anonymous except for Anita Champagne, a professional model who appeared in his paintings between 1905 and 1908, Dina Vierny (cat. 21, p. 69), and Moucky Vernay at the end of his life.

Friends, mistresses, known or unknown models, the female figures present in Bonnard's paintings are in most cases connected with episodes in his love life. Radiant nudes bathed in light animate the pages of a private diary kept as he worked.

Despite the ups and downs of her existence, however, it was the body of Marthe with its curves and mysteries that her painter never ceased to explore, preserving her eternal youth with his brush, a fixed point of reference in his work. Over the years, Marthe became the embodiment of his painting, depicted washing herself or in interiors of the couple's various homes in Paris, Vernon, Arcachon and Le Cannet as from the 1920s. Bonnard also loved to mingle features of his different sources of inspiration, thus making their identification difficult today. The problem lay elsewhere for him, his only concern being with capturing his emotions on canvas.

After the dark hues of his early nudes, Bonnard changed his method in the 1910s, making numerous preparatory drawings in order to prevent himself from being over-influenced by colour. The poses of his nudes are not academic but slightly precarious and off-centre, recalling the photographs taken by the artist at that time and used as material for his drawings. In a constant quest for balance, the painter used colour to organize his figures in daring compositions where objects, space and figure penetrate one another.

Nu debout, vu de dos (*Standing Nude Seen from Behind*) (cat. 17) is the first in a series of nudes in which certain accessories and features of the interior are recurrent elements (ill. 1): a mantelpiece, clothing thrown on a chair or stool, a door and above all the play of light or a reflection (ill. 2) on a wall, the pretext for an enchanting effect of shimmering colour. Bonnard elevates the everyday scene into the fascinating spectacle of his life and painting. As Philippe Comar wrote, "the domestic space remains an eternal wilderness to be explored. What is familiar, seen a thousand times, is observed with same ingenuity as if it had just been discovered, endowed with the same strangeness."[2]

Marthe, recognisable by her slender physique and trademark slippers, is presented in an extremely geometric space, a grid of verticals and horizontals that accentuates the verticality of her body. This is reinforced by the effect of the linen in the foreground, a subtle combination of whites that heightens the pallor of her skin.

In addition to elongating his figures, Bonnard often places them in narrow settings, as in this *Nu de profil* (*Nude in Profile*) (cat. 18) from Musée Bonnard, a painting of splendid proportions belonging to the same universe as the sumptuous series of nudes in the bath of 1916-17. Like them, the scene is probably set in their house Ma Roulotte in Vernon, as we find the same bathroom, the same tiled floor, the same play of reflections in a mirror, as in this case, or on the water in the tub. Contrary to what one might expect, the model is probably not Marthe but Lucienne Dupuy de Frenelle, already depicted in some of these nudes in the bath. A friend of the couple since 1916, like Renée,[3] Lucienne had an affair with Bonnard in Vernon.[4] The painter displays perfect mastery of the compositional model developed in his glowing nudes as from 1908. Here Bonnard employs little artifice in the handling of colour, apart from some reflections on the areas of flesh, presenting a close-up vision of the half-length figure in a narrow format. The powerful verticality of his model occupies all the space of the canvas, her head tilted at a slight angle as though to fit into its narrow borders. The setting is only apparently closed, however, as the window and the mirror, in the same harmony of blue and yellows, provide spatial breadth even though traditional perspective is abandoned in favour of a depiction of great sensitivity.

[1] Bonnard, in *Verve*, 17-18, 1947, p. 33.
[2] Philippe Comar, "Marthe nue", in *Bonnard, peindre l'Arcadie*, exh. cat., Musée d'Orsay / Hazan, Paris, 2015, p. 127.
[3] See the posthumous article by Antoine Terrasse, "Un monde voué à la féminité", in *Bonnard, peindre l'Arcadie*, op. cit., pp. 193-99.
[4] The wife of a physician, she already had a three-year-old child when she met Bonnard, who became the godfather of her second child, born in 1920. Divorced in 1924, she died in Cannes in May 1927, shortly after Bonnard and Marthe moved into Le Bosquet.

Cat. 19-21
Intimism & Intimacy

Cat. 19

Nu de dos à la toilette (Nu jaune) (Nude at Her Toilette Seen from Behind or Yellow Nude), winter 1934

Oil on canvas
107.3 × 74 cm
Musée national d'Art moderne,
Centre Pompidou, Paris
D. 1460

Cat. 20

Nu accroupi (Crouching Nude), 1938

Gouache and watercolour on paper
19,5 × 25 cm
Galerie Bérès, Paris

Cat. 21

Nu sombre (Sombre Nude), 1942-46

Oil on canvas
81 × 65 cm
Private collection, courtesy of Galerie Dina Vierny, Paris
D. 1686

In 1926 Bonnard had Le Bosquet, his villa in Le Cannet, fitted with a bathroom complete with tub and flooded with the light he found so precious and indeed essential. The numerous sketches he made from the balcony of his wife in the bath or washing herself then served as material to try out different combinations of colour and framing in his nearby studio. The bathroom and the bedroom were authentic places of visual experimentation.

Long thought to date from 1930, *Nu de dos à la toilette* (*Nude at Her Toilette Seen from Behind*) (cat. 19) was actually completed at Le Cannet in the winter of 1934, as attested by an inscription on the back of the canvas.[1] It remained in the artist's studio until his death and was donated to Musée national d'Art moderne in lieu of taxes. Sometimes regarded as unfinished even though it is signed, it nevertheless fits into the dialectic of his nude compositions, the constantly varied assemblage of motifs where priority is accorded to expression through colour: the nude reflected in a mirror, the setting of a bathroom or bedroom, a table, linen in subtle tonalities. Here Bonnard harmonizes the figure and the background in delicate shades of yellow so that they blend into one another while emphasizing the planes of the speckled floor and the top of the mantelpiece.

During the last ten years of his life, Bonnard evidently reconsidered his exchanges of ideas with Renoir, whom he visited several times on the nearby estate of Les Collettes.[2] Images of his studio in Le Cannet taken by some of the greatest photographers[3] show various reproductions on a wall but only one painting, a small nude given to him by the Impressionist master, of which Bonnard was very proud. "How beautiful it is," he exclaimed.[4]

In works like the splendid gouache *Nu accroupi* (*Crouching Nude*) (cat. 20) and *Nu sombre* (*Sombre Nude*) (cat. 21), regarded as one of his last nudes, for which Dina Vierny posed, Renoir's influence can be seen in the "monumentality heightened by the narrow format but also vibrations of warm colours mingled with grey, recalling Renoir's flesh tones of the late 1910s".[5] Dina Vierny, who was Maillol's model, indeed recalled that she held "the attraction of a living Renoir" for the sculptor.[6]

In addition to Renoir, ancient sculpture was evidently another point of reference for Bonnard when painting the gouache *Nu accroupi*, a subject he studied at some length, as attested by the various sketches of 1938 (ill. 1) and a painting (ill. 2). As he told Angèle Lamotte in 1942: "The work is a succession of strokes that combine with one another and eventually form the object, the element over which the eye wanders without a single hitch. The beauty of a piece of ancient marble lies in a whole series of movements indispensable to the fingers."[7] The model's body, endowed with real presence by the close-up view,

bends in a movement that seems to concentrate the effects of light upon it.
Maillol sent Dina Vierny to stay with Matisse and Bonnard in 1941 and, by her own account, her initial relations with the latter were by no means easy, as Marthe was invisible but very much present.[8] Though already accustomed to pose for the sculptor and for other artists, Vierny expressed great admiration for Bonnard and spoke repeatedly of this unforgettable experience: "Posing for him was unlike what I had experienced with other painters. He did not want me to keep still. What he wanted was movement. He asked me to try to forget his presence and live before him. He wanted life and absence at the same time. He was a silent person and never spoke during the sessions of work but he was capable of listening intensely. I had to respect this silence. He sometimes wanted to talk after the sittings, however, and then we would go out into the garden."[9] In a more recent interview, she tells how she felt disconcerted by his way of working and told Bonnard she did not feel she was his kind of model, to which he replied: "I have very different tastes in women."[10]
As usual, Bonnard made use of his sketchbooks and drawings as studies for a painting, and his first idea was often the right one (ill. 3). He would also return to a painting at length while working on several others at the same time (ill. 4).
This majestic nude, an unusual item in the artist's oeuvre, conveys an impression of silence and contemplation that somehow becomes deafening through the power of colour accentuated to the utmost. The reds, oranges, yellows and blues combine in an intense and harmonious composition.

[1] See Brigitte Léal (ed.), *Collection art-moderne - La collection du Centre Pompidou*, exh. cat., Paris, Centre Pompidou, 2007.
[2] Bonnard and Renoir were both represented by the Bernheim-Jeune gallery and frequently had occasion to see their works in the exhibitions held there, especially the one of nudes in 1910. Later, during the period spent in the South of France and especially in Antibes, Bonnard visited Renoir at Les Collettes on the hills of Cagnes-sur-Mer with Matisse and Marquet on 27 April 1919, a few months before the master's death.
[3] The photographs by Brassaï, Cartier-Bresson and Gisèle Freund constitute invaluable documents.
[4] *"Que c'est beau, que c'est beau!"* See Sylvie Patry, "Renoir et les Nabis", in *Renoir au XXe siècle*, exh. cat., NMR, Paris, 2009, p. 154.
[5] Ibid.
[6] Ibid.
[7] Pierre Bonnard, in Verve, vol. V, no. 17-18, Paris, 1947.
[8] Marthe died in January 1942. She refused to see Dina Vierny while accepting the fact that she was posing nude for her husband.
[9] Interview with Dina Vierny by Annie Pérez, in *Bonnard*, exh. cat., Musée des Beaux-arts, Bordeaux, 1986, p. 136.
[10] Interview with Dina Vierny by Suzanne Pagé, 17 March 2005, in *Bonnard, un arrêt du temps*, exh. cat., Musée d'Art moderne de la Ville de Paris, 2006, p. 270. Bonnard is now known to have used numerous professional and non-professional models with very different physiques.

Cat. 22
Les Frères Bernheim (The Bernheim Brothers), 1920

Oil on canvas
166 × 155.5 cm
Musée d'Orsay, Paris
Gift of M. and Mme Gaston Bernheim de Villiers, 1953
D. 1029

The Bernheim gallery dates back to the end of the 18th century. It was founded in Besançon by Joseph Bernheim (1799-1859), who started out selling articles for painters. His son Alexandre Bernheim (1839-1915) moved into premises at 8 Rue Laffitte, Paris,[1] in 1863, the year Manet caused an outcry at the Salon with his *Olympia*. A friend of Gustave Courbet, Alexandre specialized in the Barbizon school but also presented the Impressionists in 1874. His two sons, Joseph (1870-1941), known as Josse, and Gaston (1870-1953),[2] both worked with him. Attracted by the post-Impressionist avant-gardes and the Nabis, the brothers set up a business together with Félix Fénéon[3] as Bernheim-Jeune, asserting their independence from their father and marking a new stage. Their sister Gabrielle married Felix Vallotton in 1899.[4]
The gallery moved to 25 Boulevard de la Madeleine and 15 Rue Richepanse in 1906 and then in 1925 to 27 Avenue Matignon, where it still operates today.
The two dealers were painted in their office first by Vuillard, in 1908 and 1912 (ill. 2), and then by Vallotton. They helped the artists of their stable,

including Bonnard, in their work by ensuring them a good income.
Bonnard painted the brothers and their wives in their box at the opera (*La Loge*, cat. 11, p. 47) and then produced one of his most inspired portraits on a canvas of still larger size for this type of subject. A preparatory drawing for this survives (ill. 1).
The brothers are again depicted in their professional setting, seated opposite one another at their desks with paintings indicative of their social status on the wall. In the foreground, Josse turns towards the painter as though asked to pose a moment for a photograph, while Gaston makes less impact in the background due to the effect of perspective. The rigour of perpendicular lines and right angles is broken by the diagonal of their dark figures.
Despite this, the viewer's attention is immediately focused on the heap of papers on the two desks, unexpectedly bathed in light and endowing the scene as a whole with space and continuity. Bonnard displays great daring in this composition, where the light flooding the room is rendered innovatively with a rich palette in a profusion of yellows, purples and orangey-reds.
The key element of the painting is light, coming probably from an unseen electric fitting above the two figures and through the double French window, which affords a glimpse of a tree with its foliage immersed in a sea of purplish blue. The light imparts a hazy, airy dimension to the depiction, whereas those of Vuillard and Vallotton focus more on the social aspects of their subject.
Josse is, however, almost silhouetted against this powerful radiance of light, which leaves the lower part of his face in shadow, perhaps as a sort of recompense to Gaston for being relegated to the background a few years earlier in *La Loge*, which had initially disconcerted the brothers. These two works attest in any case to Bonnard's close relations with his dealers and the freedom he insisted on maintaining also in his commissioned paintings.

[1] Rue Laffitte was already the location of the Paul Durand-Ruel gallery at number 16, followed in 1893 by the Ambroise Vollard at 34 and then 41.
[2] Gaston also painted under the name of Gaston Bernheim de Villers.
[3] After writing numerous reviews and then serving as chief editor of *La Revue blanche*, Félix Fénéon (1861-1944) joined Galerie Bernheim-Jeune in 1906 as director of the contemporary art department. He worked there for twenty years, supporting not only Cézanne, Gauguin, neo-Impressionism and the Nabis but also all the modern art schools from Van Gogh and Toulouse-Lautrec to Matisse and Picasso.
4. Gabrielle Rodriguès-Henriquès, *née* Bernheim, helped him gain admittance to the world of art dealers.

Cat. 23
Reine Natanson et Marthe Bonnard au corsage rouge (Le Dessert) (Reine Natanson and Marthe Bonnard in a Red Blouse), 1928

Oil on canvas
73.8 × 57.3 cm
Musée d'Orsay, Paris
Mobilier National, on loan to Hôtel Matignon, Paris
D. 1403

In 1928, when Maria Boursin had been Marthe Bonnard for three years, the painter sold the family property of Le Clos at Le Grand-Lemps to divide his time from now on between Ma Roulotte in Vernonnet and Le Bosquet in Le Cannet.[1] The period was marked by a number of tragic events that cast a lasting pall over his private life. The death of the painter's brother-in-law Claude Terrasse at an early age in 1923 was followed by those of his sister Andrée and of two other women of great importance in his life, namely Renée, who committed suicide a few weeks after his marriage in 1925, and Lucienne, who died in Cannes after an illness in 1927. One positive element was the tribute paid to him by his nephew Charles with the first important monograph on his work, still a major point of reference for art historians today by virtue of its sensitivity but also and above all because Bonnard most probably stated his views in it and made some corrections.
In this context, the double portrait of Reine Natanson, the second wife of Thadée, and Marthe in the countryside bears witness to a moment of peace and tranquillity. It was unquestionably painted in Vernon, where the

two couples frequently spent time together, the Bonnards in their house Ma Roulotte and the Natansons at Ma Campagne, a modest hotel where they enjoyed having "rustic holidays" close to their dear friends. Annette Natanson,[2] who observed this close relationship first-hand, paints this uncompromising picture: "while Thadée worshipped Bonnard, who was very fond of him, a sort of uneasy, two-faced friendship was established between Reine and Marthe. Bonnard depicted the amiable outer surface of this and Marthe appears in more than one canvas in a red blouse, the astonishing striped garment that dates from the summers of her exuberance, dining in the open at Ma Campagne or on the terrace of Ma Roulotte."[3]
We are indebted to Reine for some photographic souvenirs of those summers spent in close contact with Monet, exchanging ideas on painting and life (ill. 1 and 2).
Marthe does in fact wear this gaudy blouse, which she must have liked a great deal, in several of the portraits Bonnard painted of her in and around the 1920s[4] and in a photograph of 1924 now in the Hahnloser archives.[5]
This portrait is one of the very few in which we fully see Marthe's face with all her mystery. Her large, wide-open, light-coloured eyes and faraway expression are such as to move even her unkindest critics. Despite the radiance she emanates, Marthe conveys the impression of melancholy more than ever before. Shown in profile in a luminous yellow similar to the colour of the tablecloth, Reine shares the aura of Marthe, whose face is set off by an unusual pearl necklace and her famous red blouse. In the background, trees lend rhythm to a space where Bonnard the storyteller could not resist the temptation to introduce a cat, clearly attracted by the meal about to be served.
Thadée Natanson, the owner of this canvas,[6] provides a minute description of its fairy-tale world of colour in the book on Bonnard he began writing in 1946: "The harmony could not be more daring, with an astonishingly powerful red combining with pale yellows barely enlivened by shades of greens and purplish blue, a pale lilac between them. The contrast of the bright colours, the slightly accentuated reds and yellows, takes up the juxtaposition of the faces, one frontal and the other in profile.
Very strong accents, yellows bright but opaque, subdued and still more matte, delicate pinks, golden yellows, browns tinged with blue, reddish chestnut browns outlined with blue, subtly nuanced greens, lively and reverberant whites.
Nothing dull. All loud. A totality of dissonances, unforeseen harmonies, resolutions, powerful chords, a gradation of delicate tonalities, all elements of a polyphonic work masterfully orchestrated to support the song above the basso continuo."[7]

[1] Bonnard bought the house in Vernonnet in 1912 and from 1922 rented various houses in Le Cannet, where he loved the view of the bay of Cannes and Estérel, before buying Le Bosquet there in 1926.
[2] Annette Natanson, Thadée's niece, was the daughter of Alfred Natanson, a playwright under the pseudonym of Alfred Athis, and the actress Marthe Mellot.
[3] Annette Natanson, *Bonnard ou le bonheur de voir*, Ides et calends, Neuchâtel, 1965, p. 140.
[4] The best-known include *Marthe au chien* (*Marthe with a Dog*), 1922 (D. 1156) Phillips Collection, Washington DC; *Le Déjeuner* (*The Lunch*), 1923, (D. 1214), Museum of Modern Art, New York; *Le Corsage rouge* (*The Red Blouse*), 1925 (D. 1319), Musée national d'Art moderne, Paris.
[5] See Margrit Hahnloser Ingold, "Des témoins privilégiés. Arthur et Hedy Hahnloser à la rencontre de Pierre Bonnard et de son œuvre", in *Bonnard. Peindre l'Arcadie*, exh. cat. (Musée d'Orsay, Paris), Hazan, Paris, 2015, p. 254.
[6] Bequeathed to the state by his wife Reine in 1951 and part of the French public collections since 1953.
[7] Thadée Natanson, *Le Bonnard que je propose*, Pierre Cailler, Geneva, 1951, p. 119.

Cat. 24-27
Interior Life

Cat. 24

La Salle à manger au Cannet (The Dining Room in Le Cannet), 1932

Oil on canvas
96 × 100.7 cm
Musée Bonnard, Le Cannet
On loan from the Musée d'Orsay, 2011
D. 1503

Cat. 25

La Tasse de thé au radiateur (Cup of Tea by the Radiator), 1932

Watercolour, gouache and pencil on paper lined with canvas
25 × 33 cm
Musée Bonnard, Le Cannet
On loan from a private collection
D. 2010.1.17

Cat. 26

Coin de salle à manger au Cannet (Corner of the Dining Room in Le Cannet), c. 1932

Oil on canvas
81 × 90 cm
Musée national d'Art moderne, Centre Pompidou, Paris
On loan from Musée d'Orsay
D. 1496

Cat. 27

Femme dans un intérieur (La Valise) (Woman in an Interior or The Suitcase), undated

Oil on canvas
61 × 28 cm
Musée Bonnard, Le Cannet
On loan from a private collection
D. 2010.1.6

Bonnard was always fascinated with his environment, the life of objects and things, and the positioning of figures in space, all of which served to express his (dis)enchanted vision of the world through colour and painting. Whether in Le Cannet, Vernon or Arcachon, he loved to move his objects - earthenware from Vallauris, glassware, a teapot, a basket of fruit and so on - from one canvas to another, multiplying their possible combinations, while depicting the poses of his wife or passing guests.

La Salle à manger au Cannet (*The Dining Room in Le Cannet*) (cat. 24), accepted by the state in lieu of taxes, was loaned to Musée Bonnard upon its inauguration in June 2011.[1] Having remained in the collection of Léon Delaroche in Lyon as from its purchase in 1933, the work was shown very little apart from its exhibition at Galerie Bernheim-Jeune the same year. Reproductions appeared on the death of Bonnard in the two monographs by François-Joachim Beer[2] and in the violent article published by Christian Zervos as an act of posthumous denigration.[3]

It is not only the ritual of a meal that the painter depicts in the apparently peaceful and harmonious setting of this intimate everyday scene of a late afternoon in Le Cannet. Behind this anecdotal appearance, his composition reveals something very different, partly through the handling of the light, which bathes the whole in uncertain serenity. The scene is in fact one of Bonnard's characteristic sunny but closed interiors. The atmosphere can be deciphered little by little in relation to our ability to see beyond what we are presented with. At the edge of the painting, the painter's wife Marthe sits at a table laden with objects leaning over a cat that is not visible at first glance. If communication is established between them, another unseen figure, whose presence is suggested by the place set opposite, appears to be excluded from this silent dialogue. Is it Bonnard himself? He is known to have lived alone with the pathologically antisocial Marthe, able at most to bear the presence of animals and her husband. In another very similar work (ill. 1), known from a reproduction in a catalogue of 1965,[4] the painter accentuates this impression of isolation through the objects scattered over the table, including the red box that appears in the centre of our painting and practically on the edge of the one formerly in the collection of André Sauret. The cat is replaced by Bonnard's basset hound and the arrangement of the figures and objects is reversed. Another mystery lies in the fact that, according to the title of this work, Bonnard's nephew Claude is actually the figure assumed to be Marthe, which could indeed be that of a child. The lack of direct comparison with the work makes it hard to arrive at any certainty on the subject.[5]

Unlike the large dining-room scenes painted in Arcachon and Vernon (D. 1473, 1524, 1525), the composition in this painting offers no opening onto a luxuriant garden or adjoining room. The completely closed space creates a feeling of suffocation heightened by the vibrant colour of the wall into which Marthe almost merges. Numerous elements underscore the feeling of loneliness: the empty chair in the middle of the composition, the plate and glass in the foreground, the stillness of the young woman. A reflection of the painter's existence can be perceived in the silent, confined setting of this work. Bonnard's isolation from the 1930s on as he came to live almost exclusively in the company of Marthe and what he recognized as her "complete unsociability".[6] Other later statements take on particular meaning, like the entry "someone who sings is not always happy" made in his diary,[7] as though to suggest that the apparent happiness of his painting is an illusion. This work reveals a complex and uncertain universe.

The profusion of colours and the vast white expanse of the tablecloth even make us forget the presence of the cat beside Marthe. The interplay of presence and absence, a stratagem so often used by the painter, tells us, however, the extent to which animals, through their presence in the world, connect human beings to the natural order, which was crucial for him.

Probably produced the same year, *Coin de salle à manger au Cannet* (*Corner of the Dining Room in Le Cannet*) (cat. 26) is painted in a different, lighter and less oppressive register. Even though there is no window to offer a visual outlet, light streams into the room from the left to emphasize the objects on the table and the mantelpiece as well as Marthe, whose face is turned in that direction. Bonnard's arrangement accentuates each element of the painting. The red tablecloth focuses attention on the basket of fruit placed precariously near the edge, while the fruit on the mantelpiece reintroduces a certain degree of reality. A grid of verticals (the fireplace, the white vase, the wall cupboard and the figure) and horizontals (the line of the foreground, the table, the mantelpiece and the glass panels of the cupboard) endow the whole with a certain degree of rigour. At the same time, by leaving the foreground almost expressionless, Bonnard imparts great dynamism and freshness to a composition punctuated by areas of bold colour like the yellow shawl, the red tablecloth and the wall above the mantelpiece.

In 1932, which also saw the splendid gouache *La Tasse de thé au radiateur* (*A Cup of Tea by the Radiator*) (cat. 25), Bonnard spent nearly seven months in Le Cannet,[8] during which he commenced a series of interiors in the small sitting room on the first floor, Marthe's domain, in the immediate vicinity of her bedroom and the bathroom (ill. 2 and 3). The nearby hills and the sea can be glimpsed through the French window. Bonnard's correspondence provides information on his wife's precarious health, which became more apparent than ever in his works. As he wrote to Berthe Signac about her idea of visiting Le Cannet, "I will be delighted to see you again but unfortunately [...] poor Marthe has become completely anti-social. She refuses to see anyone, even her old friends, and we are condemned to complete solitude."[9] As usual, Bonnard focuses attention on several key points in the painting: Marthe bent over her table, the landscape outside, and above all the radiator, which is endowed with an existence of its own, like the kettle on the table, by its disproportionately large size. The whole is flooded with light and the absence of perspective enables us to see all the objects on the table while introducing a sense of space through the counterpoint of the window.

An acute observer of atmosphere and light, Bonnard captures a glimpse of Marthe packing a suitcase through an open door (cat. 27). It is no longer light from outside that transfigures the setting here but a simple electric fitting visible at the top of the painting. The painter accentuates the tonality of the colours by means of a reddish glow that ranges from shades of yellow to violet. Dressed in one of her customary multi-coloured jumpers, Marthe is seen in silhouette with her face in shadow while the white of the table reflects the light. The narrow view and the vertical format of the support endow this mundane subject with palpable tension.

[1] See the article by Sylvie Patry in *La Revue des musées de France - Revue du Louvre*, numéro spécial, Acquisitions des musées 2008-2009, no. 2, April 2010, p. 46.

[2] François-Joachim Beer, *Pierre Bonnard*, Editions Françaises d'art, Marseilles, 1947, ill. 108, p. 128; also reproduced slightly earlier in Francis Jordan, *Bonnard ou les vertus de la liberté*, Skira, Geneva, 1946.

[3] Christian Zervos, "Pierre Bonnard est-il un grand peintre ?", *Les Cahiers d'art*, Paris, 1947, p. 5.

[4] *Douze jeunes peintres autour de Bonnard*, exh. cat. (Nice, Palais de la Méditerranée, 5 February - 14 March 1965), n.p. This work, which is not included in the catalogue raisonné, is now in an unknown collection.
[5] This is in any case not the only instance in Bonnard's work of Marthe being taken for a child or another female model associated with him, such as Renée or Lucienne. The painter was probably playing on appearances, consciously or otherwise.
[6] Letter to George Besson, undated [late 1930 - early 1931], Bibliothèque municipale de Besançon, fonds Besson, Ms Z 639.577; reprod. in Véronique Serrano (ed.), *Bonnard entre amis*, exh. cat., Musée Bonnard, Le Cannet, summer 2012, p. 158.
[7] Diary, 17 January 1944.
[8] The couple had already spent the long period from January to 10 April in Le Cannet in 1930.
[9] Letter from Pierre Bonnard to Berthe Signac, 3 February 1932, Archives Signac, quoted in *Bonnard en Normandie*, exh. cat., Hazan, Paris, 2011, p. 142.

Cat. 28-29 Variations

Cat. 28

Le Linge, dans le parc du Grand-Lemps (The Washing Line in the Grounds of Le Grand-Lemps), c. 1917

Oil on cardboard glued onto canvas
50 × 60 cm
Private collection, London
D. 2115

Cat. 29

La Seine à Vernon (The Seine by Vernon), c. 1918-1919

Oil on canvas
47 × 38.5 cm
Private collection, courtesy of Galerie Bernheim-Jeune, Paris
D. 940

In Le Grand-Lemps during his childhood and in the various places where he lived during his life, on the Atlantic coast, in Normandy and in the south of France, Bonnard took a keen interest in his surroundings. He often spoke of finding many resources in nature and remained faithful to this idea of communion with his environment, measuring every effect of light on colours and objects. The nomadic existence of the painter and his works, all of which could be transported regardless of their size,[1] led to the recurrent transposition of light from one place to another, e.g. the light of Normandy to the Riviera. Nor is it rare for southern France to be conjured up in a landscape evidently painted in Vernonnet, the "Norman Arcadia" where the Seine sometimes has overtones of the Mediterranean (ill. 1). With experience and the passing of the years, his palette was thus enriched with the differing light of these places, which have attracted so many painters.

After accepting an invitation from his friends the Hahnlosers to show work in Winterthur[2] and a stay with his family in the Dauphiné, Bonnard spent the months from January to April of 1917 in Cannes with Marthe. He worked on a depiction of bathers for his Swiss friends[3] and took advantage of this stay on the Mediterranean to visit Signac, now in Antibes with his new partner, the painter Jeanne Selmersheim-Desgranges. The two painters shared the same interest in the work of Claude Monet, which they both saw during their stays in Vernonnet.[4] In the old Impressionist's studio in Giverny, Bonnard beheld with wonder the birth of the "grand decoration" of the *Water Lilies* (1914-26) and the pictorial revolution it already constituted. When living in the south of France, he was also to draw inspiration in the same way from Renoir, then in the closing years of his life.

Under the influence of this legacy, after going through a pictorial crisis between 1913 and 1916, Bonnard, endeavoured to attach equal importance to draughtsmanship as to colour. His compositions were always preceded by studies in pencil, and even though he refused to submit to his subject, in rejecting "submission to nature" he *de facto* opposed what he saw as a higher "submission to the painting".[5] Bonnard never ceased to transpose his vision: "the model you have before your eyes, the model you have in your head".

In this view of Le Grand-Lemps (cat. 28), where he was to return less frequently after the death of his mother in 1919, the painter chose to exacerbate the various accents of the landscape at sunset by means of colour: a crimson sky, the white of the washing hung out to dry, and the foreground against dark greens and reds. Ten years later, more concerned than ever with the problems of colour and its laws, he wrote of the "proximity of white making highly coloured areas glow".[6] The landscape of richly varying colour is framed between large trees on either side so as to focus attention on the powerful and overwhelming countryside he had known since childhood.

In Vernonnet, where he settled in a caravan-like house, between visits to Monet and visits from his friends, Bonnard loved to discover the surrounding countryside in his little boat and to draw sustenance from the "wild garden" to which he tended himself without attempting to tame it. He wrote to Hédy Hahnloser in 1922 of being enchanted by the countryside,[7] as can be seen in his work. There he produced a large number of landscapes in the damp, raw tonalities of Normandy, deep greens and blues, above all with a high horizon (cat. 29). His thick brushwork in places makes the colour gleam. The Seine at the bottom of his garden had Mediterranean hues, purples alongside the improbable blues of the river. Bonnard dreamed in absolute peace and tranquillity.[8]

[1] Bonnard got into the habit very early in his career of painting only on canvases with no stretcher and therefore easy to transport. Among other things, this gave him great freedom as regards format, which could be decided at the last moment. See the observations of Pierre Courthion in Antoine Terrasse, *Bonnard*, Skira, Geneva, 1964, pp. 75-76.

[2] Bonnard took part with fifteen paintings in the first exhibition of French art held in the new museum of Winterthur from 29 October to 16 November 1916. Maillol, Roussel, Vallotton and Vollard accompanied him on the trip.

[3] Due to an error of measurement, the painting he produced – namely *L'Été* (*Summer*), now owned by the Fondation Maeght in Saint-Paul de Vence, proved much too large.

[4] As from 1912, Berthe Signac (the painter's first wife) rented a small house close to the Bonnards in Vernonnet where Signac sometimes visited her. See "Paul Signac et Pierre Bonnard. L'Amitié sous le signe de la couleur", in Véronique Serrano (ed.), *Bonnard et Le Cannet dans la lumière de la Méditerranée*, exh. cat. (Musée Bonnard, Le Cannet), Hazan, Paris, 2011, p. 27. It was in 1912 that Bonnard bought the house he had been renting since 1910 not far from Giverny.

[5] "People always talk about submission to nature. There is also a submission to the painting." Pierre Bonnard, Diary, 8 February 1939, Bibliothèque nationale de France.

[6] Diary, 16 April 1927.

[7] "Cette nature m'enchante." See Marina Ferretti-Bocquillon (ed), *Bonnard en Normandie*, exh. cat. (Musée des Impressionnismes, Giverny), Hazan, Paris, 2011, p. 140.

[8] As Bonnard stated in 1942, "I have all my subjects close to hand. I go to see them, I take notes, I return home, and then before painting, I think and dream."

Cat. 30-36
Mediterranean Impressions

Cat. 30

Paysage de Saint-Tropez (Landscape of Saint-Tropez), 1912

Oil on canvas
26.7 × 39 cm
Musée Bonnard, Le Cannet
Inv. 2009.0.30
D. 737

Cat. 31

Paysage du Midi par temps de mistral (La Tranchée au Cannet) (Landscape of the South of France with the Mistral Blowing or *The Trench in Le Cannet)*, 1922

Oil on canvas
49 × 62 cm
Musée Bonnard, Le Cannet
Purchased with aid from FRAM and the state, 2013
Inv. 2013.2.1
D. 1116

Cat. 32

Paysage, soleil couchant [Le Cannet] (Landscape, Sunset), c. 1923

Oil on canvas
59 × 72 cm
Musée Bonnard, Le Cannet
On loan to Musée d'Orsay, 2011 – donated to the state by Fondation Meyer for Musée Bonnard
Inv. 2011.1.1
D. 1177

Cat. 33

La Route rose (The Rose Road), 1934

Oil on canvas
59 × 61 cm
Musée de Saint-Tropez, L'Annonciade
On loan from Musée national d'Art moderne, bequest of G. Grammont, 1959
D. 1518

Cat. 34

Paysage du Midi (Landscape of the South of France), c. 1942

Oil on canvas
46.7 × 34.4 cm
Musée Bonnard, Le Cannet
Inv. 2009.0.26
D. 1616

Cat. 35

La Maison dans les collines (The House in the Hills), c. 1943

Pencil, gouache and watercolour on paper
14.5 × 22.5 cm
Musée Bonnard, Le Cannet
Inv. 2010.1.2

Cat. 36

Paysage. Harmonie verte, arbre bleu (Landscape. Green Harmony, Blue Tree), c. 1944

Oil on canvas
38 × 46 cm
Musée Bonnard, Le Cannet
Inv. 2009.0.3
D. 1639

Bonnard's relationship with landscape and, by extension, with nature was so meaningful as to become his hallmark. His almost tactile conception of material and colour-space led his painting along the unique pathway of an unceasingly asserted transfiguration of reality that was to attain unprecedented breadth in the landscapes of Le Cannet, which are the continuum and the logical outcome of his search for harmony.

"Art will never be able to dispense with nature."[1] This late statement expresses just how much of an anchor nature had become for him over the years, a key point of reference in his creation of a free and independent art where landscape was always to occupy an essential place. Nature came to act upon him and within him. It was therefore probably not only the difficult character of his wife Marthe that drove him away from Paris but also and to a far greater extent the need for regular communion with nature that prompted him to move, to explore his wild garden and the primitive and universal nature he yearned for.

When he discovered Le Cannet on the hills above Cannes Bonnard was about 55, an accomplished artist of established reputation but always on the move. This new environment made of solitude and encounters with nature, with its light and colours, contributed to the birth of a *new* Bonnard. Never again was he to abandon this in-depth dialogue and the creation through shimmering colour of what his admirer Jean Bazaine called "a sensual world sensitive to matter and to the outer surface of things".[2] It is Bonnard's grasp of things in themselves that endows his work with a human and universal dimension.

The painter took great care in choosing places both for holidays and for living. He rented houses in the countryside and ended up buying Ma Roulotte, not far from Monet's home, in 1912. Having discovered the south of France at the very beginning of the 20th century in Saint-Tropez (cat. 30), he bought another house of unspoilt charm, namely Le Bosquet on the hills of Le Cannet, in 1926, this time with Renoir in Cagnes as his neighbour. There the power of colour was unleashed and triumphed.

Monet and Renoir were the twin poles of his artistic reflections. While Bonnard sincerely admired the two great Impressionists, however, his vision remained fundamentally different from theirs. As he explained to a journalist in 1937: "we sought to go beyond them in their naturalistic impressions of colour. Art is not nature, however. We were more rigorous in composition. Colour was a means of expression on which we had to draw still more."[3]

While the absorption and impregnation of the subject remained paramount, priority was given to long work in the studio in order to establish a distance between what is seen and what is felt. Unlike the Impressionists, he was indeed hampered in painting by the actual presence of the subject. As he told Angèle Lamotte in 1943, "I abandon it, I go and check, I come back some time later. I do not allow myself to be absorbed by the object itself. I paint only in my studio. I do everything in my studio. In short, a conflict arises between the initial idea, which is the right one, the painter's idea, and the variable and varied world of the object, the subject giving rise to the initial inspiration."[4] The important thing was therefore not to lose this "initial vision", so to speak, not to let himself be blocked by the subject. His practice of drawing played an essential role in this connection and constitutes the most spontaneous part of his work (ill. 1): "You have to recall what gripped you and jot it down as quickly as possible."[5] Bonnard's painting is inconceivable without this initial sensitive approach that is then reworked in the studio to create the picture. His drawings differ in relation to the subject and to the emotion presiding over all his creations. The touch is sometimes light and sometimes heavy. The paper fills up with hatching, lines, scribbles, sketches, dots and commas: "calm lines, vehement lines, pure lines, broken lines, agitated and quivering", as he wrote in a notebook (ill. 2 and 3).[6] Bonnard drew a great deal all through his life. The gouache *La Maison dans les collines* (*The House in the Hills*) (cat. 35) is an alternative halfway between the working of colour and drawing. The broad outlines of the composition are initially drawn in pencil and then strengthened by colour to create the overall harmony. Great mastery of colour is displayed by the vibration of light in the greens and reds of the small house. In Le Cannet, Bonnard went for a walk every day in the surroundings of Le Bosquet, which was then located in the midst of unspoilt hills. The motif of a small house by the roadside was frequently used by Bonnard in paintings where the happiness of colour is mingled with underlying melancholy (D. 1668, 1669).

The works produced in Le Cannet present a pictorial expression increasingly detached from reality, focused increasingly on the endless combinations of colour and light, with shades of purple playing a major part (cat. 31, 32, 33).

Paysage du Midi par temps de mistral (*Landscape of the South of France with Mistral*) (cat. 31) was probably painted during Bonnard's first stay in Le Cannet in 1922. Bought in November 1922 by Bernheim-Jeune, his dealers since 1906, the painting remained in the family until Musée Bonnard exercised its right of pre-emption in 2014. In this landscape of bold chromatic contrasts and clearly distinguished planes, nature becomes almost radiantly lyrical. The painter was particularly fond of wild, luxuriant countryside shaped as little as possible by mankind. As he wrote, filled with wonder at the location, "I have all my subjects to hand. I go to see them, take notes and return home. And then, before painting, I think and dream."[7] Produced almost in the same year, *Paysage, soleil couchant* (*Landscape, Sunset*) (cat. 32)[8] is a superb work in which Bonnard captures the vibrant intensity of the waning sunlight, leaving a group of trees powerfully silhouetted in dark hues while other parts of the composition are bathed in light.

According to Antoine Terrasse, Bonnard now regarded "nature as a being in its own right, maintaining with it a relationship of exchange that was necessary for him. A living, inhabited world from which he never separated the presence of man."[9] This presence is not always dominant, however, but often reduced to silhouettes or mysterious spectral figures melding into the rich profusion of colour. The interplay of presence and absence creates the wholly peculiar universe of his paintings. In *La Route rose* (*The Rose Road*) (cat. 33), the human presence, though slight, is located at the vanishing point towards which the painter draws us, importance being attached solely to the rendering of light on colour. This work of rich and powerful variations in colour constitutes an important stage in the process of formal simplification undertaken by the artist to arrive at the wonderful *Baigneurs à la fin du jour* (*Bathers at the End of the Day*) (cat. 40, p. 109).

Bonnard revealed Le Bosquet, the modest house and its splendid garden and surroundings, to the whole world through his paintings. They provided him with inspiration for works that translate a pictorial expression increasingly detached from reality, focusing on the endless combinations of colour and light. No visitor could return unmoved from a pilgrimage to Le Cannet. As Pierre Courthion wrote in 1945, "Bonnard's painting is first of all a matter of suggestion. [...] I go to the garden. I feel strangely responsive. The air buzzes around me. I have the confused impression that something in the space greets me and calls me by name, [...] if I am a painter, [...] I give free rein to everything in me that was waiting to join with this sacred moment. Bonnard strikes me as the only painter of today who has found these magical powers by sheer instinct. [...] He is in a state of

awestruck identification with the universe, whose different parts he reconciles within himself."[10]
The universe of the house, still preserved today, lends itself to contemplation. We feel the sense of peace that Bonnard found there, the meaning he instilled into his painting and the power of the dream that haunted him, starting with light.

[1] Pierre Bonnard, quoted by Anatole Jakovsky, *Arts de France*, no. 11-12, 1947.
[2] Jean Bazaine, "Bonnard et la réalité", *Formes et couleurs*, special issue on Bonnard, no. 2, 1944, p. 39.
[3] Ingrid Rydbeck, *Chez Bonnard à Deauville*, L'Échoppe, Paris, 1992, n.p. (published in the magazine *Konstrevy*, Stockholm, 1937).
[4] Angèle Lamotte, "Le Bouquet de roses", "Couleurs de Bonnard", *Verve*, vol. V, no. 17-18, 1947, n.p.
[5] Pierre Bonnard, quoted by Antoine Terrasse in the preface to *Bonnard*, exh. cat. Galerie Claude Bernard, Paris 1977.
[6] Bonnard, *Carnets*, quoted by Antoine Terrasse in *Bonnard*, exh. cat. Galerie Claude Bernard, Paris 1991.
[7] Pierre Bonnard, January 1942.
[8] This painting was the first gift made by Fondation Meyer to the state in favour of the future Musée Bonnard in 2006, an act that made it possible for the museum to receive national status as a *musée de France* the same year.
[9] Antoine Terrasse, *Bonnard, la couleur agit*, Gallimard, 1999, p. 69.
[10] Pierre Courthion, *Bonnard, peintre du merveilleux*, Marguérat, Lausanne, 1945, pp. 111-15.

Cat. 37-39
Le Cannet Landscapes

Cat. 37

Vue du Cannet (View of Le Cannet), 1927

Oil on canvas
233.6 × 233.6 cm
Musée Bonnard, Le Cannet
On loan from Musée d'Orsay, Paris
Gift of Fondation Meyer to the state for Musée Bonnard in Le Cannet, 2008
Inv. D.2011.1.2
D. 1373

Cat. 38

Paysage du Cannet (Landscape of Le Cannet), c.1923-1926

Watercolour, gouache and pencil on paper
49.3 × 35.2 cm
Musée Bonnard, Le Cannet
Purchased with aid from FRAM, 2012
Inv. 2012.1.1

Cat. 39

Paysage du Midi, Le Cannet (Landscape of the South of France, Le Cannet), c. 1924

Ink and gouache on paper
16.5 × 27.3 cm
Musée Bonnard, Le Cannet
Gift of Pierre, Claude and Hercule-Auguste Bérend, 2015
Inv. 2016.1.1

Bonnard discovered the Mediterranean Riviera in 1907-08, when his friend Henri Manguin invited him to Saint-Tropez, where a significant community of artists had gathered around Paul Signac.[1]
In this inner exploration, the south and above all the universe in itself of Le Bosquet bore the message of an accentuation that led the painter to see in a different way, going beyond the visible itself (see cat. 40, p. 109). His often-repeated remark about having "an Arabian Nights experience", dazzled by "the sea, yellow walls, the reflections as highly coloured as the light itself", was actually made in 1944 to conjure up the memory of that magical moment of discovery.[2]
The painter was fascinated by the landscapes of Le Cannet in the surroundings of his Le Bosquet house and never ceased to observe the luxuriant vegetation and countryside every day, to consider different viewpoints and note the effect of light on colour. His drawings in ink and pencil were a rich source of ideas and studies for future works. The work in ink is different from the smaller drawings usually made in pencil in the sketchbooks he always carried with him.[3] In the case of *Paysage du Midi, Le Cannet* (*Landscape of the South of France, Le Cannet*) (cat. 39), the use of ink and the size of the sheet suggest that the drawing was made in his studio and not in the open. Ink has the advantage of giving more detail and more contrast at the same time. Bonnard did not care for an overly immediate vision of the subject and used his sketchbooks as notes and ideas for the work in the studio. According to George Besson, he drew a great deal with a pencil so short "that a landscape or a nude seemed to emerge from three hunched fingers clenched

over an invisible point".[4] He also used gouache, a technique close to oil painting, in his work on landscapes. The particularly free approach adopted in this *Paysage du Cannet* (*Landscape of Le Cannet*) (cat. 38) makes it an essential counterpoint to the other graphic works held by the museum. The vertical format and daringly narrow focus make it a major item. As usual, work in pencil constitutes the foundation of a composition built up in colour, thickly applied in some parts. This gouache is very close in terms of composition and palette to the painting *Paysage à la palme* (*Landscape with a Palm Tree*), 1923 (ill. 4), and to the celebrated *La Palme* (*Palm Tree*), 1926 (ill. 3) in the Phillips Collection, Washington DC. These elements suggest a date in the same period, namely the mid-1920s.

The spectacular *Vue du Cannet* (*View of Le Cannet*) (cat. 37) recalls Bonnard's youthful involvement with the other Nabis in the creation of works of decorative art. Refusing to recognize the easel painting as the sole means of expression, they produced screens and large-scale decorations to "furnish" middle-class interiors and enable art to pervade everyday life.[5]

This painting, all trace of which was lost after its presence in an exhibition in France in 1952, reappeared nearly fifty years later in the auction of a large American collection in London in 2008.[6] Its eventful history, from its creation to its arrival in Musée Bonnard, is an enthralling tale in more than one respect.

The shape, format and treatment of the work inevitably give rise to a series of considerations that bear out the idea of a commission. In 1927 Bonnard had just moved into Le Bosquet after months of work. He spent a long period in his new home but maintained contact with old friends like Thadée and Reine Natanson, whom he continued to see in Normandy and Paris. Their niece Bolette Natanson, Alexandre's daughter, whom Bonnard had known since her childhood, became a well-known interior decorator in this period and associate of the architect Jean-Charles Moreux. it is probable that she spoke to him about Bonnard while they were working on the interior and exterior design of a house for the family of Bernard Reichenbach in the 16th arrondissement of Paris.[7] The partnership worked wonderfully well and the architect-decorator not only designed the building, as well as the furniture, in a pure, modern style but also advised the owner on certain commissions for works. Everything was planned down to the last detail. One of his working notebooks, where everything seems to be meticulously recorded, contains these words: "Place Bonnard's composition in the alcove. Install a sconce above the bed for reading."[8] The position of the panting was envisaged from the outset and the only surviving photograph shows that it fitted perfectly into its setting (ill. 1). Moreux was particularly fond of the expensive Flexwood veneer in fashion at the time. The client wanted a bedroom in the Mediterranean style and Moreux's refinement extended so far as to use sheets of light-coloured lemon wood to match Bonnard's painting instead of the types of oak and ash employed elsewhere. The Reichenbach family left the house for Switzerland shortly before the declaration of war along with their collection, including the Bonnard despite its size. Philippe Reichenbach, one of the three children, opened a gallery in Houston after the war and this is probably how the work came into the hands of the renowned Knoedler gallery in New York in 1957. Mr and Mrs Miller bought it the same year for their house in Indiana designed by the Finnish architect Eero Saarinen, and Bonnard's painting was installed to full effect in its vast, avant-garde spaces (ill. 2).

At first sight, the richly decorative and stylized landscape recalls the art of tapestry. The essence of the Riviera is encapsulated in the luxuriant vegetation, the red roofs of Le Cannet, the sea and the hills in the distance.

We can imagine Bonnard painting this huge composition like an open window in his small studio in Le Cannet.[9] Palms in rich shades of blue and green frame the intricate maze of houses with the tiled roofs characteristic of the town. Bonnard stylized the landscape by adding details (the little square with children playing, a small car, animals and so on) that serve as splashes of colour to draw the attention. Despite the somewhat excessive presence of drawing and line, the primary focus is still on colour, especially the huge flow of yellow in the middle of the composition (probably an avenue

of plane trees in autumn). A preparatory drawing showing the artist's original idea is also known (ill. 5). The arched shape is already present but the foreground with a dog confirms the idea of a view from a terrace, reinforcing the impression of an open window. Bonnard's paintings of the period reflect his wonderstruck vision of Mediterranean light (ill. 6).
The painter plays with colour at the outer edges of the work, giving birth to birds of a mimosa yellow colour that add a note of poetry to a monumental whole of staggering luminosity.

[1] See Véronique Serrano, "1907-1913. Entre forme et couleur. L'héritage de Cézanne, l'amitié de Bonnard", in *Manguin ou l'exaltation de la couleur*, exh. cat., Musée Bonnard, Le Cannet, 2015, p. 27.
[2] Pierre Bonnard, *Correspondances*, Verve, Paris, 1944.
[3] Musée Bonnard's graphic collection includes a large number of sketches in pencil made during his walks over the hills or along the Siagne canal in Le Cannet.
[4] George Besson, *Bonnard*, Maison de la pensée française, Paris, 1955, p. 6.
[5] See in particular the four panels of *Femmes au jardin* (*Women in the Garden*), 1890-91 (Musée d'Orsay) and the decoration for Misia's dining room, 1906, Musée d'Orsay.
[6] Sale of the Collection of J. Irwin and Xenia S. Miller, Indianapolis, Christie's London, 24 June 2008, lot 26. It was during this auction that Vincent Meyer, president of Fondation Meyer, bought the painting in memory of his brother Philippe to be placed with Musée Bonnard on its opening. See the interesting and detailed documentary on the work by Françoise Docquiert presented in the programme *Enquête d'art* in 2012, Eclectic Production.
[7] The Hôtel Reichenbach, 18 Rue Alfred Dehodencq, Paris, 16th arrondissement, built between 1929 and 1932 by Jean-Charles Moreux in collaboration with Bolette Natanson, and demolished in 2009. See Susan Day, *Jean-Charles Moreux, architecte décorateur paysagiste*, Institut français d'architecture, Norma, Paris, 1999.
[8] Archives Moreux, Institut Français d'Architecture, Paris cote 171 IFA.10.
[9] Bonnard's studio in Le Cannet was a small, split-level addition with a skylight and northern exposure, constructed so as to provide him with the best possible light conditions. The upper level enabled him to alter his viewpoint and to see the ongoing works from a distance so as to perfect every detail as seen from close up or far away.

Cat. 40

Baigneurs à la fin du jour (Bathers at the End of the Day), 1945

Huile sur toile
48,5 × 59,5 cm
Musée Bonnard, Le Cannet
Purchased with aid from Fonds du patrimoine and Fram, 2008
Inv. 2009.0.44
D. 1655

Bonnard lived through the hardships of the war in isolation in Le Cannet, sorely tried by the misfortunes suffered by his country and himself. The death of his wife Marthe on 26 January 1942 left him more alone than ever after and too upset even to inform his friends. He locked her room and had the doorway bricked up. His niece Renée spent a few weeks with him to provide some support and his nephew Charles came as soon as possible. Nearly all his friends and close relations had already died, Vuillard in 1940 and his brother Charles in 1941, followed by Maurice Denis in 1943 while planning a trip to Le Cannet.
Bonnard was nevertheless visited on a regular basis by leading photographers, historians and young artists[1] intent on paying homage to one of the last surviving great French painters.
Above all, he had faithful friends, The Hahnlosers came less frequently but continued to provide financial and moral support during those difficult years. He developed closer relations with Matisse, now living nearby in Nice,[2] and found some of the family atmosphere and intimacy he missed in close contact with Marguerite and Aimé Maeght, who had a boutique and gallery in Cannes. The historian Jean Leymarie, who visited Bonnard in August 1946, provides moving testimony in this regard: "We were a group of young people on holiday in Cannes [...] and Bonnard came sometimes to join us on the beach and observe our fun and games. Marguerite and Aimé Maeght, who maintained their local ties and owe so much to their spontaneous friendship with Bonnard at the beginning, organized a party in his honour on the islands of Lérins. He was surround in that enchanting spot by other painters, poets and art lovers, all captivated by his kindness and simplicity, as well as charming women, whose company he enjoyed with exquisite tact, and Professor Jedlicka, who wrote an entire book about that day. I see again [...] each one of his movements, the swim he went for slightly apart, the body of an oriental ascetic beneath the fiery

sun, the way he walked amongst us with brisk and silent footsteps [...], the way his keen senses took in the smells and the transparency of the air, his knowledgeable enjoyment of the meal, his siesta under the trees, his eyes half-closed like a dreamer or a cat on the lookout. I hear again, echoing through the years, his measured, subtle and open-minded conversation."[3]

Can we not imagine that such an afternoon provided Bonnard with inspiration for these splendid and enchanting *Baigneurs à la fin du jour* (*Bathers at the End of the Day*)?

This powerful painting is unique in Bonnard's oeuvre and marks a significant stage in his career, the attainment of an extraordinarily free handling of colour and space at the age of almost 80, taken in this seaside landscape to the very limits of representation as already formulated in the splendid gouache *Méditerranée* (*The Mediterranean*) now in the Musée d'Orsay (ill. 2). The composition is organized in horizontal sections with the sea occupying most of the canvas. The beach is a thin strip of yellow and the horizon barely distinguishable from the sea in which the bathers are reduced to simple brushstrokes, to pure pictorial substance. A certain degree of tension is imparted by the red glow of the body of an isolated bather by the incandescent sky. The atmosphere of these late works is described by François Joachim Beer as "vibrating like a mirage".[4] In the photograph of the still unfinished *Baigneurs à la fin du jour* that appeared in the work he published many years after his visit to the master (ill. 3), the painting is not yet signed and the fusion of figure and background not so accentuated. Bonnard was always beset by doubts, as he confided to Matisse: "I see different things every day. Everything changes, the sky, the objects, you could drown in all that, but it keeps you alive."[5] *Baigneurs à la fin du jour* is a masterly expression of this metaphor of doubt with a dash of hope.

Ecstatically awed by nature, the painter was indeed never to abandon reality or cease to transpose it. As he wrote in 1945, "If everything is forgotten, the only thing left is the self, and that is not enough. It is always necessary to have a subject, minimal though it may be, to keep one foot on the ground."[6] Bonnard was working in the same period for his friend Tériade[7] on a special issue of the magazine *Verve*, which finally appeared on his death.[8] Many tributes were also paid to him in exhibitions and periodicals.[9]

The sensitivity shown on the surface conceals a far more intellectual and assertive side of Bonnard, hardly agnostic and unquestionably pantheist. He introduced into his painting a previously unexplored question of space with an unaltered richness of colour that marks a chapter in the history of painting "for today and for tomorrow", as Matisse put it.

In the landscapes of the south, this "coloured continuum" was to be developed with unequalled lyricism and an infinitely complex handling of space. The painter paid increasingly close attention to nature and atmospheric effects, noting the quality of the light, the essential component of his personal equation, each day in his pocket diary: "fine", "cloudy", "cold", "greys tinged with purple, vermilion in shades of orange on a cold but fine day". The marvellous understanding of colours that Bonnard displays was not theoretical, as in the case of André Lhote,[10] but the fruit of constant observation of the poetry of the body of nature, whose unfolding he dreamed in painting.

"Can it not be stated that Bonnard [...] went on transcribing this magical harmony and seeking to grasp the unfathomable riddle of the relationship between man and primeval nature? The power of his earthly paradise, which is everywhere in his painting, comes from this perfect harmony between poetic reality and dreamed reality in paint that communes with nature, which it is essential to enchant."[11]

[1] His visitors included photographers Ostier, Brassaï and Cartier-Bresson, historians Pierre Courthion and Jean Leymarie, and artists like Camoin, who came several times with his 10-year-old daughter Anne-Marie, an experience she still remembers today.

[2] See *Bonnard/Matisse Correspondance*, edited by Jean Clair and Antoine Terrasse, Gallimard, Paris, 1991.

[3] Jean Leymarie, in *Bonnard dans sa lumière*, exh. cat., Maeght, Saint Paul de Vence, 1975, pp. 11-12. Adrien Maeght then 14 years old, has captured these moments of harmony (ill. 1)

[4] François-Joachim Beer, *Pierre Bonnard*, Editions Françaises d'art, Marseille, 1947. Beer visited Bonnard at least once, on 6

January 1941, but his essay did not appear until January 1947 in this book. The photographs he took of the painter on that occasion appeared in *Le Point* no. 24, in 1943.

[5] Bonnard to Matisse, [late February-early March] 1940, *Correspondances*, op. cit., p. 68. [6] Agenda, 1945, Bibliothèque nationale de France, Paris.

[7] Efstratios Eleftheriades, known as Tériade (1897-1983), founded the magazine *Verve* in 1937. A close friend of artists, he took an interest in Bonnard and interviewed him in 1942. A second interview was held in Le Cannet by his assistant Angèle Lamotte in 1943. Tériade lived nearby at Golfe Juan during the war.

[8] See "Couleurs de Bonnard", *Verve*, no. 17-18, Paris, 1947. The workbook of this issue is held by Musée Bonnard (inv. mb 2016.2.9, ill. 23, p. 98).

[9] Exhibitions of his work were held in the United States in 1942 and 1943. A large number of canvases was shown in Paris at the Galerie Pétridès and exhibitions of his graphic art were organized by Pierre Bérès in 1944 and Jacques Rodrigues-Henriques in 1945. The magazine *Le Point* brought out a special issue on Bonnard in 1943 and the portfolio *Seize peintures 1939-1943* was published by Chêne with a preface by André Lhote. An article by the young painter Jean Bazaine appeared in the magazine *Formes et couleurs* the same year, together with studies by other authors.

[10] André Lhote, *Traités du paysage et de la figure*, revised and expanded edition, Grasset, Paris 1962, p. 41 (1st edition published by Floury in 1948).

[11] Véronique Serrano, in *Le Nu de Gauguin à Bonnard. Ève icône de la modernité ?*, Musée Bonnard, Le Cannet/Silvana Editoriale, Cinisello Balsamo, 2013, pp. 44-45.

Cat. 41-44
The Part of the Shadow

Cat. 41

Autoportrait (Self-Portrait), 1889

India ink and pencil on paper
11.5 × 9 cm
Private collection

Cat. 42

Autoportrait sur fond de papier à fleurs (Self-Portrait with Flower-Patterned Wallpaper), c. 1923

Oil on canvas
45 × 33 cm
Private collection
D. 1208

Cat. 43

Autoportrait (Self-Portrait), 1924

India ink on paper
11 × 6 cm
Private collection

Cat. 44

Portrait du peintre par lui-même (Self-Portrait), 1945

Oil on canvas
56 × 46 cm
Fondation Bemberg, Toulouse
D. 1663

The self-portrait is a recurrent theme in the history of painting, even though few painters have addressed this difficult genre with the intensity of Dürer or Rembrandt, who painted more than a hundred. More recently, while Bonnard certainly painted far fewer self-portraits than Van Gogh,[1] the problem of introspection inherent in the subject itself is just as essential in his work. For many, wrongly or rightly, Bonnard is indeed the "painter of the marvellous",[2] his work often being likened to a magical vision of the world through his landscapes and nudes. Like some of his interiors, however, his self-portraits reveal a darker side that makes him a far more complex artist than he may at first appear. As he remarked in 1939, "The minute you say you are happy, you are so no longer."[3]

Fourteen self-portraits are listed in the catalogue raisonné of his work between 1889 and 1946, without counting his appearances in compositions with several figures, increasing in intensity and frequency as the painter approached the end of his life. Bonnard painted four in the six years from 1940 to 1946 whilst he had painted only nine in the thirty-four years from 1905 and 1939, in addition to the very first, painted in 1889 (ill. 1).

In his self-portraits we can distinguish two approaches corresponding respectively to the intellectual contexts of his youth and his maturity as from the 1920s, when his reflections increased in richness and individuality.

Bonnard painted himself for the first time at the age of 22 (ill. 1), palette and brushes in hand, asserting his firm decision to embrace the artist's life and abandon the legal career his father dreamed of for him. There is nothing commonplace in his approach, his expression is direct and straightforward, as though challenging himself. As he told Raymond Cogniat many years later in an interview: "I don't know if the word 'calling' is quite right in my case. I was not really sure at the time whether I wanted to be a painter. I rather believe that what attracted me was not so much art as the artist's life with everything I believed it involved as regards imagination and deciding for yourself. I had certainly been attracted for a long time to painting and drawing without this being an irresistible passion. What I did want at all costs was to escape a life of monotony."[4]

It is in this desire for freedom that he and other young painters of the Académie Julian and the École des Beaux-arts, especially Maurice Denis, Paul Ranson and Vuillard, created not a new school but a new way of seeing the world and enabling art and painting to penetrate everywhere. The leading spirit was none other than Paul Sérusier, who showed Bonnard and his friends a painting he had produced under the close supervision of Paul Gauguin. This work, which became their talisman,[5] established the pictorial principles on which, despite their differences, they joined together as the Nabis. The colours were then applied in flat expanses often with outlines, priority being given to the curved line.

The study in ink for this first self-portrait (cat. 43) is more traditional but also less axial. The artist represents himself half-length in three-quarter profile against a background of volutes and arabesques faithful to the Nabi aesthetic, the serious image of a dandy still under the influence of his law studies. It is probably based on a photograph of the young artist taken in the same period (ill. 2).

The self-portrayals that appeared in his compositions for a long time were never unduly serious, sometimes nonchalant (ill. 3) and sometimes slightly awkward extras in an intimate scene (ill. 1, p. 56).

The self-portraits of the 1920s mark a real change in intensity (ill. 4, cat. 41, 42). The painter no longer had the worries of the novice, as we can clearly see. He projects all his fragility, doubts and sense of the relentless passing of time into these reflected images of himself with no concession to unwanted pictorial orientations. Bonnard was 56 when he painted *Autoportrait sur fond de papier à fleurs* (*Self-Portrait with Floral Wallpaper*) (cat. 42). A fully grown man loved by various women, including Marthe, Renée and Lucienne, he was, however, no less obsessed with his painting, then characterized by great a richness in which "colour acted"[6] as if miraculously, and which delighted many art lovers. Bonnard transformed everything he painted into coloured magic. The painter's face is, however, serious and earnest, left in the darkness of his bedroom and endowed with an unexpected halo of star-like flower motifs by the wallpaper used as a background. The verticals on the right, probably the frame of a door, accentuate this odd impression. The dark shades of brown and blue certainly contrast with the sun-drenched landscapes he was painting in the same period.

The work belonging to Fondation Bemberg (cat. 44) is one of his last self-portraits, together with the one in Centre Pompidou (ill. 5), and unquestionably also one of the most poignant. Gaunt, bald and almost unrecognisable, Bonnard looks like an oriental sage reflected in the mirror of his bathroom in Le Cannet, the pitiless setting of this image. The tiles no longer reflect the glowing light of the series of nudes in the bath painted in memory of beautiful sunny days. Now we have the spectral light of an electrical fitting discernible in the middle of the ceiling. As Guy Cogeval wrote, "The painter knows that the bathroom can be the scene of intimate ecstasy and of private catastrophe."[7] Without his glasses, Bonnard has no hope of seeing anything other than a black hole in the place of his eyes. He uses blocks of colour to paint this slightly iridescent "blind vision" of the night, thus erecting a visual barrier against despair. The heavy blue-black curtain of the nearby window plays its part in the geometrical structure of horizontal surfaces that keep the painter at a distance.

This self-portrait is also one of the two that Bonnard agreed to have reproduced during his lifetime.[8] The constant dialogue in which Bonnard engaged all through his life with nature and with painting never ceases to move us. Whereas the almond tree nourishes the hope of renewal in the animistic relationship Bonnard constantly sought with nature, the depth and power of his last self-portraits are themselves sufficient reason for us to stop describing him as a painter of happiness. He himself warned of the danger of misleading appearances in 1944: "Someone who sings is not always happy."[9]

[1] The catalogue raisonné lists 37.
[2] The expression "peintre du merveilleux" was coined for Bonnard by Pierre Courthion.
[3] Pierre Bonnard, Agenda, 12 February 1939, Bibliothèque nationale de France, Paris.
[4] Raymond Cogniat, *Bonnard*, Fernand Nathan, Hypérion Miniature collection, Paris, undated, p. 6.
[5] Paul Sérusier, *L'Aven au Bois d'amour*, known as *Le Talisman*, 1888, oil on panel, 27 × 21.5 cm. The painting is now in Musée d'Orsay.
[6] The phrase "*la couleur agit*" was used by Bonnard and quoted by painter Charles Camoin in a letter.
[7] Guy Cogeval, *Bonnard*, Hazan, Paris, 2015, p. 140.
[8] In the book by Joachim Beer written in 1941 but published later: *Pierre Bonnard*, Editions françaises d'art, Marseille, 1947, pl. XXIV, p. 149.
[9] Pierre Bonnard, Agenda, 17 January 1944, Bibliothèque nationale de France, Paris.

Cat. 45-46
Animism

Cat. 45

L'Amandier (Almond Tree), c. 1930

Oil on canvas
51.1 × 39.4 cm
Musée Bonnard, Le Cannet
Gift of Fondation Meyer, 2013
D. 1420

Cat. 46

L'Amandier en fleur (Almond Tree in Blossom, 1946-47

Oil on canvas
55 × 37.5 cm
Musée national d'Art moderne,
Centre Pompidou, Paris
On loan from Musée d'Orsay
Gift of M. and Mme Charles Zadok, 1964
D. 1692

"Today I saw the first almond tree in blossom and the mimosas are starting to make patches of yellow." Bonnard wrote these words to Matisse in 1941,[1] as though to insist on the *presence* of nature, which he never ceased to explore and which helped him to plot his course. Before him, Van Gogh had also been fascinated by this tree, which is the first to flower after winter, opening its white blossoms tinged with pink before sprouting leaves and thus taking on additional symbolic and sacred overtones in numerous civilizations. Its message of renewal is recalled in the Book of Ecclesiastes (12, 5): "and the almond tree shall flourish, and the grasshopper shall be a burden, and desire shall fail: because man goeth to his long home, and the mourners go about the streets."

A well-known photograph taken by Brassaï, who visited the painter in August 1946, shows Bonnard with a number of unfinished works, including the version of the painting now in the Centre Pompidou (ill. 3). As he confided to Pierre Courthion, the painter disliked measurements given in advance and worked on set formats so as to have more freedom as regards composition, which he could thus alter as he saw fit: "this method is useful to me, especially for landscape. Every landscape requires a certain amount of sky and land, water and greenery, and a proportioning of elements that cannot always be establish at the outset."[2]

The almond tree in Bonnard's painting is thus endowed with a very particular meaning which has to do with to his deep feeling for his enchanted garden in Le Cannet and its surroundings, knowledge of which led him day after day to a greater sense of harmony with nature. For many of his interpreters, his almond trees are projections of himself in an animistic feeling of uncommon power.

Even though the artist appears to have often painted this almond tree, which stood in front of his bedroom and "forced him to paint it each year",[3] few of these works have survived. The catalogue raisonné lists three over the period 1930-47 (cat. 45-46, ill. 1)[4] not counting the much larger one in the Nahmad Collection (ill. 2), which is different in approach and far less of a "portrait", in addition to including the figure of a child and a sort of casket supposedly representing the Ark of the Covenant.

In two works on show here, which are nearly identical in format, as in the one in an unknown collection (ill. 1), the almond, the sacred tree celebrating the rebirth of nature, occupies nearly all the surface of the canvas so as to constitute a sort of a portrait. The earlier version in Musée Bonnard (cat. 45) appears to be painted less thickly and in lighter colours. The white blossoms create less of a contrast due to the presence of mauve and pink. The harmony of the colours, which meld into one another, conveys a real impression of peace and harmony.

The painter's nephew Charles, the grief-stricken witness of his last moments, provided this moving testimony in connection with his last painting, *L'Amandier en fleur* (*The Almond Tree in Blossom*) (cat. 46), upon its donation by a renowned American collector: "An almond tree blossomed in his garden, almost beneath his bedroom window, at the end of winter. Its blossoms rose above its black trunk against an often dark blue sky in a jet of dazzling white. He delighted in this tree. [...] He painted his almond tree in blossom nearly every year.

Never perhaps had the tree been clad in more sumptuous attire than that spring [...]. Bonnard painted it once again with ardour and enthusiasm. [...] As is known, the artist returned to his works repeatedly. His painting, which may appear easy, was always achieved with difficulty, with reworking and alterations at intervals of months. As he said, 'the brush in one hand and rag to erase in the other.' [...] The same thing happened with *L'Amandier* as with his other works. Bonnard put it to one side, reworked it, and finally signed it. But he was still thinking about and reconsidering it. This was in January 1947. He had no strength left. In the end, he said, 'The green on this bit of ground in the bottom left is not right. It needs yellow,' and asked me to help him cover that little patch of ground with yellow golden yellow. Bonnard died a few days later.

L'Amandier en fleur is his last painting. It is a small work but within its close confines there are no limits to its breadth. This jet of white soaring into the sky like a hymn can be seen as supreme testimony to the gratitude and love Bonnard felt for nature."[5]

This last painting is Bonnard's last homage to Nature, to what Guy Cogeval called "the secret bond that joins creation and nature through the very unobtrusive image of the renewal of life".[6]

1. Le Cannet [late February 1941], reprod. in *Bonnard/Matisse. Correspondance*, edited by Jean Clair and Antoine Terrasse, Gallimard, Paris, 1991, p. 88.
2. In Pierre Courthion, *Bonnard peintre du merveilleux*, Jean Marguérat, Lausanne, 1945.
3. Bonnard, quoted by Marguerite Maeght, in Kober Jacques, *Hommage, Derrière le miroir*, Paris, Galerie Maeght, 1947.
4. Dauberville, nos. 1420, 1585, 1614, 1692.
5. Charles Terrasse, "L'Amandier en fleur de Bonnard", in *La Revue du Louvre et des Musées de France*, no. 3, 1964, p. 144.
6. Guy Cogeval, in *Le Temps des Nabis*, exh. cat., Musée des Beaux-arts de Montréal, 1998, cat. no. 37, p. 95.

Le présent catalogue a été publié à l'occasion de l'exposition
Bonnard. Hommage & chefs-d'œuvre
organisée dans le cadre du 150e anniversaire de la naissance
de Pierre Bonnard, qui s'est tenue au musée Bonnard
du 3 octobre 2017 au 28 janvier 2018
inscrite au titre des commémorations nationales, 2017

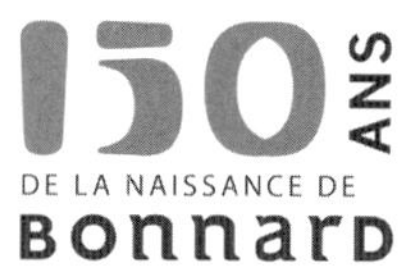

Exposition organisée par le musée Bonnard
Production : Ville du Cannet
Les différents soutiens du musée :

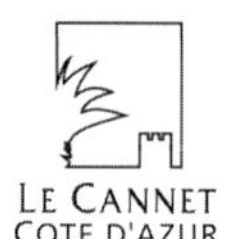

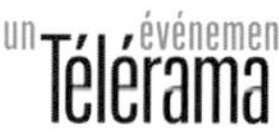

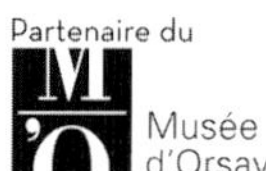

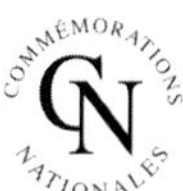

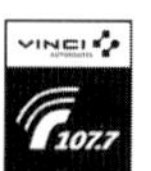

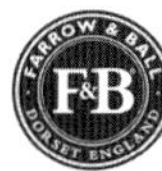

Commissariat de l'exposition
Véronique Serrano, conservateur en chef,
directeur du musée Bonnard
Coordination & Régie de l'exposition
Carole Lenglet, adjointe
Médiation culturelle & Service des publics
Anne Wapler
Fanny Lejay
Communication, Mécénat & Privatisation
Sabrina Greichgauer
Chargée de Développement
Christiane Lantéri
Restaurateur / Constats des œuvres
Suzanna Guéritaud, restauratrice peintures
Suivi technique & montage
Services techniques municipaux
Ets Aget, Marseille pour l'accrochage
Jérôme Giuliano, Eiffage, Nice pour l'éclairage

Catalogue

Direction & Conception
Véronique Serrano
Assistée de Carole Lenglet

Auteur des notices
Véronique Serrano

Un *Album* pour la jeunesse est coédité
parallèlement par le musée Bonnard
et Silvana Editoriale

Le musée Bonnard remercie pour leur soutien l'ensemble des musées et des collections publiques et privées, les responsables d'institutions, les directeurs de galeries, et collectionneurs privés, qui ont accepté de se séparer pour la durée de cette exposition d'œuvres majeures.
Nous remercions tout particulièrement Madame Laurence des Cars, présidente des musées d'Orsay et de l'Orangerie, et Monsieur Guy Cogeval, président des musées d'Orsay et de l'Orangerie jusqu'en mars 2017, pour leur soutien et la qualité exceptionnelle des prêts consentis.

Que reçoivent ici l'expression de notre vive reconnaissance l'ensemble des prêteurs de l'exposition pour leur générosité :

Paris, musée d'Orsay
Laurence des Cars, présidente des musées d'Orsay et de l'Orangerie
Guy Cogeval, président des musées d'Orsay et de l'Orangerie jusqu'en mars 2017
Isabelle Cahn, conservateur en chef

Paris, musée national d'Art moderne, Centre Pompidou
Bernard Blistène, directeur
Brigitte Léal, conservateur général

Paris, Mobilier National et Manufactures nationales des Gobelins
Christiane Naffah-Bayle, conservateur général
Gérard Rémy, inspecteur

Paris, Galerie Berès
Anisabelle Berès

Paris, Galerie Bernheim-Jeune
Guy Patrice Dauberville, président
Floriane Dauberville

Saint-Tropez, musée de l'Annonciade
Jean-Paul Monery, conservateur en chef

Toulouse, Fondation Bemberg
Alfred Pacquement, président
Philippe Cros, directeur

ainsi que l'ensemble des collectionneurs privés qui ont souhaité conserver leur anonymat.

Nous tenons à exprimer nos plus vifs remerciements à tous ceux et celles qui, à des titres divers, nous ont apporté leur aide :
Roland Aget, Claude Almodovar, Stéphane Bayard, Claire Bernardi, Cécile Berthoumieu, Marie-Claude Boily, Marie-Christine Bonola, Christian Briend, Candice Brunerie, Martine Dandreis, Lina Doyon, Élise Dubreuil, Jérôme Faucheux, Isabelle Gaetan, Galerie Dina Vierny, Isabelle Georjon, Antoine Hellmann, Nathalie Houzé, Peter Huestis, Marion Julien, Aurélie Lampier, Olivier Lorquin, Olga Makhroff, Emmanuelle Martin-Giraud, Vincent Meyer, Céline Mittelette, Lionel Pissaro, Sylvie Potz, Alexandre Ragois, Valérie Reis, Bruno Roman, Agathe Rousseau, Raphaelle Routaboule, Anne Terrasse, Isabelle Toromanof, Pierre & Marie-Françoise Vernon, Pierrette Vernon, Alain Vercel, Hélène Vassal

En couverture
Pierre Bonnard, *Reine Natanson et Marthe Bonnard au corsage rouge* ou *Le Dessert*, 1928 (détail)

Rabat de gauche
André Ostier, *Pierre Bonnard dans son atelier du Bosquet retouchant un tableau*, 1941, tirage d'époque, collection particulière

Rabat de droite
André Ostier, *Pierre Bonnard dans son atelier du Bosquet*, 1941, tirage d'époque, collection particulière

page 2
Pierre Bonnard, *Crépuscule*, dit aussi *La Partie de croquet*, 1892 (détail)

page 4
Anonyme, *Pierre Bonnard fumant la pipe dans le jardin du Grand-Lemps*, vers 1906, tirage argentique, Paris, musée d'Orsay

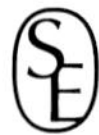

Silvana Editoriale

Direction éditoriale
Dario Cimorelli

Directeur artistique
Giacomo Merli

Coordination d'édition
Sergio Di Stefano

Rédaction
Chiara Golasseni, Teresa O'Connell

Traductions en amglais
Paul Metcalfe pour Scriptum, Rome

Mise en page
Donatella Ascorti

Organisation
Antonio Micelli

Secrétaire de rédaction
Ondina Granato

Iconographie
Alessandra Olivari, Silvia Sala

Bureau de presse
Lidia Masolini, press@silvanaeditoriale.it

ISBN 9788836637454

Dépôt légal
Septembre 2017

Silvana Editoriale S.p.A.
via dei Lavoratori, 78
20092 Cinisello Balsamo, Milano
tel. +39 02 453 951 01
fax + 3902 453 951 51
www.silvanaeditoriale.it

Les reproductions, l'impression et la reliure ont été réalisées en Italie

Achevé d'imprimer en septembre 2017